U0513336

权威·前沿·原创

皮书系列为
"十二五""十三五"国家重点图书出版规划项目

对外贸易蓝皮书

BLUE BOOK OF
FOREIGN TRADE

中国对外贸易发展报告
（2017~2018）

ANNUAL REPORT ON CHINA'S FOREIGN TRADE DEVELOPMENT
(2017-2018)

特华博士后科研工作站

主　编／刘春生　王　力

社会科学文献出版社
SOCIAL SCIENCES ACADEMIC PRESS（CHINA）

图书在版编目（CIP）数据

中国对外贸易发展报告. 2017－2018 / 刘春生，王力
主编. －－北京：社会科学文献出版社，2018.6
　（对外贸易蓝皮书）
　ISBN 978－7－5201－3206－0

　Ⅰ.①中… Ⅱ.①刘… ②王… Ⅲ.①对外贸易－经
济发展－研究报告－中国－2017－2018 Ⅳ.①F752

　中国版本图书馆 CIP 数据核字（2018）第 171843 号

对外贸易蓝皮书

中国对外贸易发展报告（2017~2018）

主　　编 / 刘春生　王　力

出 版 人 / 谢寿光
项目统筹 / 恽　薇　王楠楠
责任编辑 / 王楠楠　王春梅

出　　版 / 社会科学文献出版社·经济与管理分社（010）59367226
　　　　　　地址：北京市北三环中路甲 29 号院华龙大厦　邮编：100029
　　　　　　网址：www. ssap. com. cn
发　　行 / 市场营销中心（010）59367081　59367018
印　　装 / 三河市龙林印务有限公司

规　　格 / 开　本：787mm × 1092mm　1/16
　　　　　　印　张：24.25　字　数：368 千字
版　　次 / 2018 年 6 月第 1 版　2018 年 6 月第 1 次印刷
书　　号 / ISBN 978－7－5201－3206－0
定　　价 / 98.00 元

皮书序列号 / PSN B－2018－730－1/1

本书如有印装质量问题，请与读者服务中心（010－59367028）联系

对外贸易蓝皮书编委会

主　编　刘春生　王　力

编　委　王珍珍　尹凯麒　张援舒　张　磊　宋林原
　　　　　许家齐　董文浩　李佳琪　李佳亿　马雨洁
　　　　　杨嘉幸　马仲溥

主要编撰者简介

刘春生　中央财经大学国际经济与贸易学院副教授，特华博士后工作站服务经济研究所主任，CCTV 特约评论员；中国证券业协会专家组成员；中国新闻社中新经纬签约专家；2013～2016 年担任中央财经大学国际经济与贸易学院副院长，中澳合作项目副主任；蓝源资本家族财富管理研究院副院长；泰国正大管理学院博士生导师，MBA 授课教师。研究领域涉及国际贸易、全球生产网络、国际分工、东亚区域经济、服务贸易与服务外包等，近年来承担了科技部、教育部等多项研究课题，具有很强的研究能力与深厚的学术功底。出版《全球生产网络的构建与中国的战略选择》等专著、教材十余部；在《管理世界》《中央财经大学学报》《对外经济贸易大学学报》等期刊发表论文数十篇；主持或参与各级各类课题十余项；获得"北京市青年英才"项目支持。

王　力　经济学博士，毕业于中国社会科学院研究生院，北京大学博士后，特华博士后工作站执行站长。主要研究领域：区域金融、产业经济、资本市场、创业投资。中国社会科学院金融研究所博士生导师、北京大学经济学院校外导师、湖南大学金融学院和上海商业发展研究院兼职教授。主要社会兼职：中国生产力学会常务理事和副秘书长、中国保险学会常务理事和副秘书长、中国城市经济学会理事等。主要学术著作：《兼并与收购》（2000）、《香港创业板市场研究》（2001）、《中国创业板市场运行制度研究》（2003）、《国际金融中心研究》（2004）、《深圳金融后台与服务外包体系建设研究》（2005）、《中国区域金融中心研究》（2007）、《北京中关村科技园区资源整合研究》（2007）和《中国服务外包竞争力报告》（服务外包蓝皮书）等

10 多部著作。在国家核心期刊发表《全球金融后台业务发展的最新趋势研究》和《国外金融后台与服务外包体系建设和发展的重要经验》等学术论文 170 余篇。

摘　要

2017 年以来，世界经济呈现全面复苏的良好态势，国际贸易与投资回升，商品需求回暖。中国国内经济运行总体平稳，经济结构不断优化，经济发展呈现稳定性、协调性和可持续性，朝稳中有进、稳中向好的态势持续发展。在这样的背景下，中国外贸进出口扭转了此前连续两年下降的局面。据海关统计，中国 2017 年全年进出口总额为 4.1 万亿美元，同比增长 14.2%，其中，出口额为 2.26 万亿美元，同比增长 10.8%，进口额为 1.84 万亿美元，同比增长 18.7%，中国作为货物贸易大国的地位进一步稳固。

对外贸易是中国经济的重要组成部分，在经济增长、产业升级、创造就业和增加税收方面发挥着重要作用。中国政府高度重视对外贸易，改革开放四十年来，中国对外贸易格局发生了翻天覆地的变化，特别是党的十八大以来，中国出台了一系列促进对外贸易健康发展的政策措施，大力推进优化国际市场布局、国内区域布局、商品结构、经营主体和贸易方式，加速对外贸易转型，努力塑造良好的营商环境和政企关系，有效帮助企业减轻负担，取得一系列伟大的成就。党的十九大报告进一步提出，中国将推动形成全面开放新格局，推进贸易强国建设，标志着中国对外贸易新的宏伟画卷已经向世界展开。

2018 年以来，中美贸易摩擦不断，世界各国对于贸易保护主义、反全球化的趋势关注度日益提高，中国对外贸易发展状况不仅关乎中国经济增长的前景，而且对于世界经济发展态势、国际商品市场和金融市场的稳定都具有不可估量的作用。

本报告作为一部献礼中国改革开放四十周年的著作，对于中国对外贸易所取得的成就、面临的挑战做了全面的梳理，并基于大量的统计数据深入分

析了中国对外贸易政策、商品结构、区域布局和贸易伙伴关系，无论是对于贸易政策的制定者还是国际贸易的从业者以及国际经济与政治关系的研究者来说都具有重要的参考价值。

关键词：中国对外贸易　货物贸易　服务贸易

Abstract

Since 2017, the world economy has shown a good recovery in a comprehensive manner. International trade and investment have picked up and commodity demand has been increasing. China's domestic economy has generally been operating stably, and its economic structure has been continuously optimized. China's imports and exports have reversed the previous two consecutive years of decline. According to China Customs' statistics, China's total value of imports and exports in 2017 was US $ 4.1 trillion, an increase of 14.2% year-on-year. China's position as one of the major countries of trade in goods has been further stabilized.

Foreign trade is an important driver of Chinese economy and plays a significant role in economic growth, industrial upgrading, job creation and tax increases. During the past four decades, the pattern of China's foreign trade has undergone fundamental changes. Since 18th CPC National Congress, China has introduced a series of policies and measures to promote the healthy development of foreign trade and vigorously optimize the market layout, domestic regional distribution, commodity structure and trade modes. Chinese government has been making great efforts to accelerate the transformation of foreign trade, create better business environment and help to reduce the cost. 19th CPC National Congress further proposed that China will promote further and deeper opening up to the world and the construction of a stronger trade country, marking a new chapter of China's foreign trade.

Since the beginning of 2018, trade frictions between China and the United States have attracted a lot of attention and the whole world is increasingly concerned about the trend of trade protectionism and anti-globalization. The development of China's foreign trade is significant for China's economic growth and vital for the future of world's economic development.

This book is dedicated to the 40th anniversary of China's Reform and

Opening, in which we review the achievements and challenges of China's foreign trade, and analyze China's foreign trade policy, commodity structure, regional layout and trade partnerships based on statistical data. It is a good reference for policy makers, international business people as well as the researchers of international economic and political relations.

Keywords: China Foreign Trade; Trade in Goods; Trade in Service

目 录

Ⅴ 专题篇

皮书数据库阅读**使用指南**

CONTENTS

I General Report

II Sub-reports

III Policy Reports

IV Regional Reports

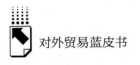
V　Special Topics

总 报 告

General Report

B.1

回顾与展望：改革开放四十年来
中国对外贸易发展状况

摘　要：　改革开放四十年来，中国对外贸易取得了伟大的成就，已成
　　　　　为货物贸易第一大国，对外贸易商品结构不断优化，市场范
　　　　　围逐步扩大，对外贸易促进了中国经济体制改革，推动了中
　　　　　国与世界的政治、经济与文化交流。党的十九大报告指出，
　　　　　中国将推动形成全面开放新格局，推进贸易强国建设。中国
　　　　　对外贸易新的宏伟画卷已经向世界展开。

关键词：　改革开放　对外贸易　贸易强国

一　改革开放以来中国对外贸易发展概况

1978 年，十一届三中全会的春风吹遍神州大地，中国由此开启了波澜

壮阔的改革历程，在过去的四十年里，中国逐步实现了由贫弱向富强的重要转变，经济发展的"中国速度"令世界惊叹，中国的对外贸易也取得了喜人的成绩。

首先，中国对外贸易总量经过一系列开放措施，达到了前所未有的体量，并将在可预见的未来继续增长。1978年，中国的进出口总额为206.4亿美元。2017年，中国的进出口总额为4.1万亿美元，进出口总额较改革开放之初增长了197倍，年均增速达到14.5%，这好于世界主要经济体，也远远超过了世界平均水平。改革开放初期，中国货物出口数量不足国际市场的1%。2017年，中国成为世界货物贸易第一大国，出口额占世界的12.8%，居世界第一位；进口额占世界的10.2%，仅次于美国，居世界第二位。

其次，中国对外贸易结构不断优化。以中国出口商品为例，1980年以后，初级产品在中国出口商品中所占的比重较大，20世纪80年代末期，工业制成品逐渐取代初级产品，成为中国出口商品中的主要产品。20世纪90年代，中国出口商品以轻纺织品为主，经过10年的过渡，建立了以机电产品为主的商品出口结构。进入21世纪以后，科学技术的进步促进了高新技术产品的诞生和发展，其中，电子信息技术类产品在中国出口商品中所占的比重不断提高。1985年，中国机电产品出口额仅有16.8亿美元，占全球市场的份额小到几乎可以忽略不计。2017年，中国机电产品出口额为1.32万亿美元，是1985年的786倍，年均增速达到了可观的23.2%，占全球市场的17%以上。在此期间，中国高新技术产品在出口商品中的比重也有所提高，由原来的2%左右提高到了28.8%。由此可见，中国出口商品结构有了显著的变化，逐渐从以劳动密集型产品为主向以资本、技术密集型产品为主转变。

最后，中国对外贸易市场覆盖范围扩大。改革开放初期，中国的贸易伙伴仅有十几个，进出口贸易市场范围十分有限。当前，有231个国家与中国建立了贸易伙伴关系，贸易市场覆盖全球。中国的主要贸易伙伴既有发达国家或地区的欧盟、美国和日本等，又有发展中国家或地区的东盟等。

进入 21 世纪以后，中国在继续保持与欧美发达国家贸易往来的同时，与新兴市场和发展中国家的贸易关系也愈加巩固。其中较为典型的是与东盟和非洲地区的贸易往来，占比分别由原来的 7% 和 2% 提高到如今的12.5% 和 4 %。

中国经济稳中求进的发展离不开中国对外贸易的贡献。对外贸易可以实现不同国家之间的商品流动，增加国际市场的商品种类，优化社会资源在不同生产领域的配置。古典国际贸易理论通过模型论证了对外贸易的可行性，对外贸易不是一方得益、一方受损的零和游戏。中国利用人口多、劳动力廉价的优势，专业化生产劳动密集型产品。通过国际分工和国家间的相互贸易，参与贸易的国家都能够从中获利，都能够比本国单独生产更多的产品，就整个世界而言，节约了社会资源，提高了社会资源的使用效率，实现了社会资源的优化配置。更重要的是，中国在现代科学技术研究起步较晚的情况下，通过对外贸易引进技术发达国家最新研究的科技产品，充分利用先进技术与世界接轨。通过对外贸易，中国可以实现本国相关产业和企业产品研发水平的提升，收获技术外溢所产生的扩大利益。技术的进步有利于新产品的研发和行业标准的提升，技术的专业化趋势更加推动了专业化人才的培养，从而使本国在国际贸易中处于有利地位，增强本国的经济实力。不仅如此，对外贸易还可以促使中国企业参与市场范围更大、强度更大的国际竞争，促进企业生产技术和科研水平提升，提高劳动生产率水平。在进行对外贸易时，中国企业需要面对不同国家的消费者，满足不同国家消费者的个性化需求，也需要和不同国家的企业进行竞争，国际市场的规模和竞争强度都是国内市场所无法比拟的，这能迫使企业提高生产技术水平，降低生产成本，有利于在本土培养出国际领先的大规模企业。

在过去的四十年中，世界对中国经济的发展产生了深远的影响，中国也愈加深刻地了解世界、融入世界。中国经济的巨大进步也为世界经济做出了巨大的贡献，对外贸易在其中发挥了不可磨灭的作用。对外贸易可以实现全球范围内的分工合作，产品生产可以在最有效率的国家或地区进行，社会资源可以在世界范围内进行优化配置。对外贸易促进了国家间的相互投资，资本充裕的发达国家能够通过对外投资与贸易获得大量的资本收益。中国的进口贸易可以帮助其他国家完成出口目标，维持国际贸易收支的动态平衡，促进其他国家的经济增长。中国的对外贸易对世界经济的增长具有良好的促进作用，特别是在经济危机以后，世界经济的发展开始低迷、停滞，而中国一直保持良好的经济增长势头，这为世界各国带来了信心，给世界注入了一剂"强心剂"。随着中国国际地位的提高，中国逐渐走向世界舞台的中心，中国方案越来越受到其他国家的支持和欢迎。随着时代的进步，中国必将在实现自身发展的同时，为世界经济发展做出更大的贡献。

当今世界政治经济格局正在经历深刻变革，虽然困难重重，但全球经济仍在朝着一体化方向发展，科学技术以不可思议的速度实现更新换代。在历史的洪流面前，中国紧紧把握时代机遇，以供给侧结构性改革推动对外贸易结构优化，以更加完善的竞争战略参与愈加激烈的国际市场竞争，积极培育对外贸易新业态、新模式，以更加优惠的政策激发中小企业参与对外贸易的积极性和创造性。在新的历史时期，中国对外贸易不再一味地追求规模增速上的量化标准，而是通过"五个优化"和"三项建设"向对外贸易的发展提出新的质量要求。中国的对外贸易不再"以高速度论英雄"，而是在保持稳定增速的基础上重视质的转变。作为一个在世界上有举足轻重地位的贸易大国，中国需要不断对贸易结构进行优化，逐步实现由大到强的转变。

二 以改革促开放，以开放促改革

从 1978 年到 2018 年，中国已经在改革开放的伟大政策下走过四十年光阴，谱写了壮丽的史诗。回望四十年峥嵘岁月，在对外开放基本国策的指引下，1993 年中国基本上形成了"经济特区—沿海开放城市—沿海经济开放区—沿江沿边全面开放—内陆逐步推进"这样一个宽领域、多层次、有重点、点线面结合的全方位对外开放格局。中国开放的大门不会关上，只会越开越大。在新时代，中国会以"一带一路"建设为重点，坚持"引进来"和"走出去"并重，形成陆海内外联动、东西双向互济的开放格局。

对外贸易的发展离不开外贸体制的支撑与规范。经过四十年的努力，中国外贸体制逐步完善。1980 年，中国正式进行外汇体制改革；1988 年，中国全面推行外贸承包经营责任制，使外贸企业逐渐走上自主经营的道路；1991 年，中国取消对外贸易出口的财政补贴，使外贸企业自负盈亏，在挑战中成长；1994 年 1 月，中国提出对外贸易体制改革的目标：统一政策、开放经营、平等竞争、自负盈亏、工贸结合、推行代理制，建立适应国际经济通行规则的运行机制，中国外贸体制改革进入深化阶段；同年，中国实现了汇率并轨，使中国外贸管理的市场化程度提高；2001 年，中国加入世界贸易组织，根据世贸规则，调整外贸政策，使外贸政策与国际接轨；2004 年，中国通过了《中华人民共和国对外贸易法》，将中国多年来外贸体制改革的成果通过法律的形式确定下来，保护对外贸易经营者的合法权益，维护中国对外贸易秩序。

中国于 2001 年 12 月正式加入世界贸易组织，这是中国对外贸易发展过程中具有里程碑意义的一件大事，对中国对外贸易具有深远影响，发挥着承前启后的重要作用。第一，加入世贸组织促进了中国对外贸易量的增加。2001 年中国进出口总额为 5096.51 亿美元，此后对外贸易总额逐年增加，到了 2016 年，中国进出口总额达到了 36855.57 亿美元；2002 年至今，中国保持持续的贸易顺差，这些都与加入世贸组织有着密切的联系。第二，加入世贸组织有助于政府简政放权，使中国经贸法律法规、管理政策的透明度提高，促使中国对外贸易自主发展。第三，加入世贸组织使中国经贸发展融入世界，促进了中国内外贸易一体化。自加入世贸组织以来，中国的关税总水平已经从 15.3% 下降到 9.8%；在服务业 160 个部门当中，中国加入时承诺开放 100 个部门，目前已在不同程度上开放将近 120 个部门。第四，入世 17 年来，中国贸易产品结构发生了变化，从出口原材料到出口初级产品再到出口高科技产品，在开放中引进技术，促进了中国的产业升级。今后，中国会一如既往地，与世贸组织一道，做多边贸易体制的积极参与者、贸易自由化的倡导者，实现主动开放、全面开放，以开放促进中国对外贸易的发展。

在当代，国际贸易自由化趋势不断深化，开放创新对提高中国的国际竞争力发挥重要作用。2013 年 9 月，作为中国新一轮对外开放的试验田，上海自由贸易区正式成立。四年多来，上海自贸区项目不断深入推进，为中国对外贸易的发展做出了突出贡献。首先，上海自贸区发挥示范作用。在自贸区的创新实践下，"单一窗口"改革、"先进区，后报关报检"等政策提高了贸易效率且增加了资源，成功在全国推广。截至 2018 年 5 月，已经有四批改革试点经验复制推广到全国。另外，在上海自贸区的带领下，中国已经形成了"1 + 3 + 7"共计 11 个自贸区的"雁阵"格局，如图 1 所示。这些自贸区各具特色，共同构成了引领中国新阶段对外开放的新引擎。其次，上海自贸区首次实践了负面清单管理模式，这有助于市场和政府各司其职，提高中国国际贸易市场化、自由化水平。再次，上海自贸区促进中国扩大对外开放。四年多来，上海自贸区先后推出 2 批 54 项扩大开放措施，累计 2400 多个项目落地，扩大开放措施涉及世界贸易组织划分的 12 个服务部门中的 11 个，覆盖率达 91.7%。最后，上海自贸区的设立促进了外商投资。2014 年 3 月，成立仅半年的上海自贸已新设企业 7700 余家，其中外资企业约

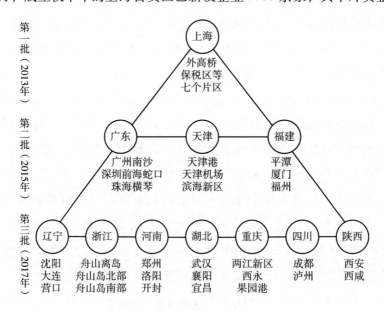

图1 中国自贸区改革"雁形矩阵"

占 8%。时隔四年多，上海自贸区内共有企业 8.7 万家，其中新设外资企业 9450 家，为中国与各国进行经贸及文化交流搭建了良好的平台，提高了中国的国际影响力和国际地位。

三　展望：以更开放包容的态度建设贸易强国

党的十九大报告指出，中国将推动形成全面开放新格局，推进贸易强国建设。中国对外贸易新的宏伟画卷已经向世界展开。

（一）从 FTZ 到 FTA：墙内墙外全面开花

从国内看，自 2013 年上海自贸区成立以来，国务院相继批复成立广东、天津、福建、辽宁、浙江、河南、湖北、重庆、四川、陕西 10 个自贸区。2018 年 4 月 13 日，党中央决定支持海南全岛建设自由贸易试验区，稳步推进中国特色自由贸易港建设。

从国际看，中国已与东盟、澳大利亚、新加坡、巴基斯坦、智利、秘鲁、哥斯达黎加、冰岛、瑞士等签署了自贸协定。中国—东盟自由贸易区于 2010 年 1 月 1 日正式启动，是目前发展中国家间最大的自贸区。其致力于推动货物贸易便利化，促进服务贸易和投资，降低技术性贸易壁垒，提高中小企业竞争力等。中国—东盟自贸区的建立将实现双方资源、产业结构、经济贸易等方面的互补，并创建良好的政治环境。随着经济全球化的深入发展，中国经济继续增长和东盟各国经济复苏，双方经贸合作将愈发深入。中澳自由贸易协定自 2015 年 12 月 20 日正式生效以来，为两国提供了新的机遇。从货物贸易领域看，中澳自由贸易协定的签订在促进澳大利亚农产品出口到中国的同时，也推动中国农业运用现代化技术提高农产品附加值。关税和非关税壁垒的取消也必然促进中国工业制造业对澳大利亚的出口。从服务贸易领域看，中澳自由贸易协定必会促进旅游业、海洋运输业等的发展。从投资领域看，双方相关投资条款的取消或简化、审查门槛的降低等保护了两国投资环境，提高了投资透明度，将使两国企业从中获益。然而双方也存在

很多问题和挑战，例如农业发展水平差距大、"中国威胁论"对中方在澳投资的阻碍、双方在服务业开放态度谨慎等。双方应在平等互利的基础上把握机遇，消除分歧，促进中澳经贸发展。

除已经签署生效的自由贸易协定外，区域全面经济伙伴关系协定（RCEP）、中日韩自由贸易协定以及中国与海湾合作委员会、斯里兰卡和挪威等的谈判也在如火如荼地进行。为应对经济全球化和区域经济一体化，东盟十国发起并邀请中国、澳大利亚、印度等六国参加区域全面经济伙伴关系协定，且于2017年11月14日在菲律宾马尼拉举行最新领导人会议。其一旦建立，将有利于东亚一体化建设，打造中国FTA网并应对美国遏制。2015年5月12日，中日韩自贸区第七轮谈判首席谈判代表会议在韩国首尔举行，由于中韩已经达成自贸协定，日本方面是主要的谈判阻力，因此，中国应承担大国责任，充分表达自己的意见和观点，积极参与地区经济治理，促进RCEP和中日韩自由贸易协定等早日谈判成功。

（二）《中国制造2025》：制造业大国向强国的转变

《中国制造2025》是中国为实现制造强国而采取的重大战略部署，是中国主动应对新一轮科技革命和产业变革的重大战略选择，根本目的在于改变中国制造业"大而不强"的情况。通过实行"五大工程"，在"十大领域"重点突破，以"三步走"打造世界制造强国。然而，实施《中国制造2025》也存在一些挑战。首先，中国已走在世界前列，《中国制造2025》的实施更容易激发欧美发达国家的危机感；其次，避免将市场主导演变成地方政府扶持补贴主导；最后，产业升级意味着企业必须进行技术创新，但是缺乏足够的营销渠道、产品研发资金投入、专业人才和高端技术等会制约中国中小微企业可持续发展。

（三）"一带一路"：从倡议到现实

自中国实行"一带一路"倡议以来，围绕政策沟通、设施联通、贸易畅通、资金融通、民心相通开展的"五通"建设取得了丰硕成果。例如，在 2017 年，"一带一路"被写入联合国决议，"一带一路"国际合作高峰论坛开幕，亚洲金融合作协会（亚金协）成立，亚投行新增 27 个成员，丝路基金签约 17 个项目，40 多个项目取得重大进展等。中国应继续秉承"一带一路"共商、共建、共享的原则，努力让沿线国家经济联系更加紧密，政治互信更加深入，人文交流更加广泛。

（四）首届中国国际进口博览会（CIIE）：中国是勇于承担责任的贸易强国

首届中国国际进口博览会将于 2018 年 11 月 5 日至 10 日在国家会展中心（上海）举办，将通过国家贸易投资综合展区、消费电子及家电展区、服装服饰及日用消费品展区、食品及农产品展区、汽车展区、智能及高端装备展区、医疗器械及医药保健展区、服务贸易展区八大展区和虹桥国际贸易论坛拓展中国市场，发现各国合作商机，为各国拓宽合作渠道，促进世界经贸繁荣。

分 报 告

Sub-reports

B.2
2017年中国货物贸易发展形势分析

摘　要： 2017年世界经济全面复苏，中国经济回稳向好。中国全年贸易进出口总额达到4.1万亿美元，同比增长14.2%，扭转了连续两年的下降趋势。同时，货物贸易的商品结构不断优化，与主要贸易伙伴的货物贸易额稳步回升，与"一带一路"沿线国家的货物贸易额快速增长。展望2018年，世界经济仍然面临较大的不确定性，贸易保护主义和反全球化风起云涌，中国货物贸易机遇与挑战并存。

关键词： 货物贸易　商品结构　贸易伙伴

一　2017年货物贸易发展概况

2017年以来，世界经济呈现全面复苏的良好态势，贸易投资回升，商品需求回暖。国内经济则平稳发展，2017年全年国民经济运行总体平稳，经济结构不断优化，经济发展呈现出稳定性、协调性和可持续性，朝稳中有进、稳中向好的态势持续发展。在这样的背景下，中国外贸进出口继续向好发展。据海关统计，中国2017年全年进出口总额为41045亿美元，同比增长14.2%，扭转了此前连续两年下降的局面，其中，2017年全年进口额为18409.8亿美元，同比增长18.7%；2017年全年出口额为22635.2亿美元，同比增长10.8%。中国2017年全年贸易顺差为4225.4亿美元，同比收窄14.2%。2016～2017年中国货物进出口情况见图1。

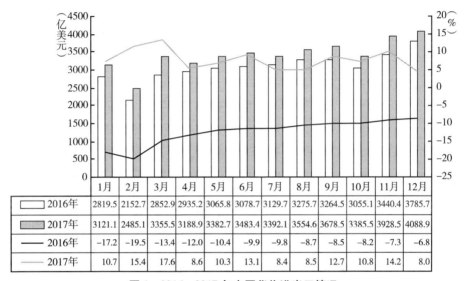

	1月	2月	3月	4月	5月	6月	7月	8月	9月	10月	11月	12月
2016年	2819.5	2152.7	2852.9	2935.2	3065.8	3078.7	3129.7	3275.7	3264.5	3055.1	3440.4	3785.7
2017年	3121.1	2485.1	3355.5	3188.9	3382.7	3483.4	3392.1	3554.6	3678.5	3385.5	3928.5	4088.9
2016年	-17.2	-19.5	-13.4	-12.0	-10.4	-9.9	-9.8	-8.7	-8.5	-8.2	-7.3	-6.8
2017年	10.7	15.4	17.6	8.6	10.3	13.1	8.4	8.5	12.7	10.8	14.2	8.0

图1　2016～2017年中国货物进出口情况

资料来源：中华人民共和国商务部。

（一）出口情况

2017年1～12月，中国出口贸易额为22635.2亿美元，同比增长10.8%。如表1所示，出口贸易额前四位商品为：服装及衣着附件，自动数据处理设备及其部件，手持无线电话机及其零件，纺织纱线、织物及制品，出口贸易额分别为1571.78亿美元、1582.41亿美元、1619.06亿美元和1097.72亿美元，同比分别下降0.4%、增长15.2%、增长8.9%、增长4.5%。这四类商品占中国2017年1～12月对外贸易出口总额的25.9%。2017年1～12月，中国劳动密集型产品出口额为4891亿美元，比2016年同期增加7.2%，机电产品出口额达到13214.66亿美元，比2016年增加9.3%，高新技术产品出口实现6674.28亿美

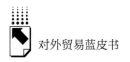

元，同比增加 10.6% 。可以看出，虽然目前劳动密集型产品和机电产品仍是中国出口主力，但是高新技术产品出口数量和增速都有所发展。

表 1　2017 年主要出口商品量值情况

单位：亿美元，%

商品名称	计量单位	1~12 月累计		2016 年同期累计		累计增幅	
		数量	金额	数量	金额	数量	金额
水海产品	万吨	421	204.07	409	199.96	3	2.1
大米	吨	1196781	5.97	484480	3.79	147	57.5
中药材及中式成药	吨	155553	12.2	151930	12.38	2.4	-1.5
稀土	吨	51199	4.16	46669	3.4	9.7	22.4
煤及褐煤	万吨	817	11.04	879	6.98	-7	58.2
焦炭及半焦炭	万吨	809	21.6	1012	14.32	-20	50.8
原油	万吨	486	18.22	294	9.43	65.3	93.2
成品油	万吨	5216	254	4831	193.96	8	31
矿物肥料及化肥	万吨	2416	60.47	2677	65.28	-9.7	-7.4
塑料制品	万吨	1168	387.73	1041	356.88	12.2	8.6
箱包及类似容器	万吨	310	266.4	279	249.24	11.3	6.9
纺织纱线、织物及制品	—	—	1097.72	—	1050.87	—	4.5
服装及衣着附件	—	—	1571.78	—	1578.36	—	-0.4
鞋类	万吨	450	481.65	422	472.08	6.5	2.0
陶瓷产品	万吨	2343	192.5	2347	182.68	-0.1	5.4
贵金属或包贵金属的首饰	千克	607020	108.8	515499	130.24	17.8	-16.5
钢材	万吨	7543	545.13	10853	544.89	-30.5	0.04
未锻轧铝及铝材	万吨	479	130.9	459	123.72	4.5	5.8
手持无线电话机及其零件	—	—	1619.06	—	1486.93	—	8.9
集成电路	百万个	204351	668.77	180649	608.84	13.1	9.8
自动数据处理设备及其部件	万台	154208	1582.41	159189	1373.7	-3.1	15.2
电动机及发电机	万台	278219	107.92	290624	104.59	-4.3	3.2
汽车及汽车底盘	万辆	104	133.54	73	107.54	43.3	24.2
汽车零配件	—	—	496.61	—	455.97	—	8.9
船舶	艘	8013	206.93	8180	202.36	-2	2.3
液晶显示板	百万个	1934	256.36	1904	257.26	1.6	-0.3
家具及其零件	—	—	499.23	—	477.82	—	4.5
灯具、照明装置及零件	—	—	284.96	—	299.72	—	-4.9
玩具	—	—	239.62	—	183.83	—	30.3
农产品	—	—	750.32	—	726.75	—	3.2
机电产品	—	—	13214.66	—	12090.56	—	9.3
高新技术产品	—	—	6674.28	—	6035.73	—	10.6

　　注：①"农产品"、"机电产品"和"高新技术产品"包括本表中已列明的有关商品；②船舶的范围 2015 年有调整。

　　资料来源：中华人民共和国海关总署。

（二）进口情况

2017 年 1 ~ 12 月中国进口贸易额为 18409.8 亿美元，同比增长 18.7%。如表 2 所示，进口贸易数量增幅较大的商品主要有原油、大豆、天然气、天然及合成橡胶（包括胶乳）、金属加工床台、汽车及汽车底盘，同比分别增长了 12%、14.8%、26.5%、24.4%、27.2%、18.8%。进口贸易数量降幅较大的商品主要有自动数据处理设备及部件、空载重量超过 2 吨的飞机、未锻轧铜及铜材、固体废物（废塑料、废纸、废金），降幅分别达到了 8%、7%、5%、3.5%。大宗商品中，2017 年中国大豆累计进口 8599 万吨，进口额达到 356.50 亿美元，同比增长 18.6%，铁矿砂及其精矿 2017 年进口99072.7 万吨，进口额达到 706.92 亿美元，同比增长 36.4%，煤及褐煤2017 年进口 24817.5 万吨，进口额达到 205.74 亿美元，同比增长 72.2%。总的来说，2017 年中国大宗商品进口实现了稳定的增长，量价齐升，特别是原油、铁矿砂及其精矿、大豆等大宗商品进口实现了快速增长。

表 2   2017 年主要进口商品量值情况

单位：亿美元，%

商品名称	计量单位	1 ~ 12 月累计		2016 年同期累计		累计增幅	
		数量	金额	数量	金额	数量	金额
鲜、干水果及坚果	万吨	409.7	56.20	362.8	51.86	12.9	8.4
谷物及谷物粉	万吨	2369.2	59.16	2055.1	52.74	15.3	12.2
大豆	万吨	8599	356.50	7491.7	300.56	14.8	18.6
食用植物油	万吨	516.8	40.46	476.4	35.90	8.5	12.7
铁矿砂及其精矿	万吨	99072.7	706.92	93508.1	518.09	6	36.4
铜矿砂及其精矿	万吨	1569.8	234.30	1529.4	187.57	2.6	24.9
煤及褐煤	万吨	24817.5	205.74	22867	119.45	8.5	72.2
原油	万吨	38597.8	1471.07	34462.9	1042.43	12	41.1
成品油	万吨	2689.4	129.90	2525.7	100.04	6.5	29.8
5 ~ 7 号燃料油	万吨	1214.2	39.92	1043	22.94	16.4	74
天然气	万吨	6069.6	202.87	4796.9	145	26.5	39.9
医药品	万吨	125895	240.21	111463.1	199.07	12.9	20.7
矿物肥料及化肥	万吨	837.5	21.31	718.8	21.28	16.5	0.1

续表

商品名称	计量单位	1～12月累计		2016年同期累计		累计增加	
		数量	金额	数量	金额	数量	金额
初级形状的塑料	万吨	2604.8	439.03	2306.2	370.52	13	18.5
天然及合成橡胶（包括胶乳）	万吨	631.9	119.88	508	74.51	24.4	60.9
原木及锯材	万立方米	8457	181.54	7316.4	147.27	15.6	23.3
纸浆	万吨	2176.9	139.22	1911.7	110.92	13.9	25.5
纺织纱线、织物及制品	—	—	158.00	—	151.691347	—	4.2
钢材	万吨	1209.7	136.81	1202.5	119.69	0.6	14.3
未锻轧铜及铜材	万吨	423.7	279.42	446.1	234.58	−5	19.1
固体废物（废塑料、废纸、废金）	万吨	3779.1	207.45	3914.8	161.44	−3.5	28.5
金属加工床台	台	80246	79.36	63063	68.73	27.2	15.5
自动数据处理设备及部件	万台	46666.9	252.55	50731.1	245.15	−8	3
二极管及类似半导体器件	百万个	467166.7	182.48	435836.6	178.31	7.2	2.3
集成电路	百万个	341537.4	2344.48	308069.4	2025.84	10.9	15.7
汽车及汽车底盘	万辆	113.4	459.35	95.4	399.43	18.8	15
汽车零配件	—	—	288.99	—	267.69	—	8
空载重量超过2吨的飞机	架	360	192.01	387	179.42	−7	7
液晶显示板	万个	217994.7	276.20	215387.1	285.02	1.2	−3.1
农产品	—	—	1131.13	—	992.97	—	13.9
机电产品	—	—	7693.90	—	6909.38	—	11.4
高新技术产品	—	—	5244.96	—	4683.75	—	12

注：①"农产品"、"机电产品"和"高新技术产品"包括本表中已列明的有关商品；②船舶的范围2015年有调整。

资料来源：中华人民共和国海关总署。

（三）贸易差额

2017年1～12月，中国货物进出口总值达到41045亿美元，其中，货物出口总值为22635.2亿美元，同比增长10.8%；货物进口总值为18409.8亿美元，同比增长18.7%。货物贸易顺差累计4225.4亿美元，收窄16.7%，2017年1～11月，月度贸易差额与2016年同期相比都有所收窄。其中，2017年2月贸易逆差为104亿美元（见图2），36个月来首次出现贸易逆差，主要是由于春节这一因素对于进出口的非对称影响，一些制造型企业在春节前加班赶制出口订单，使出口额大幅增长，而在春节后有所回落；同时春节后伴随国内经济的稳定，进口量增加，大宗商品价格上涨，进口额实现了大幅上升，进口额在 36 个月来首次超过了出口额。

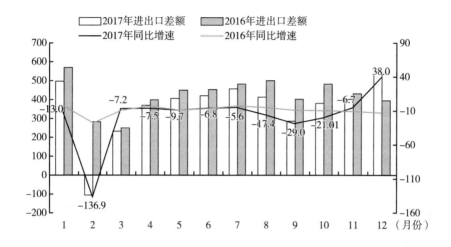

图2 2016～2017年中国货物进出口差额及同比增速

资料来源：中华人民共和国商务部、中华人民共和国海关总署。

二 中国货物贸易特点

2017 年中国货物贸易进出口规模扩大，增速加快，同时贸易结构与产品结构不断优化，进出口的国别与地区实现了多元化，不仅在传统市场上稳定增长，在一些新兴市场上也获得了较快发展。

（一）劳动密集型产品和机电产品仍是出口主力，但高新技术产品出口增速加快

在产品结构上，虽然劳动密集型产品和机电产品仍是出口主力，但是高新技术产品出口数量和增速都有所发展。2017 年 1～12 月，中国机电产品

出口 13214.66 亿美元，比 2016 年同期增长 9.3%，占同期中国货物出口总额的 58.4%。其中，一些高附加值的机电和设备的出口也实现了较快发展，汽车的出口额同比增长 29.2%，船舶设备的出口额同比增长 11.6%，计算机及其零部件增长 19.7%，手机增长 7.3%。中国的部分机电和设备制造企业的国际竞争力逐步增强。同期在中国劳动密集型产品中，服装及衣着附件出口 1571.78 亿美元，同比下降 0.4%；玩具 239.62 亿美元，增长 30.3%；塑料制品 387.73 亿美元，增长 8.6%；纺织纱线、织物及制品 1097.72 亿美元，增长 4.5%；家具及其零件 499.23 亿美元，增长 4.5%；鞋类 481.65 亿美元，增长 2%；箱包及类似容器 266.4 亿美元，增长 6.9%。上述 7 大类劳动密集型产品合计出口 4544.13 亿美元，占出口总额的 20%。2017 年，中国劳动密集型产品实现出口额 4891 亿美元，占出口总额的 21.6%。同时高新技术产品出口额达到 6674.28 亿美元，同比增长 10.6%，出口增速逐步加快，表明中国出口结构不断改善。

（二）大宗商品进口稳定增加，量价齐升

在国内工业生产增长的拉动下，中国大宗商品的进口量稳步增加。2017 年，随着供给侧结构性改革深入和国际经济的回暖，国内经济稳步回升，制造业经营状况转好，极大地带动了原油、铁矿砂、大豆等大宗商品进口量的快速增长。2017 年 1~12 月，中国的原油、天然气、铁矿砂及其精矿、大豆进口量分别增长 12%、26.5%、6% 和 14.8%。

从整体上来看，2017 年 1~12 月，中国制造业采购经理指数（PMI）每月均在 50% 临界点之上，表明与上月相比，处于稳定增长的态势（见图 3）。由表 3 可知，在 5 个分类指数中，生产指数、新订单指数 2017 年 1~12 月均高于临界点，表明制造业生产与制造业市场需求均处于稳定增长状态。原材料库存指数、从业人员指数和供应商配送时间指数在 1~12 月中较多时间内低于临界点，表明制造业主要原材料库存量呈下降趋势，制造业企业用工量减少，材料供应商交货时间放缓。制造业生产与订单的稳步增长与国内原材料短缺，使得对于铁矿石、原油等大宗商品的进口量增加。

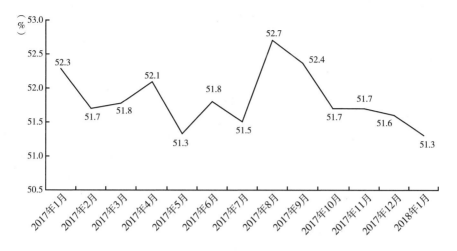

图3 2017年1月至2018年1月中国制造业PMI（经季节调整）

资料来源：中华人民共和国国家统计局。

表3 2017年1月至2018年1月中国制造业PMI及构成指数（经季节调整）

单位：%

时间	PMI	生产	新订单	原材料库存	从业人员	供应商配送时间
2017年1月	52.3	53.2	53.8	48.1	49.3	49.9
2017年2月	51.7	53.8	53.1	49.6	49.8	50.6
2017年3月	51.8	54.2	53.2	48.4	50.2	50.4
2017年4月	52.1	52.9	53.1	49.5	48.9	50.8
2017年5月	51.3	54.5	53.4	49.4	48.9	50.3
2017年6月	51.8	55.4	53.2	48.7	49.1	48.9
2017年7月	51.5	52.5	52.7	47.5	49.6	50.4
2017年8月	52.7	55.2	52.9	49.2	48.9	49.2
2017年9月	52.4	54.7	54.8	48.9	49.0	49.3
2017年10月	51.7	52.6	53.8	47.8	48.8	47.7
2017年11月	51.7	53.4	52.5	49.4	48.8	49.5
2017年12月	51.6	54.0	53.4	48.0	48.5	49.3
2018年1月	51.3	53.5	52.6	48.8	48.3	49.2

资料来源：中华人民共和国国家统计局。

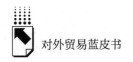

国际市场大宗商品价格的上涨也在一定程度上推动了进口量、出口量的增长。2017年，受国际大宗商品市场波动的影响，中国大宗商品进口均价普遍上涨，总体上涨幅度达到10.6%，其中煤炭进口均价上涨幅度最大，达到了75.4%，此外其他一些能源类产品进口均价上涨幅度也接近30%，如铁矿砂上涨38.4%，铜上涨29.2%，原油上涨33%。相关数据显示，2017年，中国进口铁矿砂及其精矿9.91亿吨，增长6%，进口均价为每吨485元，上涨33%；原油3.86亿吨，增长12%，进口均价为每吨2589.3元，上涨30.1%；煤及褐煤2.48亿吨，增长8.5%，进口均价为每吨563.8元，上涨63.8%；成品油2689万吨，增长6.5%，进口均价为每吨3281.7元，上涨26.1%；天然气6070万吨，增长26.5%，进口均价为每吨2266.8元，上涨14.2%；初级形状的塑料2605万吨，增长13%，进口均价为每吨1.14万元，上涨8.1%；钢材1210万吨，增长0.6%，进口均价为每吨7669.8元，上涨17.2%；未锻轧铜及铜材424万吨，下降5%，进口均价为每吨4.47万元，上涨29.5%。进口产品价格上涨的影响也通过国内生产环节传导到了出口环节，在一定程度上推动了中国出口价格的上涨。

（三）传统市场进出口有所回升，"一带一路"沿线各国进出口快速增长

2017年，在美国、欧盟、日本等传统市场上，中国的货物进出口实现了一定程度的增长，有所回升。前11个月，按人民币计价，中欧贸易总额为3.78万亿元，增长16.2%，占中国进出口总额的15.03%（见图4）；中国对欧盟的出口额达2.29万亿元，同比增长13.3%；欧盟对中国出口额达1.5万亿元，增长21.1%；中国对欧盟贸易顺差为0.79万亿元。中美贸易总额为3.58万亿元，增长16.5%，占中国进出口总额的14.32%；其中，中国对美国出口额达到2.64万亿元，同比增长15.4%；进口额为9373亿元，同比增长19.7%；中国对美国贸易顺差为1.7万亿元。前11个月，中国与东盟贸易总额为3.16万亿元，增长18.4%，占中国进出口

总额的 12.53％；其中，中国对东盟出口额达 1.71 万亿元，同比增长 13.3％；对东盟进口额为 1.45 万亿元，增长 25.2％，实现贸易顺差 0.26 万亿元。中日贸易总额为 1.86 万亿元，增长 13.8％，占中国进出口总额的 7.41％；其中，中国对日出口额为 8449 亿元，增长 8.8％；自日进口额为 1.02 万亿元，增长 18.2％；贸易逆差为 0.18 万亿元，增长 110％。得益于中国企业"走出去"与海外扩张，中国与新兴经济体的进出口贸易也快速发展。2017 年，中国对拉美、非洲国家进出口额分别增长了 23.4％和 19.7％，分别高于进出口额总体增速 4.7 个和 8.9 个百分点。对"金砖国家"成员南非、巴西、印度、俄罗斯和"一带一路"沿线国家马来西亚的进出口额也快速增长，增幅分别达到了 39.0％、20.9％、20.2％、17.7％和 17.1％。

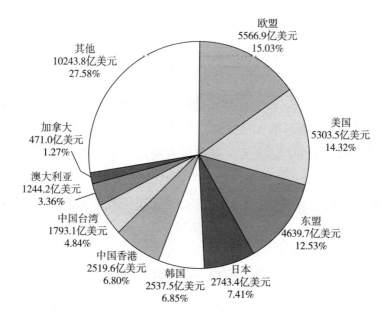

图4　2017 年 1~11 月中国内地与主要贸易伙伴进出口状况及所占比重

资料来源：中华人民共和国海关总署。

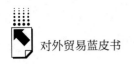

三　中国进出口商品情况

（一）进出口商品结构

2017 年 1～12 月，中国货物出口额为 22635.2 亿美元，其中初级产品出口额达到 1177.1 亿美元，占中国货物出口额的 5.2%；工业制成品出口额为 21458.1 亿美元，占中国货物出口额的 94.8%，其中占比最大的为机械及运输设备，出口额为 10829.1 亿美元，占中国货物出口额的 47.8%，为中国出口商品的主要组成部分，化学品及有关产品出口额为 1413.3 亿美元，按原料分类的制成品出口额为 3680.5 亿美元，杂项制品出口额为 5477.7 亿美元，未分类的其他商品出口额为 57.6 亿美元（见表 4）。2017 年全年中国出口商品按金额计算，前十大出口商品如表 6 所示。

2017 年 1～12 月，中国货物进口额为 18409.8 亿美元，其中初级产品进口额为 5770.6 亿美元，占中国货物进口额的 31.3%，其中非食用原料进口额为 2602.3 亿美元，占中国货物进口额的 14.13%，矿物燃料、润滑油及有关原料进口额为 2478.4 亿美元，占中国货物进口额的 13.5%。工业制成品进口额为 12639.2 亿美元，占中国货物进口额的 68.7%，同比增长 10.2%，其中机械及运输设备进口额为 7348.5 亿美元，占中国货物进口额的 39.9%，杂项制品进口额为 1341.7 亿美元（见表 5）。2017 年全年中国进口商品按金额计算，前十大进口商品如表 7 所示。

表 4　2008～2017 年中国出口商品结构

单位：亿美元

指标	2009 年	2010 年	2011 年	2012 年	2013 年	2014 年	2015 年	2016 年	2017 年
总值	12016.1	15777.5	18983.8	20487.1	22090	23422.9	22749.5	20981.5	22635.2
初级产品	631.1	816.9	1005.5	1005.6	1072.8	1127.1	1039.8	1050.7	1177.1
食品及活动物	326.3	411.5	504.9	520.7	557.3	589.2	581.6	610.5	626.4

续表

指标	2009 年	2010 年	2011 年	2012 年	2013 年	2014 年	2015 年	2016 年	2017 年
饮料及烟类	16.4	19.1	22.8	25.9	26.1	28.8	33.1	35.4	34.7
非食用原料	81.5	116	149.8	143.4	145.7	158.3	139.2	130.8	154.4
矿物燃料、润滑油及有关原料	203.7	266.7	322.7	310.1	337.9	344.5	279.4	268.4	353.5
动、植物油脂及蜡	3.2	3.6	5.3	5.4	5.8	6.2	6.4	5.6	8.1
工业制成品	11385	14960.7	17978.4	19481.6	21027.4	22300.4	21709.7	19930.8	21458.1
化学品及有关产品	620.2	875.7	1147.9	1135.7	1196.3	1345.9	1296	1218.9	1413.3
按原料分类的制成品	1848.2	2491.1	3195.6	3341.5	3606.5	4003.8	3913.1	3512	3680.5
机械及运输设备	5902.7	7802.7	9017.7	9643.6	10392.5	10706.3	10594.5	9845.1	10829.1
杂项制品	2997.5	3776.5	4593.7	5346.6	5814.5	6221.7	5881.5	5296.2	5477.7
未分类的其他商品	16.5	14.7	23.4	14.2	17.3	22.7	24.6	58.6	57.6

资料来源：中华人民共和国商务部。

表5　2008～2017年中国进口商品结构

单位：亿美元

指标	2008 年	2009 年	2010 年	2011 年	2012 年	2013 年	2014 年	2015 年	2016 年	2017 年
总值	11325.7	10059.2	13962.5	17434.8	18184.1	19499.9	19592.3	16819.5	15874.2	18409.8
初级产品	3623.9	2898	4338.5	6042.7	6349.3	6576	6474.4	4730.1	4401.6	5770.6
食品及活动物	140.5	148.3	215.7	287.7	352.6	417	468.2	505	491.4	542.9
饮料及烟类	19.2	19.5	24.3	36.8	44	45.1	52.2	57.7	60.9	70.3
非食用原料	1667	1413.5	2121.1	2849.2	2696.6	2861.4	2701.1	2104.6	2019.1	2602.3

续表

指标	2008 年	2009 年	2010 年	2011 年	2012 年	2013 年	2014 年	2015 年	2016 年	2017 年
矿物燃料、润滑油及有关原料	1692.4	1240.4	1890	2757.8	3130.8	3149.1	3167.9	1988	1762.8	2478.4
动植物油脂及蜡	104.9	76.4	87.4	111.1	125.3	103.4	84.9	74.8	67.3	76.8
工业制成品	7701.7	7161.2	9624	11392.1	11834.7	12926.9	13128.5	12089.4	11472.6	12639.2
化学品及有关产品	1191.9	1120.9	1497	1811.1	1792.9	1903	1933.7	1713.2	1640.1	1419.4
按原料分类的制成品	1071.6	1077.4	1312.8	1503	1462.6	1482.9	1724.2	1333.2	1218.5	1350.7
机械及运输设备	4417.6	4078	5494.2	6305.7	6529.4	7103.5	7244.5	6834.2	6579.4	7348.5
杂项制品	976.4	851.9	1135.6	1277.2	1362.2	1390.1	1398.4	1347.4	1260.2	1341.7
未分类的其他商品	44.2	33.1	184.4	495.1	687.7	1047.4	827.6	861.3	774.5	660.8

资料来源：中华人民共和国商务部。

表6　2017年中国前十大出口商品（按金额）

单位：万元人民币，%

HS 编码	商品类别	金额	同比增长
85	电机、电气设备及其零件；录音机及放声机，电视图像、声音的录制和重放设备及其零件、附件	404888804	10.8
84	核反应堆、锅炉、机械器具及零件	259829199	14.6
94	盐，硫黄，泥土及石料，石膏料、石灰及水泥	560363794	4.5
62	非针织或非钩编的服装及衣着附件	49826725	4.8
61	针织或钩编的服装及衣着附件	48676922	-0.9

续表

HS 编码	商品类别	金额	同比增长
90	光学、照相、电影、计量、检验、医疗或外科用仪器及设备、精密仪器及设备,上述物品的零件、附件	47796223	7.3
39	塑料及其制品	47456510	15.4
87	车辆及其零件、附件,但铁道及电车道车辆除外	45578062	14.9
73	钢铁制品	38442573	12.3
95	玩具、游戏品、运动用品及其零件、附件	36951763	27.9

资料来源:中华人民共和国海关总署。

表7 2017年中国前十大进口商品(按金额)

单位:万元人民币,%

HS 编码	商品类别	金额	同比增长
85	电机、电气设备及其零件;录音机及放声机,电视图像、声音的录制和重放设备及其零件、附件	309578932	13.4
27	矿物燃料、矿物油及其蒸馏产品,沥青物质,矿物蜡	167953217	43.9
84	核反应堆、锅炉、机械器具及零件	14628964	17.5
26	矿砂、矿渣及矿灰	85241361	36.5
90	光学、照相、电影、计量、检验、医疗或外科用仪器及设备、精密仪器及设备,上述物品的零件、附件	65882987	7.5
87	车辆及其零件、附件,但铁道及电车道车辆除外	53620379	13.4
39	塑料及其制品	46675460	15.7
71	天然或养殖珍珠、宝石或半宝石、贵金属、包贵金属及其制品,仿首饰,硬币	44231654	−15.8
29	有机化学品	37784102	30.3
12	含油子仁及果实,杂项子仁及果实,工业用或药用植物,稻草、秸秆及饲料	30186002	19.3

资料来源:中华人民共和国海关总署。

(二)重点商品

1.初级产品

按《中国统计年鉴》的分类,初级产品主要是指食品及主要供食用的活物、饮料、烟类、非食用原料、矿物燃料、润滑油以及有关原料、动植物油脂和蜡。改革开放以来,中国初级产品贸易有较快增长。1980年初级产品出口额仅为91.14亿美元,2016年初级产品出口额达1050.7亿美元,2017年达到了1177.1亿美元(见图5)。其中,2017年食品及活动物出口额达626.4亿美元,矿物燃料、润滑油及有关原料出口额达 353.5 亿美元,非食用原料出口额达 154.4 亿美元。初级产品的出口额逐年增加,但其出口额占比持续减少,自 2005 年以来一直保持在 5% 左右,2017 年初级产品出口额占比为 5.15%(见图 6),未来可能继续保持在 5% 的水平。

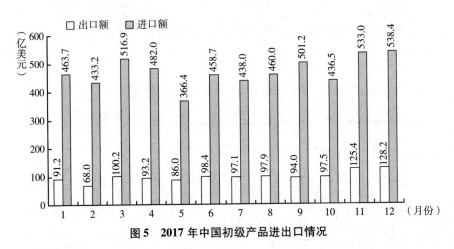

图 5　2017 年中国初级产品进出口情况

资料来源:中华人民共和国商务部。

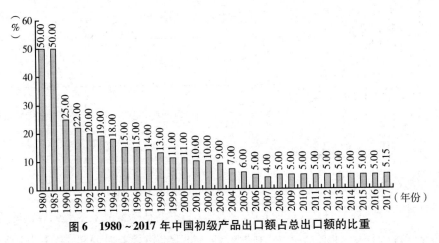

图 6　1980~2017 年中国初级产品出口额占总出口额的比重

资料来源:中华人民共和国商务部。

2. 工业制成品

改革开放至今,中国对外开放程度不断提高,对外贸易额逐年增加。其中，作为出口主导产品的工业制成品出口规模持续扩大。从出口产品看，工业制成品出口比例不断提高而初级产品出口比例不断下降，同时随着中国对高新技术产业的投入不断增加，中国工业制成品出口结构也在逐步优化，逐步从资源、劳动密集型产品出口向机电产品和高新技术产品出口转变。机电产品和高新技术产品出口额呈逐年上升趋势，在出口的工业制成品中的比重稳步增长。2017年1~12月，中国机电产品出口额达到了11854.68亿美元，同比增长9.1%，而高新技术产品出口额为5935.27亿美元，同比增长9.8%。

自1986年以来，中国的出口产品由资源密集型产品逐渐变为劳动密集型产品。中国利用丰富的资源和充裕的劳动力大力发展劳动密集型产业，出口产品以皮革制品、棉纺织品等为主。中国成为"世界工厂"，"中国制造"以其低廉价格销往世界各地。此后随着中国人口红利的下降，劳动力成本增加，国家重视对新技术的开发与应用，机电产品成为最大类的出口产品，其出口规模首次超过纺织服装产品，标志着中国制成品出口开始由劳动密集型产品变为资本和技术密集型产品。中国制成品出口结构不断优化，逐步向优质化方向发展。虽然近年来，通过科技创新能力不断增强，中国高新技术产品的出口规模和比重有所提升，但是高新技术产品出口额所占比重依然不高，占工业制成品出口额的比例基本维持在30%左右，虽然中国制成品出口结构有所改善，但还没有达到优化水平。

从贸易方式看，中国工业制成品出口贸易方式主要是一般贸易，以人民币计价，前11个月，中国一般贸易进出口额为14.19万亿元，同比增长18.1%，占全国进出口总额的比重有所提升，达到56.4%，同比增长1.2%。其中，中国一般贸易出口额达到7.28万亿元，同比增长12.4%；进口额达到6.65万亿元，增长25.4%；贸易顺差为8856.3亿元，收窄36.8%。同时，中国加工贸易实现进出口额7.28万亿元，同比增长10.8%，占28.9%，比2016年同期下滑1.3个百分点。其中，出口额为4.63万亿元，增长9.6%；进口额为2.65万亿元，增长13.2%；贸易顺差达1.98万亿元，扩大5%。加工贸易梯度转移初见成效。2017年，中西部地区加工贸易出口增速快于东部地区。2017年，在贸易结构中，一般贸易的出口增速明显快于加工贸易，可以看出中国贸易结构不断优化，加

工贸易出口比重下降。同时，高新技术产品出口比重上升。

（1）纺织品

纺织品是传统的劳动密集型产品，是中国出口的传统优势产品，中国目前仍然保持着全球第一大纺织品及服装出口国的地位。纺织品及服装出口快速增长，使中国的产能得到极大释放，推动中国外贸发展，纺织业依旧继续保持中国国民经济的"传统支柱产业"地位。

中国纺织品及服装出口自中国入世以来保持了较快增长。2001年中国纺织品及服装出口贸易额为532.8亿美元，到2016年已达到2906亿美元，2017年1~7月纺织品出口额达到1495亿美元。中国纺织品及服装出口在入世之后已经实现了年均10%~20%的增长率。但随着中国经济结构的调整，对一些产业实行产业转移，纺织品及服装出口自2015年开始出现下降，中国纺织品及服装出口步入拐点，纺织品出口2015年比2014年同期下降了4.9%，2016年下降幅度扩大到7.3%。2017年前7个月，出口额虽然同比增长了2.15%（见图7），但上升压力较大。中国纺织品及服装出口已正式步入拐点，进入调整周期。

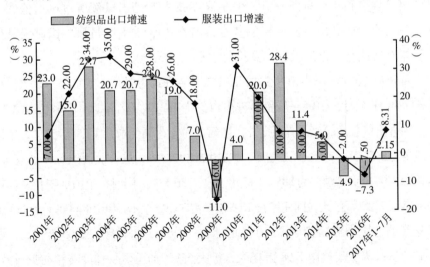

图7　2001年至2017年7月中国纺织品与服装出口增速情况

资料来源：中华人民共和国商务部对外贸易司。

（2）机电产品

随着国际分工不断加深，拥有高附加值、高技术，易实现规模经济的机电产品在国际贸易和全球产业分工中发挥着重要的作用。机电产品也是中国目前高新技术产品中的主导产品，涉及机械、电子、汽车、轻工业和家电等各个行业。2017年，中国机电产品出口额为13214.7亿美元，比2016年增长9.3%（见表8），为国民经济的稳定快速发展做出了重要贡献。

表8　2001~2017年中国机电产品出口情况

单位：亿美元，%

时间	出口额	出口额增长率	占出口总额比重
2001 年	1187.9	12.8	44.6
2002 年	1570.8	32.2	48.2
2003 年	2274.6	44.8	51.9
2004 年	3234.0	42.2	54.5
2005 年	4267.5	31.9	56.0
2006 年	5494.2	28.7	56.7
2007 年	7011.1	27.6	57.6
2008 年	8217.3	17.2	57.5
2009 年	7131.1	-13.2	59.3
2010 年	9334.3	30.9	59.2
2011 年	10856.0	16.3	57.1
2012 年	11794.2	8.7	57.6
2013 年	12655.4	7.3	57.3
2014 年	13121.9	3.6	55.7
2015 年	13080	-0.3	54.2
2016 年	12086.9	-7.6	53.7
2017 年	13214.7	9.3	58.4

资料来源：《中国统计年鉴》。

当前，中国机电产品出口的特点如下。

①出口规模不断扩大，增速不断加快

1995 年，中国机电产品出口额仅为 435.6 亿美元，占出口总额的 29.5%，2016 年中国机电产品出口额为 12086.9 亿美元，2017 年达到了

13214.7亿美元，占中国出口贸易总额的58.4%，具有十分重要的地位。其中，中国家电产品年度出口额接近650亿美元，占出口贸易总额比重超过30%。而计算机、手机等电子产品年度出口额为千亿美元。

②出口产品种类丰富

机电产品包括金属制品、机械及设备、电器及电子产品、运输工具、仪器仪表和其他六个大类。中国出口机电产品种类丰富，近年来中国出口机电产品主要为计算机及其部件、通信设备、家电及消费类电子产品、电子元器件和电工器材。

③出口市场呈现多元化

中国内地机电产品出口市场多元化。出口市场既有传统市场中的欧盟、美国、中国香港、日本、东盟、韩国等国家和地区，其出口额占中国机电产品出口总额的80%以上，也有以墨西哥、乌克兰、哈萨克斯坦、阿根廷等为代表的新兴市场。出口结构不断优化，对新兴市场和发展中国家机电产品出口额占中国机电产品出口总额比重不断提高。在2017年中国机电产品出口额中，亚洲占51.0%，美洲占27.8%，欧洲占15.7%，非洲占2.3%，大洋洲占2.2%。出口结构不断优化。

中国机电产品出口也存在一些问题。第一，出口产品附加值不高，层次较低，虽然中国不断调整机电产品出口结构，增强科技创新能力，出口结构有所改善，但出口的产品仍然较多为低层次、低附加值的产品。出口产品还主要为资源和劳动密集型产品，高技术、高附加值的产品较少。第二，出口市场结构有待改善，虽然中国目前机电产品出口市场呈现多元化格局，但仍然以美国、日本、欧盟等传统市场为主，中国对这些市场的机电产品出口额占中国机电产品出口额的80%以上。这极容易引发贸易摩擦，近年来，欧盟、美国等不断提高对中国一些机电产品的技术贸易壁垒，并进行反倾销调查，对中国机电产品出口产生了不利的影响。

3.高新技术产品

高新技术产品的生产与出口是一个国家科学技术水平和国际竞争力的体现。高新技术产品出口的增加能够在一定程度上反映出中国商品出口结构的改善。

2017年，中国高新技术产品出口规模与工业制成品出口规模都获得了大幅增长。高新技术产品出口所占比重逐步扩大，出口额从2001年的4156亿美元增加到2016年的6038.73亿美元。2017年达到6674.28亿美元，同比增加10.6%（见表9、图8）。中国高新技术产品出口额占制成品出口额的比重自2008年以来一直在30%以上。2016年高新技术产品出口额占制成品出口额的33.5%。中国制成品出口逐步从以资本密集型产品为主转向以高技术高附加值密集型产品为主。

表9　中国高新技术产品出口情况

单位：亿美元，%

指标	高新技术产品出口金额（当月）	高新技术产品出口金额（累计）（亿美元）	累计同比增速
2016年11月	607.95	5404.84	-7.9
2016年12月	629.56	6038.73	-7.8
2017年1月	468.52	468.52	5.7
2017年2月	404.28	872.75	9.1
2017年3月	513.11	1385.91	8
2017年4月	483.88	1869.79	7
2017年5月	494.62	2364.41	6.5
2017年6月	545.03	2909.44	7
2017年7月	537.14	3446.58	7.3
2017年8月	559.73	4006.31	8.2
2017年9月	614.01	4620.32	8.9
2017年10月	602.68	5223	8.8
2017年11月	702.1	5925.1	9.6
2017年12月	748.8	6674.28	10.6

资料来源：中华人民共和国海关总署。

在中国高新技术产品出口中存在的问题表现为高新技术产品出口主要是由外资企业实现的，并且加工贸易占主体。虽然近年来中国的一些技术发展很快，形成了华为、中兴、中国中车等一系列高新技术自主品牌，中国高端制造产品在世界市场上的份额大幅上升，中国的出口结构有了大幅度的改善，但高新技术产品的出口仍以外资企业为主，中国目前依然处于全球价值

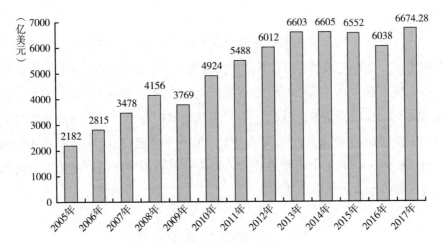

图8 2005~2017年高新技术产品出口额

资料来源：中华人民共和国海关总署。

链分工的中低端。2015年，中国民营企业高新技术产品出口额首次超过外资企业，成为高新技术产品第一大出口主体，并且2016年、2017年一直保持较高的占比，2017年1~11月，中国民营企业高新技术产品进出口额达到9.68万亿元，同比增长16.9%，占进出口总额的38.5%，比2016年同期提升0.4个百分点。其中，出口额为6.46万亿元，增长13.8%，占出口总额的46.7%，第一大出口经营主体的地位进一步巩固；进口额为3.22万亿元，增长23.6%，占进口总额的28.5%。同期，外资企业进出口额达到11.26万亿元，同比增长12.8%，占进出口总额的44.8%。其中，出口额为5.96万亿元，增长9.7%，占出口总额的43.1%；进口额为5.3万亿元，增长16.4%，占进口总额的46.9%。外资企业在中国高新技术产品出口中仍占据较重要的位置，并且外资企业通常控制着一些高新技术产品的研发、技术的核心环节，只有零部件生产、产品的加工组装放在中国，在整个生产环节只是利用了中国廉价的劳动力和资源，中国在这个过程中获利很少，贸易所得也相对较少。这不仅导致中国处于价值链的低端，也会阻止加工贸易的技术溢出，不利于中国产品出口结构的优化和产业结构的调整，而且这种出口方式会给中国的贸易安全带来一定影响，进而影响中国外贸和整体经济的持续发展。中国具有优势的出口产品仍然是劳动密集型产品，其又以加工贸易为主要方式，对中国高新技术产业发展带动作用很小，加之目前中国面临外资企业资金回流和产业转移的境遇，中国高新技术产品的生产和出口面临严峻的挑战，因此，需要培育高新技术产品新的出口竞争优势。

（三）中国在全球产业价值链中的动态变化

中国自加入世贸组织后，不断提高对外开放水平，融入全球价值链，参与国际分工，实现了中国经济的发展和产业升级。长期以来，中国主要凭借低廉的劳动力成本与资源，在国际分工与价值链中处于中低端。对外贸易方式长期以来以加工贸易为主，但随着近年来中国高新技术的发展，形成了一批有国际竞争力的自主品牌，中国出口贸易方式开始不断优化，由加工贸易向一般贸易转变。1995年，一般贸易超过加工贸易并一直在中国对外贸易中占有较大比重。中国出口贸易结构获得了优化，由低附加值的劳动密集型产品向高附加值的高新技术产品发展。中国正向全球价值链和国际分工的上游发展。

目前来说，中国仍处于全球价值链的中低端，低技术劳动密集型产品出口仍然是中国商品出口的主要部分，但其出口竞争力在逐渐减弱，同时出口产品在逐步向高技术、高附加值产品转变，虽然中国近年来高新技术产业发展迅速，但高附加值的高新技术产业的出口优势还没有形成。中国在参与全球价值链分工体系时，主要是凭借低廉的劳动力参与一些低附加值的劳动密集型产品的国际分工与合作，逐步成为"世界工厂"，"中国制造"销往世界各地。但同时，大量劳动密集型产品的出口易冲击他国市场，造成中国与其他国家的贸易摩擦，受到制裁，由于缺乏核心技术与自主品牌，市场定价能力弱，容易受到原材料市场和消费市场的挤压。由于中国生产力结构的变化以及周边国家劳动力质量的提升，中国的人口红利逐渐消失，丰富的廉价劳动力不再作为中国的比较优势，中国对外贸易正处于增速换挡期和结构转型期，进入了以稳增长、调结构、提质量为特征的新常态。在这种形势下，中国传统成本优势不断削弱，而新的贸易竞争优势形成缓慢，东南亚、非洲等地区或国家低劳动力成本竞争优势不断显现。在中国工业制成品的出口中，加工贸易占比较高，出口增长放缓，附加值不高。在对外贸易方式上，从1995年开始，一般贸易成为中国主要的外贸出口方式，并持续保持了近20年的时间。中国在国际分工中，主要参与加工组装环节，呈现低增加值和低附加值的状态，使中国整体在全球价值链与全球分工中处于中低端。整体上看，中国产品出口结构还没有达到优化水平，一方面，中国劳动力成本不断上升，年均增幅超过10%，劳动密集型产品的出口竞争力不断减小；另一方面，高新技术产品如机电产品中一些高端产品出口增速与出口竞争力也落后于其他发展中国家，国际市场占有率逐年下降。中国高新技术产品的贸易竞争力仍未形成，中国商品出口的竞争优势还集中于以劳动密集型和资本密集型产品为主的低技术含量制成品，没有形成有效的出口竞争力与出口竞争优势，出口竞争压力大。

与此同时，中国积极推进产业的转型与升级。在国内，实施供给侧结构性改革，"去产能、去库存、去杠杆、降成本、补短板"，改善市场环境，优化产业结构，淘汰落后产能，扩大内需，驱动产业结构升级，提升中国在全球价值链中的地位。中国开始逐步实现产业升级与转型发展，通过科技创新，打造核心竞争力，由价值链中低端向高端发展。目前虽然中国处于价值链的中低端，但随着国内技术水平的提高，中国在全球制造业价值链中的地位会稳步提升，中国提供的高技术附加值产品和服务稳步增加，中国企业正逐步跻身高技术附加值产品上游生产商行列。

四　中国主要贸易伙伴

（一）中美贸易

中美双边贸易额长期以来迅速增加，2007~2016年中国与美国之间的贸易往来不断加强，平均交易总额超过4000亿美元，年均增长率也达到7.7%。国际金融危机以来，中国对美国出口年均增长6.4%。中美货物贸易额在2009年受全球金融危机影响下降了10.6%，在2016年，由于受全球经济形势和贸易环境影响，中美货物贸易额出现了5.9%的下降，其他年份基本上都保持了高速增长（见图9）。

根据中华人民共和国海关总署公布的最新数据，2017年全年中美贸易总额为5810亿美元，同比增长15.2%，占中国进出口总额的14.2%，其中，中国对美出口额为4280亿美元，增长14.5%，自美进口额为1530亿美元，增长17.3%，对美贸易顺差为2758.1亿美元，扩大13%，创历史新高。

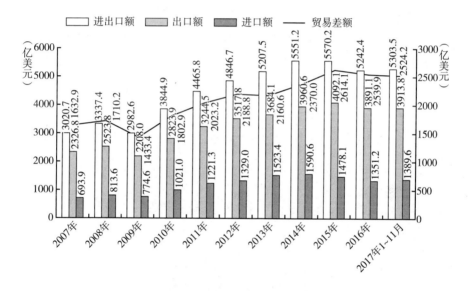

图9 中美货物贸易进出口情况及贸易逆差情况

资料来源：《中国统计年鉴》、CEIC数据库。

在美国对中国出口的商品中，主要是技术水平较高的产品，如机电产品、运输设备、电子设备等。2017年1~11月，美国对中国货物出口额为1389.6亿美元，美国运输、机电、化工、植物产品对中国出口额分别为259.3亿美元、309.3亿美元、131.9亿美元和141.9亿美元，占其对中国出口总额的18.7%、22.2%、9.5%和10.2%，上述四类产品出口额合计占美国对中国出口总额的60.6%（如图10所示）。

如图11所示，美国自中国进口的商品以机电产品为主，2017年1~11月，中国对美国机电产品出口额达到1787.2亿美元，占出口总额的45.92%。而杂项制品、纺织品及原料也是中国出口商品的大类，2017年，美国自中国进口杂项制品、纺织品及原料分别达到468.1亿美元、388.2亿美元，占出口总额的比例分别达到12.03%、9.97%。在杂项制品中，凭借质美价廉，一些轻工产品如玩具、家具等在美国市场上占据较大份额，达到50%以上，具有较强的竞争力。

2017年1~11月，中国货物贸易进出口总额为33072.05亿美元，同比增长11.6%，进出口累计绝对额比美国高出413.85亿美元，增速比美国高出5.1个百分点。其中1~10月，中国货物出口总额为18209.93亿美元，同比增长7.4%，出口累计绝对额比美国高出5458.66亿美元，增速比美国高出1.3个百分点；中国货物进口总额为14862.12亿美元，同比增长17.2%，进口累计绝对额低于美国5044.81亿美元，增速比美国高出10.4个百分点。2017年1~10月，中国货物进出口差额为3347.81亿美元，美国货物进出口差额为–7155.66亿美元。

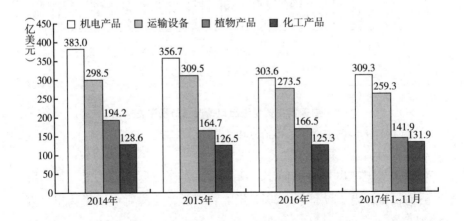

图10　2014年至2017年11月中国对美国主要出口商品状况

资料来源：中华人民共和国海关总署。

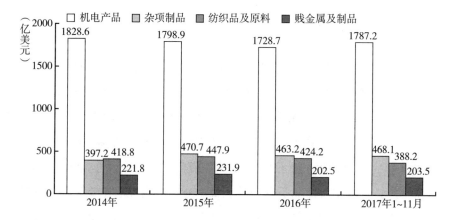

图 11　2014 年至 2017 年 11 月中国对美国主要进口商品情况

资料来源：中华人民共和国海关总署。

2017 年 1～11 月中国对美国出口重点商品的情况见表 10。2017 年 1～11 月中国自美国进口重点商品的情况见表 11。

表 10　2017 年 1～11 月中国对美国出口重点商品的情况

单位：亿美元，%

商品名称	出口额	同比增长	占出口总额比重
自动数据处理设备及其部件、零附件	261.68	16.8	22.1
通信设备及零件	183.84	30.6	15.5
电工器材	80.16	7.7	6.8
其他日用机械	79.2	—	6.6
汽车及其关键零附件	78	—	6.5

资料来源：中华人民共和国海关总署。

表 11　2017 年 1～11 月中国自美国进口重点商品的情况

单位：亿美元，%

商品名称	进口额	同比增长	占进口总额比重
汽车及其关键零附件	79.0	19.5	22.1
航空航天器及其零件	67.9	4.8	19.0
电子元器件	52.1	19.3	14.6
其他仪器仪表	—	—	11.4

资料来源：中华人民共和国海关总署。

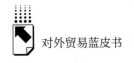
（二）中日贸易

2017 年日本与中国双边货物进出口额为 2972.8 亿美元，增长 11.2%。其中，日本对中国的货物出口额为 1328.6 亿美元，同比增长了 16.7%，占其出口总额的 19.0%。日本自中国的货物进口额为 1644.2 亿美元，增长 5.0%，占其进口总额的 24.5%。日本与中国的贸易逆差为 315.6 亿美元，下降 26.1%。

2017 年，从贸易额来看，中国是日本第二大出口贸易伙伴和第一大进口贸易伙伴。从进出口产品类别来看，日本对中国出口的主要商品类别是机电、化工产品和贱金属及制品。有关的机电、化工产品和贱金属及制品在前三个季度出口额分别达到了 257.8 亿美元、65.9 亿美元和 58.4 亿美元，分别增长 17.4%、17.4% 和 11.3%，分别占日本对中国出口总额的 41.5%、10.7% 和 9.2%。中国出口日本的主要商品为一些机电产品和轻工产品，机电产品，前三个季度出口额达到了 357.0 亿美元，同比增长了 4.1%。一些轻工业产品和劳动密集型产品，如纺织品，前三季度出口额为 97.9 亿美元，家具、玩具出口额为 49.3 亿美元。这些轻工产品和劳动密集型产品发挥其质美价廉的优势，具有很强的竞争力，在日本进口市场上占据较大份额，为 50% 以上。

（三）中欧贸易

2017 年前三个季度，欧盟 27 国（不含英国）与中国货物贸易进出口总额达到 2943.2 亿美元，同比增长 7.5%。其中，欧盟对中国出口额实现 1041.5 亿美元，同比增长 15.4%；自中国进口额为 1901.7 亿美元，同比增长 3.6%；欧盟对中国贸易逆差为 859.2 亿美元，同比降低 8.0%，中国是欧盟的第二大出口市场和第一大进口来源地。

从产品类别来看，欧盟出口中国的产品以技术密集型产品为主，如机电产品、运输设备等。2017 年前三个季度，欧盟出口中国的机电产品额达到 325.6 亿美元，同比增长 20.2%，运输设备出口额达到 233.2 亿美元，同比增长 5.8%。同时一些资源型产品的出口额也有所增加，如矿产品的出口额与 2016 年相比增长 70.6%。

欧盟自中国进口的主要商品也以机电和一些轻工产品为主。前三个季度中，欧盟自中国进口机电产品额为926.0亿美元，同比增长5.8%，轻工产品如纺织品、玩具、家具等进口额达到180.2亿美元，同比有所下降。中国机电产品、纺织品和玩具等在欧盟进口市场中总计占比为50%以上。

（四）中英贸易

2017年1~9月，中英双边货物贸易额实现536.4亿美元，下降3.6%。其中，英国出口额实现156.9亿美元，同比增长11.4%，占出口总额的4.8%。英国自中国进口额达到379.6亿美元，下降8.7%，占其进口总额的8.4%。英国贸易逆差为222.5亿美元，下降18.8%。截止到9月，中国为英国第七大出口市场和第三大进口来源地。

英国出口中国的商品主要是技术密集型产品，涉及采矿、机械、电子、运输等领域。前三个季度，英国运输设备出口额达到41.9亿美元，同比增长1%，矿产品出口额为32.2亿美元，同比增长107.2%，机电产品出口额为24.2亿美元，同比增长11.7%，化工产品出口额为15.6亿美元，同比增长11.8%。

英国自中国进口的商品主要是机电产品和轻工产品。前三个季度，英国自中国机电产品进口额为129.9亿美元，下降11.5%，纺织品进口额达到55.4亿美元，下降14.5%，家具、玩具进口额为47.5亿美元，下降14.7%。中国的一些轻工产品和劳动密集型产品发挥其质美价廉的优势，具有很强的竞争力，如玩具、纺织品、箱包、皮鞋等，在英国进口市场占据较大份额，为60%以上。

五 展望及建议

自2012年以来，中国对外贸易已经连续多年处于个位数增长状态，中国外贸已经步入新常态。虽然2016年以来，全球经济开始回暖，国内经济平稳向好发展，2017年中国进出口总额达到4.1万亿美元，同比增长

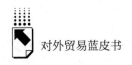
14.2%，贸易结构更加优化，但当前中国所处的国际环境依然严峻复杂，国内经济面临较大的下行压力，各种不确定因素依然很多，中国未来外贸稳定发展依然面临一定的压力。

从外部环境来看，虽然全球市场经济开始复苏，但进展缓慢，面临诸多新挑战，如地缘政治危机此起彼伏、国际政治格局不稳定、大宗商品价格波动明显、贸易保护主义抬头等。当前低迷疲软仍是世界经济的主调，新的经济增长点和拉动力不显著。2017年全球经济增速在3.4%左右，全球经济目前仍在低位运行，缓慢复苏，存在诸多不确定因素。从内部环境来看，当前中国外贸进入以稳增长、调结构、提质量为特征的新常态，改革进一步深化，外贸的结构性转型压力较大，当前，中国存在一系列问题，在产业发展中，部分产能过剩；由于缺乏核心竞争力，一些简单的加工贸易出现了大幅度的衰退。同时区域发展不平衡，沿海和中西部地区的差距依旧较大，产业转移与结构调整面临较大的压力。

总体来看，2018年，中国货物贸易发展面临的形势依然严峻复杂，处在结构调整、深化改革的重要阶段，面临一系列深层次的变革。而与此同时，伴随着中国相关外贸支持政策的出台，调结构、稳增长成为重要趋势，进出口企业得到发展。2018年，中国外贸将继续保持稳中有进态势，结构进一步优化，货物贸易实现进一步发展。

针对当前国际国内形势，中国应采取一系列措施，实现中国货物贸易的平稳较快发展。

（1）立足于国内市场需求，强调进口重要性，实现进出口协调发展。完善一系列进口政策，鼓励对高科技及尖端设备的进口，满足国内需求，推动国内相关产业发展。

（2）外贸政策应继续着力于稳增长、调结构、促平衡，加快推进中国贸易结构的转型升级。继续实施出口结构的优化和调整，适度调控一些高耗能、低增加值产品的出口规模。优化中国出口产品的结构，加大高技术、高附加值产品的出口，实现出口产品从劳动密集型产品向技术密集型产品的转变。同时，也要积极提升中国在产业链中所处的位置，更深层次融入全球分工，提升以培育自主知识产权为核心的出口竞争力，加快机电产品的进出口，实现出口份额的稳步提高，形成新的出口竞争优势。

（3）积极推动中国贸易结构的跨区域转移和升级。对一些劳动密集型产业应加强自有品牌、自主市场营销网络建设，加快产品升级改造，不能简单、一味地对外转移，在转移方式上要尽可能因地制宜，多选择就近转移、国内转移方式。在国内转移时，由沿海向中西部地区承接产业梯度转移，推动区域协调发展。国家应当鼓励中西部地区引进沿海地区的一些技术含量较高的加工贸易企业，加大对加工贸易梯度转移重点承接地的支持力度。完善一些基础设施，提高效率。中国中西部地区在承接产业转移时，要因地制宜，制定有关的出口扶持政策，利用好国家实行的"中部崛起"战略和"一带一路"倡议，实现自身发展。

（4）针对大宗商品价格波动的问题，应当引导企业及时关注国际市场商品价格变动，提前做好风险防范，同时充分利用国际金融市场工具，如期货、远期订单等避免其价格波动对中国原材料、能源类商品进口的不利影响。同时利用"一带一路"倡议加强与沿线国家的互惠互利，签署一些资源互助协议，保障中国石油、天然气等大宗商品的供应。在农产品方面，要密切关注国际市场农产品的价格激增趋势，减少中国农产品和粮食对外依赖度，保证粮食安全。

专栏

从"2500亿美元大订单"到"中美贸易战"

2017年11月8日到10日，应中国国家主席习近平邀请，美国总统特朗普抵达北京，开始对中国进行国事访问。随特朗普访华的包括美国40多位大企业的高管，涉及能源、工业、材料、科技、金融、贸易等行业，在特朗普访华三天期间，中美两国签署了34项经济合作协议，总金额高达2535亿美元，创造了中美经贸合作的纪录。

就在特朗普访华并签署2535亿美元大单之后，本来各界判断中美

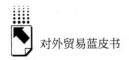
经贸将由此揭开新的篇章，总体向好，平稳向前发展。然而，11月30日，特朗普公开拒绝承认中国的市场经济地位，12月1日，美国政府首次主动发起对中国铝合金板的双反调查。中美贸易关系开始恶化，中美之间爆发贸易战的阴影开始笼罩。

美国对中国贸易战措施情况见表12，中国应对措施见表13。

表12　美国对中国贸易战措施情况

时间	类别	措施
2018年1月	进口大型洗衣机和光伏产品	采取为期4年和3年的全球保障措施，并分别征收最高税率达30%和50%的关税
2018年2月	进口中国的铸铁污水管道配件	征收109.95%的反倾销税
2018年2月27日	中国铝箔产品厂商	征收48.64%至106.09%的反倾销税，以及17.14%至80.97%的反补贴税
2018年3月9日	进口钢铁和铝	分别征收25%和10%的关税（即232措施）
2018年3月22日	涉及知识产权侵权问题的中国商品	征收500亿美元关税，并实施投资限制
2018年4月4日	中国输美的1333项500亿美元的商品	加征25%的关税
2018年4月5日	1000亿美元中国进口商品	依据301调查，加征关税
2018年4月16日	中兴通讯	美国商务部对其执行为期7年的出口禁令

资料来源：根据相关数据整理。

表13　中国应对措施

时间	类别	措施
2018年3月23日	价值30亿美元的美国产水果、猪肉、葡萄酒、无缝钢管和另外100多种商品	加征关税
2018年4月2日	原产于美国的7类128项进口商品	中止关税减让义务，在现行适用关税税率基础上加征关税
2018年4月4日	原产于美国的大豆、汽车、化工品等14类106项商品，价值500亿美元	加征25%的关税
2018年4月5日	进口美国商品，价值1000亿美元	与美国采取同等措施，加征关税

资料来源：根据相关数据整理。

中美之间"你来我往，毫不示弱"，500亿美元、1000亿美元关税措施纷纷实施，中美经贸关系走向谷底，受此影响，全球股市大跌。从双方采取措施的领域来看，中国对美国征税的主要是水果、猪肉、坚果等农产品和初级产品，而美国对中国征税的主要是在中国着重发展的高科技产业，包括新能源、信息技术、新材料等，目的在于遏制中国制造业的崛起与发展。

中美之间经多次交锋，开始走向协商和和谈，5月4日，中美之间展开第一轮磋商，但是未达成实质性协议。5月15日，国务院副总理刘鹤应邀访美，中美开始第二轮谈判，未来中美关系及中美贸易战仍存在诸多不确定性。

中美之间爆发贸易战主要有以下原因。①中美之间严重的贸易失衡，长期以来，中国始终保持对美国的贸易顺差，美国一直是中国的第一大贸易顺差来源国。在贸易战谈判中，美方要求中国进一步开放市场，同时采取具体措施降低美国对华贸易赤字1000亿美元。造成中美之间贸易逆差的原因在于统计误差和中美在全球价值链体系中的分工不同。②"修昔底德陷阱"：中国日益强大，美国希望通过对中国未来着重发展的高技术产业实施制裁，进而遏制中国的崛起与发展。③特朗普面临2018年中期选举，通过制裁中国，兑现其"贸易保护"的承诺，争取选民支持。

中美贸易战的展望。中美之间经济联系紧密，贸易战升级，势必波及各个产业，给全球经济复苏带来不利影响。4月以来，中美之间已多次协商，中美关系得到一定程度缓和，美国放开对中兴制裁，中美高层之间对话积极展开，双方就贸易战问题进行协商。贸易战是否升级、中美之间贸易关系能否恢复仍具有诸多不确定性。但在全球化日益发展的今天，作为世界第一大、第二大经济体的美中，更应该立足长远，着眼未来，积极共创一个开放、包容、普惠的国际新秩序。

B.3
2017年中国服务贸易发展形势分析

摘　要：　2017年以来，得益于全球经济的全面回暖，中国经济实现了平稳运行，同时伴随着中国境内服务贸易创新试点等多重利好政策的实施，中国服务贸易实现了稳步发展，进出口规模持续扩大，成为外贸发展的新支撑点；服务贸易结构进一步优化，传统服务业稳步发展，新兴服务业高速发展；服务外包进一步发展，离岸服务外包发展迅速；"一带一路"沿线国家与金砖国家成员市场重要性凸显，为服务贸易发展拓展新空间。展望未来，中国应该继续扩大服务业开放范围，解决和消除目前存在的不合理、不规范问题，推进服务贸易进一步发展。

关键词：　服务贸易　传统服务业　服务外包

一　2017年服务贸易发展状况

服务贸易是推动外贸转型升级的重要支撑，是培育经济发展新动能的重要抓手，是努力构建开放型经济新体制的重要内容。2001年以来，中国的服务贸易获得了空前的发展，由2001年的服务贸易总额只有719亿美元，占世界服务贸易总额比重仅为2.4%，发展到2017年的服务贸易总额为6957亿美元，占世界服务贸易总额比重达到6.8%（见表1）。

表1　2001～2017年中国服务贸易发展情况

单位：亿美元，%

年份	服务贸易总额		服务贸易进出口额	
	金额	占世界比重	出口金额	进口金额
2001	719	2.4	329	390
2002	855	2.7	394	461
2003	1013	2.8	464	549
2004	1337	3.1	621	716
2005	1571	3.2	739	832
2006	1917	3.5	914	1003
2007	2509	3.9	1217	1293
2008	3045	4.1	1464	1580
2009	2867	4.5	1286	1581
2010	3624	5.1	1702	1922
2011	4191	5.2	1821	2370
2012	4706	5.6	1904	2801
2013	5396	6.0	2106	3291
2014	6043	6.3	2222	3821
2015	7130	7.7	2881.9	4248.1
2016	7865.3	6.9	2675.6	5189.8
2017	6957	6.8	2281.1	4676.4

资料来源：中华人民共和国商务部、中华人民共和国国家外汇管理局、OECD统计数据。

2017年，中国服务贸易继续多年的良好势头，稳中有进。2017年1～12月，中国服务贸易进出口总额达到46991.1亿元人民币，同比增长6.8%，服务贸易进出口规模自2014年以来一直保持全球第二。其中，服务贸易出口额达到15406.8亿元人民币，增长10.6%；服务贸易进口额为31584.3亿元人民币，增长5.1%，服务贸易逆差达到16177.4亿元人民币，同比增长7.7%（见表2）。2017年中国服务贸易进出口总体上实现了稳中有进，服务贸易出口增速继续高于进口增速，贸易结构得到了进一步优化，新兴服务业得到了快速发展，地区结构有所改善，服务贸易试点取得良好效果。2017年1～11月中国货物贸易和服务贸易数据见表3。

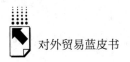

表2　2017年1～12月中国服务进出口情况

单位：亿元人民币

服务类别	进出口		出口		进口		贸易差额
	金额	同比增长（%）	金额	同比增长（%）	金额	同比增长（%）	
总额	46991.1	6.8	15406.8	10.6	31584.3	5.1	-16177.4
加工服务	1232	-1.3	1220	-1.5	12	15.2	1208
维护和维修服务	552	15.1	399	19.2	153	13.5	247
运输服务	8772	3.0	2502	11.4	6270	16.6	-3767
旅游服务	19832	2.7	2619	-11.27	17213	-1.3	-14595
建筑服务	1400	1	822	-0.97	578	-3.9	244
保险和养老金	974	14.4	273	-1.2	701	-18.6	-428
金融服务	357	3.5	248	16	109	-16.9	139
知识产权使用费	2251	35.4	321	315.2	1930	21.7	-1609
电信、计算机和信息服务	3112	22.4	1814	6.6	1298	54.1	516
其他商业服务	6823	1.6	3931	2.7	2892	0.1	1038
个人、文化和娱乐服务	237	-21	51	3.5	186	23.7	-134
别处未提及的政府服务	349	28.7	115	42.8	234	22.2	-119

注：①数据来源于中华人民共和国国家外汇管理局；②分类遵照《国际服务贸易统计监测制度》2016年12月修订版。

表3　2017年1～11月中国货物贸易和服务贸易数据

单位：亿美元

项目	1月	2月	3月	4月	5月	6月	7月	8月	9月	10月	11月
货物和服务贸易差额	339	-216	85	234	230	168	278	171	79	245	288
贷方	1954	1348	1945	1917	2031	2080	2045	2065	2114	2015	2348
借方	-1615	-1564	-1860	-1683	-1801	-1912	-1767	-1894	-2035	-1769	-2060
1. 货物贸易差额	543	-35	305	417	455	463	488	417	302	423	471
贷方	1789	1189	1774	1750	1867	1898	1878	1887	1931	1840	2159
借方	-1246	-1224	-1468	-1333	-1412	-1434	-1390	-1470	-1630	-1417	-1688
2. 服务贸易差额	-205	-181	-221	-183	-225	-295	-210	-246	-222	-178	-183

续表

项目	1月	2月	3月	4月	5月	6月	7月	8月	9月	10月	11月
贷方	165	158	171	167	164	183	167	178	183	175	189
借方	−369	−340	−392	−350	−389	−478	−377	−424	−405	−352	−371
2.1 加工服务差额	14	14	14	15	14	15	16	14	16	16	15
贷方	14	14	14	15	15	16	16	14	16	16	16
借方	−0	−0	−0	−0	−0	−0	−0	−0	−0	−0	−0
2.2 维护和维修服务差额	3	5	2	2	4	3	3	3	3	4	2
贷方	4	6	4	4	6	5	5	5	6	5	4
借方	−1	−1	−2	−2	−2	−2	−2	−2	−3	−1	−2
2.3 运输差额	−37	−36	−50	−44	−47	−47	−49	−48	−52	−45	−52
贷方	26	28	28	26	30	33	32	33	33	29	35
借方	−63	−64	−78	−70	−77	−81	−81	−81	−85	−74	−86
2.4 旅游差额	−196	−164	−165	−155	−177	−259	−177	−214	−174	−153	−149
贷方	29	28	37	33	31	31	29	30	35	35	35
借方	−225	−192	−202	−188	−208	−290	−205	−244	−209	−188	−184
2.5 建筑差额	5	1	3	2	0	1	1	6	2	4	5
贷方	11	7	11	8	7	10	9	12	10	11	11
借方	−6	−6	−9	−6	−7	−8	−8	−6	−8	−7	−6
2.6 保险和养老金服务差额	−4	−4	−6	−5	−4	−5	−5	−3	−9	−6	−5
贷方	3	2	3	4	4	3	2	5	3	3	5
借方	−7	−6	−9	−9	−8	−8	−7	−8	−12	−8	−10
2.7 金融服务差额	1	1	1	1	2	2	1	1	3	1	3
贷方	2	2	2	2	3	3	2	3	6	3	4
借方	−1	−1	−1	−2	−1	−1	−1	−1	−3	−1	−1

续表

项目	1月	2月	3月	4月	5月	6月	7月	8月	9月	10月	11月
2.8 知识产权使用费差额	-12	-17	-27	-17	-25	-24	-17	-22	-18	-17	-20
贷方	5	3	1	5	3	4	4	4	5	5	4
借方	-17	-20	-28	-22	-28	-28	-21	-26	-23	-22	-24
2.9 电信、计算机和信息服务差额	8	7	5	6	6	14	7	5	0	5	5
贷方	20	22	23	21	21	29	21	20	20	22	23
借方	-12	-15	-17	-15	-15	-16	-14	-16	-20	-16	-17
2.10 其他商业服务差额	15	16	5	14	9	10	12	16	10	16	15
贷方	48	45	45	47	44	46	45	51	47	46	51
借方	-33	-29	-41	-33	-35	-36	-33	-35	-37	-30	-36
2.11 个人、文化和娱乐服务差额	-1	-1	-1	-1	-2	-2	-1	-2	-2	-2	-2
贷方	1	1	1	0	0	1	1	1	1	1	1
借方	-2	-1	-2	-2	-3	-3	-2	-2	-3	-3	-2
2.12 别处未提及的政府服务差额	-0	-3	-1	0	-4	-3	-1	-2	-2	-0	0
贷方	2	1	1	1	1	1	1	1	1	2	2
借方	-2	-4	-2	-1	-5	-4	-2	-3	-3	-2	-2

注：①本表所称货物贸易和服务贸易与国际收支平衡表中的货物贸易和服务贸易口径一致，是指居民与非居民之间发生的交易。月度数据为初步数据，可能与国际收支平衡表中的季度数据不一致。

②本表计数采用四舍五入原则。

③本表货物贸易与海关公布的进出口数据的差异主要是：a. 统计原则不同，海关公布的进出口数据按照进出关境原则进行统计，本表货物贸易按照所有权转移原则进行统计；b. 海关公布的出口数据按照离岸价格统计，进口数据按照到岸价格统计，本表货物贸易贷方和借方数据均按照离岸价格统计；c. 国际收支平衡表中货物贸易包含离岸转手买卖（指中国居民从非居民处购买货物，随后向另一非居民转售同一货物，而货物未进出中国关境），网络购物等未被纳入海关统计的项目，其中也不含来料、出料加工等。

④国家外汇管理局全面采用支付渠道数据编制旅行收入和支出，并对2016年以来的数据进行追溯更新，对2016年以前的数据未做修订。

2017 年 1～12 月，中国服务贸易进出口总额为 46991.1 亿元人民币，出口 15406.8 亿元人民币，进口 31584.3 亿元人民币。其中，传统的三大服务产业中，运输进出口总额 8772 亿元人民币，同比增长 3.0%，出口 2502 亿元人民币，同比增长 11.4%，进口 6270 亿元人民币，增长 16.6%；旅游进出口总额 19832 亿元人民币，出口 2619 亿元人民币，同比下降 11.27%，进口 17213 亿元人民币，同比下降 1.3%；建筑类进出口总额 1400 亿元人民币，同比增长 1%，出口 822 亿元人民币，同比下降 0.97%，进口 578 亿元人民币，同比下降 3.9%。新兴服务业中，电信、计算机和信息服务业 2017 年进出口总额为 3112 亿元人民币，同比增长 22.4%，出口 1814 亿元人民币，同比增长 6.6%，进口 1298 亿元人民币，同比增长 54.1%；金融服务进出口总额 357 亿元人民币，同比增长 3.5%，出口 248 亿元人民币，同比增长 16%，进口 109 亿元人民币，同比下降 16.9%；知识产权使用费进出口总额 2251 亿元人民币，同比增长 35.4%，出口 321 亿元人民币，同比增长 315.2%，进口 1930 亿元人民币，同比增长 21.7%；加工服务进出口总额 1232 亿元人民币，同比收窄 1.3%，出口 1220 亿元人民币，同比下降 1.5%，进口 12 亿元人民币，同比增长 15.2%，其他商业服务进出口总额 6823 亿元人民币，同比增长 1.6%，出口 3931 亿元人民币，同比增长 2.7%，进口 2892 亿元人民币，同比增长 0.1%。

二 2017年中国服务贸易发展的特点

（一）服务贸易规模进一步扩大，成为外贸发展的新支撑点

2017 年以来，得益于全球经济的全面回暖，中国经济实现了平稳运行，同时伴随着中国境内服务贸易创新试点等多重利好政策的实施，中国服务贸易实现了稳步发展，进出口规模持续扩大。2007～2017 年，中国服务贸易总额占对外贸易总额的比重不断增大，由 2007 年的 10.34% 上升到 2017 年

的 16.80%，成为中国外贸的新发展点（见图 1）。2017 年中国对外贸易总额达到 27.79 万亿元人民币，服务贸易总额为 46991 亿元人民币，占对外贸易总额的 16.8%，服务贸易进口额达到 31584.3 亿元人民币，占对外贸易进口额的 25.3%，服务贸易出口额达到 15406.8 亿元人民币，占对外贸易出口额的 10%。

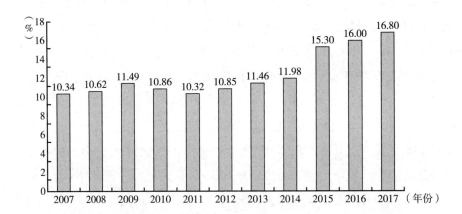

图 1　2007～2017 年中国服务贸易总额占对外贸易总额的比重

资料来源：中国服务贸易指南网。

（二）服务贸易逆差同比缩小

2017 年，中国服务贸易进出口总额为 6957 亿美元，其中，服务贸易出口额为 2281.1 亿美元，服务贸易进口额为 4676.4 亿美元，服务贸易逆差达到 2395.3 亿美元，同比收窄 4.7%。2001 年中国服务贸易逆差仅为 61 亿美元，此后在 2002～2007 年有小范围波动，但维持在 100 亿美元以下，从 2010 年开始，中国服务贸易逆差大幅度上升，仅 2011～2012 年贸易逆差就由 549 亿美元上升到 897 亿美元，同比增长 63.4%，而自 2013年以来，中国服务贸易逆差连年保持在 1000 亿美元以上，并以每年超过30% 的速率增长（2015 年除外），至 2016 年达到了历史新高，为 2514 亿美元（见图 2）。

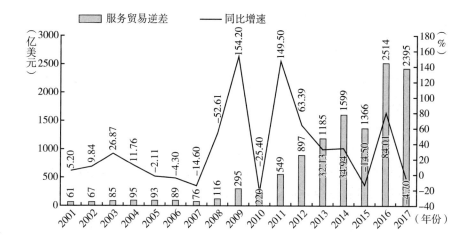

图2 2001～2017年中国服务贸易逆差情况

资料来源：中华人民共和国商务部商务数据中心。

2017年中国服务贸易逆差主要集中在旅游业、运输业和知识产权使用费三大方面。2017年中国旅游业进出口总额为19832亿元人民币，出口额为2619亿元人民币，比2016年同期下降11.27%，进口额为17213亿元人民币，比2016年同期下降1.3%，逆差为14594亿元人民币。近年来，随着中国经济水平不断提高，越来越多人选择出境旅游，中国居民海外购物热与跨境旅游热使旅游业逆差扩大。2017年中国运输业进出口总额为8772亿元人民币，同比增长3.0%，出口额为2502亿元人民币，与2016年同期相比增长11.4%，进口额为6270亿元人民币，同比增长16.6%，逆差为3768亿元人民币，运输业出现逆差主要是由于随着全球经济复苏，中国货物出口量不断增加，中国目前是世界第二大经济体，也是世界货物贸易大国，"中国制造"销往世界各地，极大地促进了运输业的发展。知识产权使用费2017年进出口总额为2251亿元人民币，同比增长35.4%，出口额为321亿元人民币，同比增长315.2%，进口额为1930亿元人民币，同比增长21.7%，逆差为1609亿元人民币。知识产权使用费出现逆差主要是由于中国供给侧结构性改革的深入推进和制造业转型升级，中国对于高新技术的需求大幅增加，中国目前在一些领域技术还不是很成熟，需要通过技术进口来

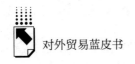

弥补。这些贸易逆差充分体现出当前中国的一些改变：一是中国国民收入增加，二是产业转型升级，三是中国出口贸易发展迅速。

（三）服务贸易结构进一步优化，传统服务业稳步发展，新兴服务业高速发展

2017年，中国服务贸易结构进一步优化。在全球经济复苏和"一带一路"倡议不断推进的大环境下，中国传统服务业实现了稳步发展，稳中求进，同时伴随着现代数字科技的发展，一大批以金融服务，电信、计算机和信息服务，技术等为主的新兴产业也得到了高速发展。

1. 传统服务业

2017年1~12月，中国旅游服务、运输服务和建筑服务三大类传统服务进出口额合计达到30004亿元，同比增长8.8%，占服务贸易进出口总额的63.8%。其中，旅游服务（含旅游、留学等）进出口额为19832亿元人民币，同比增长2.7%，占服务贸易进出口总额的42.5%，依旧保持第一的地位。旅游服务出口额为2619亿元，同比下降11.27%；进口额为17213亿元，同比下降1.3%。同时由于全球经济回暖，制造业发展，货物贸易增长，运输服务贸易也相应发展，2017年运输服务贸易进出口额达到8772亿元，同比增长3.0%，占服务贸易总额的比重提高至18.8%，进口额为6270亿元，同比增长16.6%，出口额为2502亿元，同比增长11.4%。在建筑服务方面，得益于"一带一路"的持续推行和全球经济的回暖复苏，建筑服务贸易出现了一定的增长，同比增长1.0%，进出口额达到1400亿元，占服务贸易总额的3.0%（见图3）。

由图4、图5可知，2017年中国服务贸易出口中，传统的三大服务贸易中，运输服务占17.48%，旅游服务占18.30%，建筑服务占5.74%，依旧保持传统的地位，稳中有进。而新兴服务业中，电信、计算机和信息服务占12.67%，知识产权使用费占2.24%，进一步发展，而加工服务占8.52%，维护和维修服务占2.79%。2017年中国服务贸易进口中，旅游服务占比为55%，保持第一大进口地位。而其他如运输服务，电信、计算机和信息服务，知识产权使用费，保险和养老金的占比依次为20%、4%、6%、2%。

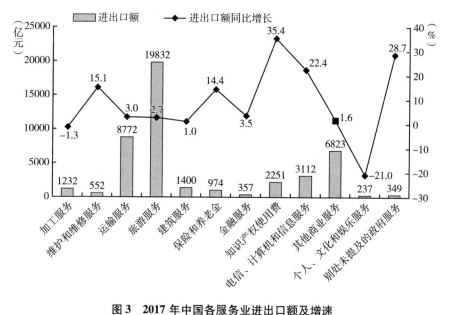

图3　2017年中国各服务业进出口额及增速

资料来源：中华人民共和国商务部商务数据中心。

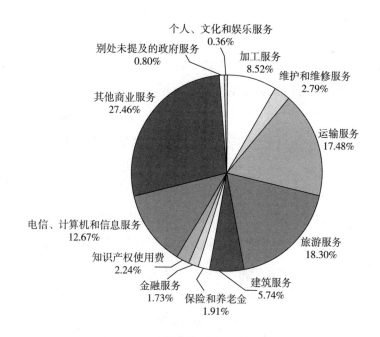

图4　2017年中国服务贸易分类别出口占比情况

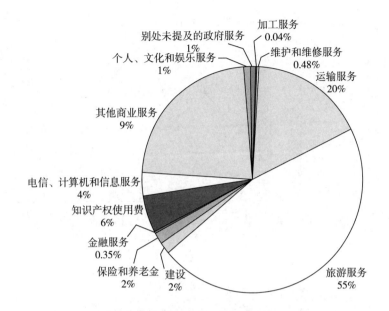

图5 2017年中国服务贸易分类别进口占比情况

资料来源：中华人民共和国商务部服贸司、中华人民共和国国家外汇管理局。

2. 新兴服务业

新兴服务业是通过现代化的手段、技术和方式在现代经济中向使用者提供具有高附加值、高技术和高质量服务的产业。

2017年1～12月，中国新兴服务业进出口额为11764.7亿元，同比增长13.1%，其中出口额为5897.7亿元，增长11.6%，进口额为5876.9亿元，增长11.2%。2017年中国新兴服务业进出口额与2016年相比获得了较大增长。由于信息技术和现代数字技术的发展，一大批信息产业带动了相关知识产权使用费，电信、计算机和信息服务的发展，这些高新技术产业都实现了20%以上的增长，2017年，电信、计算机和信息服务，知识产权使用费，金融服务增速分别达到22.4%、35.4%和3.5%，规模分别为3112亿元、2251亿元、357亿元，合计占服务贸易总额的比重为12.6%。

在出口方面，金融服务，电信、计算机和信息服务，电信技术服务，专业管理和咨询服务，知识产权使用费等具有高附加值的服务的出口规模不断扩大，2017年出口额为3896.2亿元，占服务贸易出口总额的36.5%，有力地推动了国内服务业转型升级。其中，金融服务出口额为248亿元，同比增长16%；电信、计算机和信息服务出口额为1814亿元，同比增长6.6%；技术服务出口额为583.8亿元，同比增长4.3%；专业管理和咨询服务出口额为1766.0亿元，同比增长5.6%；知识产权使用费出口额为321亿元，同比增长315.2%。在进口方面，知识产权使用费进口额为1930亿元，同比增长21.7%；电信、计算机和信息服务进口额为1298亿元，同比增长54.1%；专业管理和咨询服务进口额为1008亿元，同比增长13.8%。新兴服务业出口额在2017年获得了快速增长，体现出中国在新兴专业服务领域竞争力不断增强。

目前，伴随信息技术的发展，各种新技术和新手段不断出现，如3D打印、大数据、云计算等，同时数字经济、共享经济等一大批新型产业和新型模式的出现提高了各个行业的生产效率，对社会发展产生深远影响。数字技术的发展引发交易形式的变革，不断创造出新的贸易服务产业，有力地带动了相关领域服务贸易的发展。例如，移动互联网为游客提供了更加便捷的服务和旅游相关信息，减少了信息不对称，极大地促进了旅游服务的发展。特别是，中国互联网金融发挥了极大的后发优势，快速崛起，以微信支付、支付宝等移动支付为主的支付方式逐步拓展国际市场，是服务贸易发展出现的新亮点。

伴随高附加值服务贸易的快速发展，中国参与的全球产业价值链得到扩展，极大地提高了中国在全球产业价值链中的竞争力，推动中国经济的转型和跨越发展。技术、文化、计算机和信息服务、咨询服务、金融等新兴领域优势逐步积累，发展加快，对增强中国服务竞争力、促进中国服务贸易发展具有十分重要的意义。

（1）文化产业

2017年，中国文化产品和服务进出口总额达8561.3亿元。其中，文化产品进出口额为6855亿元，实现顺差4553.5亿元；核心文化服务进出口额

为 1806.3 亿元，同比增长 21.6%。中国文化贸易结构得到优化。

在文化贸易中，表现比较突出的是中医药服务贸易。根据有关统计，2017 年外籍患者在中国中医药服务贸易机构和企业接受治疗的大约有 25 万人，80% 以上的患者得到了良好的治疗，同时中国有超过 70 家中医药机构和企业（如同仁堂等）在全球多个国家与地区开设中医诊疗中心与研究中心，接诊人数逐年增加，极大地提高了中医药在世界的认可度与知名度。

（2）金融服务业

2017 年，中国金融服务贸易发展迅速。银行、证券机构、保险公司保持良好态势，一大批中资金融机构、民营资本深入参与国际金融服务。海外金融服务业逐步发展，不断完善和成熟，逐渐成为中国金融机构新的业务增长点。中国金融机构提供的海外金融服务内容全面，种类繁多，除传统模式上的存贷款业务、国际结算业务外，还根据境外投资特点增加了财务咨询、金融产品、境外人民币债券、人民币衍生品等各项金融服务业务，证券机构则主要提供中资或海外企业的海外上市债券承销、投资咨询、资产管理、财富规划等服务。多个金融机构共同构建出一个多元化、全方位的金融服务体系，同时近年来中资企业对外投资也不断增加，投资方式由传统设立海外分支机构转向参与程度更高、水平更高的兼并收购，通过海外投资与兼并收购，整合国内国外资源，投资市场由传统的亚非国家和"一带一路"沿线国家向欧美发达国家和市场转移，市场份额不断增加。到 2017 年 6 月底，已有 28 家证券公司、29 家基金公司和 22 家期货公司在中国香港、美国设立分支机构，同时在英国、德国等国的分支机构也在准备当中。

截至 2017 年末，工行、农行、中行、建行、交行五大国有商业银行境外资产投资总规模达 9.87 万亿元人民币，同比增长 18.2%，境外营业收入突破 2000 亿元人民币，利润突破 1000 亿元人民币，分别同比增长 18.0%、9.7%；中国保险资金境外投资余额为 2686 亿元人民币，同比增长 56.7%，占保险业总资产的 1.98%。

（3）通信服务业

经过多年不断发展与技术开发，中国在全球通信服务业已经具备一定话语权，部分技术处于世界领先水平。在互联网服务业、通信服务业、通信设备制造业等相关产业，以中国电信、中国移动、中国联通，中兴、华为，阿里巴巴等为代表的中国企业形成了强有力的中国品牌。

在通信服务业对外投资合作上，以中国三大电信运营商、中兴、华为等为代表的中国通信企业发挥着重要的作用。到2017年，中国三大电信运营商通过签订合作协议，与全球100多家通信运营商实现了互联互通。同时，三大电信运营商不仅积极在海外布局，拓展海外业务，也不断争取国际标准设定的话语权。中国电信目前已经在全球30个国家设立了40个分支机构。中国联通目前已经在全球设立了超过10个子公司和5个办事处。中国移动发起成立了GTI（TD–LTE全球发展倡议），集聚全球122家运营商、103家厂商和合作伙伴，推动新兴技术TD–LTE全球产业合作。中国通信建设集团有限公司设立海外分支机构超过20个，同时在海外投资版图不断扩大，承揽了包括尼日利亚、埃塞俄比亚等多个国家在内的通信网工程。在尼日利亚、刚果（金）、科特迪瓦、沙特、缅甸等国家和地区拓展20多个大型项目。中兴、华为等中国企业在电子产品和设备制造方面全球竞争力不断增强，海外业务板块不断扩大，品牌影响力不断增强。这些企业凭借自身优势积极参与全球信息基础设施建设，其开发的电子通信设备、智能终端被广泛地应用在全球200多个国家和地区。华为、中兴的海外收入占总收入比例已经超过50%，海外业务成为这些公司重要的部分，中兴公司利用全球研发资源，拥有终端专利申请量约20000件，成为终端专利最多的中国厂商。大唐电信科技产业集团在推动TD–SCDMA产业化和规模商用的基础上，又成功推动TD–LTE–A成为两大4G国际标准之一。在互联网服务业方面，阿里巴巴、百度、联想、腾讯等一系列中国互联网企业在世界范围内的影响力不断增强。

（4）软件和信息技术服务业

2017年，较2016年相比，中国软件和信息技术服务业进出口总额得到了快速增长，规模不断扩大。同时中国的创新能力不断提高，在一些领域实现了重大突破。中国在信息安全保障、工业软件开发等领域有所发展，特别是依托数字技术和全球物流网发展起来的电子商务平台及跨境商务等发展迅速。同时在发展的地域上也有所调整，中西部地区部分省份开始获得较快发展，形成了一定的信息产业群。从出口市场看，已形成以欧美日为主、面向全球的发展格局。一批有实力的软件企业加快"走出去"步伐，通过跨国并购、设立海外研发中心等，在俄罗斯、印尼、印度等"一带一路"沿线新兴市场加快布局。

企业数量由 2010 年的 20719 家增长到 2017 年的 35368 家，年均增速为 10% 以上（见图 6）。2017 年 1～11 月，中国软件业实现出口额 448 亿美元，同比增长 1.7%（见图 7），其中，外包服务出口额增长 9.6%，嵌入式系统软件出口额下降 0.6%。1～11 月，中国软件和信息技术服务业从业平均人数为 586 万人，同比增长 2.9%，增速同比回落 3.0 个百分点。从产业分布来看，IT 领域占主要份额，达到了 36%，同时也涉及制造、交通、教育、电信、金融等各个领域，表明软件业与制造业、金融业、交通等各个行业的融合性越来越强。

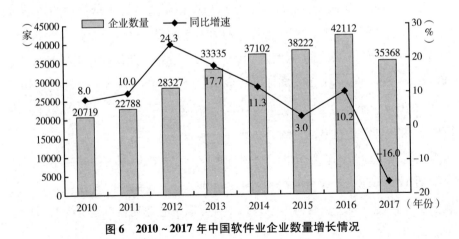

图 6　2010～2017 年中国软件业企业数量增长情况

资料来源：中国产业发展协会。

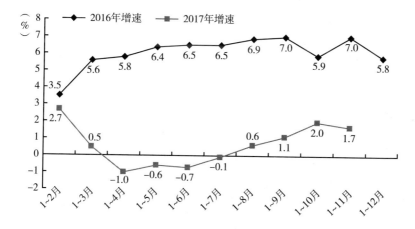

图7 2016年与2017年中国软件业出口额增长情况

资料来源：中国产业发展协会。

（四）服务外包进一步发展，离岸服务外包发展迅速

2006～2017年，中国服务外包执行金额从2006年的13.8亿美元增长到2017年的1079亿美元，承接服务外包的企业从一开始的不足600家迅速发展至超过4万家，从业人员由5万多人增长到900多万人，中国离岸服务外包执行金额从13.8亿美元增长到803亿美元，全球离岸服务外包市场的份额从仅有不到1%逐步增长到40%左右，实现稳定增长，处于世界离岸服务市场的第二位。中国的离岸服务市场从早期以亚非国家（如日本）为主逐步拓展至北美、欧洲、东南亚、中东欧、西亚、北非等约200个国家和地区，在全球各个国家与地区占据重要的地位。2006～2016年中国服务外包企业与从业人员数量情况见图8。

2017年，中国承接来自美国、英国、德国、亚洲一些国家和地区的服务外包执行额合计占离岸执行总额的61.6%，中国的主要离岸市场格局稳定，同时承接"一带一路"沿线国家的服务外包不断增加，"一带一路"市场的重要性显著提高。中国服务外包企业的代业服务水平显著提升，技术、设计和标准与国际接轨。到2017年，中国服务外包企业累计获得软件能力成熟度（CMM）等国际资质认证超过1.5万项，其中获得CMMI5级、

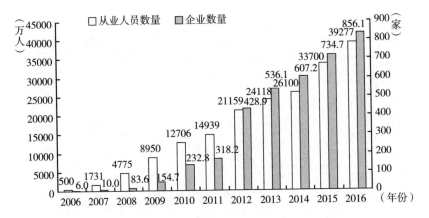

图8　2006～2016年中国服务外包企业与从业人员数量情况

资料来源：《中国服务贸易统计2016》。

CMM5级最高认证以及SAS70、AAALAC、PCMM、COPC等行业认证的企业数量较2016年有大幅增长，如以华为和中兴为代表的中国企业获得的各项认证居世界同类企业前列，中国一大批企业跻身全球知名买家的服务名单，如东软、文思海辉、中软国际、华信等中国服务外包领军企业。2017年中国服务外包十大领军企业如表4所示。

　2017年1～11月，中国完成离岸服务外包金额为3090.0亿元，同比增长4.5%。中国继续保持世界第二大服务外包接包国的地位。在服务贸易新业态中，数据分析、互联网营销推广服务分别增长了5.5倍、1.2倍。2017年中国承接"一带一路"沿线国家服务外包1000.2亿元，同比增长17.5%。离岸服务外包出口额占中国服务贸易出口总额的比例不断提高，中国的贸易结构不断优化。

表4　2017年中国服务外包十大领军企业

序号	2017年中国服务外包十大领军企业
1	中软国际有限公司
2	无锡药明康德新药开发股份有限公司
3	厦门太古发动机服务有限公司
4	江苏省通信服务有限公司

序号	2017 年中国服务外包十大领军企业
5	软通动力信息技术（集团）有限公司
6	浙江大华技术股份有限公司
7	东软集团股份有限公司
8	文思海辉技术有限公司
9	上海维音信息技术股份有限公司
10	大连华信计算机技术股份有限公司

资料来源：中华人民共和国商务部。

1. 当前中国服务外包呈现以下特点

（1）创新成为产业发展的新动力。随着服务外包"十三五"规划的实施，创新成为推动服务外包产业发展的重要因素。目前，在全球范围内，服务分工网络体系不断完善，服务涉及生产的各个环节，在全球分工的各个环节发挥着重要的作用，越来越多的企业开始通过服务外包来节省成本，集中力量发展企业的核心竞争力。离岸服务外包更是得到了极大的发展，在全球范围内大量的企业选择服务外包来整合企业优势，实现企业的内部化优势。在承接服务外包的过程中，承包企业需通过整合企业目前的一系列优势，包括技术、资本、人力资源、信息等，通过不断创新、新技术研发，在全球范围内设立研发中心、交付中心和售后服务中心等，通过不断创新与发展，结合最新的科学与技术，开创新的业务模式，提升服务竞争力，应用新技术实现产业模式革新，形成产业发展新动力。

（2）新型产业模式不断出现。得益于当前信息技术的高速发展，新技术层出不穷，一大批新技术，如云计算、大数据、物联网、移动互联、AI、区块链等出现，不断创新，结合形成一大批新的产业模式，如云服务、互联网反欺诈、大数据征信、供应链金融服务、场地智能化设计、人工智能等，极大地改变了传统服务业的形态，注入了新的发展活力，形成了新的产业模式。大数据与信息技术的使用，则打破了地域、资源与成本的限制，形成新

的服务业形态，推动服务业创新模式升级。

除此之外，依托现代高度发达的互联网服务，服务业模式也发生了巨大革新，通过互联网的信息集聚，极大地减少了信息不对称，迫使服务提供者更加专注提供高质量的服务，不断革新产品，吸引客户，同时通过线上线下融合。

（3）产业之间相互融合。通过将服务与传统产业融合，如农业、制造业、金融业、医药业等，形成了新的产业模式，在一定程度上有利于激活传统产业的活力，通过与服务业相结合，传统产业附加值提升，拓展了产业链，同时，通过应用新技术、新理念，结合传统产业，不断完善和构建新型农业、制造业、现代服务生产体系，推动现代服务业与传统产业融合，提升传统产业信息化与智能化水平。

（4）服务外包市场多元化。一般来说，欧美和亚非等国家和地区是中国传统服务外包市场，占据中国服务外包市场的大部分份额，2013年中国推出"一带一路"倡议，与沿线国家签订了大量的劳务输出和服务承包合同，中国与"一带一路"相关国家的服务外包业务大量增加，沿线国家在岸市场规模快速增长，占中国服务外包市场的比重越来越大。与此同时，随着中国产业结构的调整，中国传统产业尤其是制造业实现了转型升级，出现了一大批服务外包新兴企业，它们不断在海外扩展，在国际市场上形成了"中国服务"的良好品牌。中国服务外包产业逐步形成以传统发达国家市场、"一带一路"沿线国家、新兴经济体和国内市场共同发展的"三位一体"的产业格局。2017年，随着世界经济的缓慢复苏，全球范围内服务外包产业逐步恢复，中国与传统国家和地区如美国、加拿大、欧盟等服务外包合作稳中有进，同时新加坡、印度、印尼、马来西亚、巴基斯坦、泰国、沙特、俄罗斯等"一带一路"沿线国家在2018年成为中国服务外包业务的新的增长点。

2.中国服务外包发展趋势

未来十年，中国服务外包的集聚效益将进一步显现，国家示范城市的点状辐射效应将转变为国家经济发展战略要地的带状支撑和拉动效应。在国家战略和支持政策的大力推进下，雄安新区、粤港澳大湾区、长江经济带等若干大型城市群将成为中国更加具有国际竞争优势的新的服务外包产业基地。"一带一路"沿线国家与地区将成为中国离岸服务外包迅速增长的重要市场。

预计未来十年，中国将超越印度成为全球第一大服务外包接包国，成为全球增长最快的发包市场。2026年，中国服务外包合同执行金额将超过3万亿元（4500亿美元，其中，离岸2500亿美元，在岸2000亿美元），服务外包产业从业人员2000多万人，高等学历从业人员约1500万人，同比提升70%，中国将成为一个具有完整服务外包产业链、强大服务外包国际竞争力的服务大国。2012年至2017年上半年服务外包离岸与在岸执行金额情况如图9所示。

图9　2012年至2017年上半年服务外包离岸与在岸执行金额情况

资料来源：中国服务贸易指南网。

（五）服务贸易地区结构进一步优化，中西部得到发展

2017年，中国服务贸易地区结构不平衡现象有所改善，东西部地区之间的服务贸易发展差距有所收窄，区域分布结构进一步优化。长期以来，东部沿海地区由于交通便利，最早对外开放，具有较高的经济发展水平，同时

接受国外思想较早，高科技人才与技术聚集，具有较好的服务产业基础，长期以来服务贸易发展较好。从 2012 年开始，东部地区服务贸易总额就占据全国领先地位，比重超过 50%。而中国中部与西部地区由于长期以来经济发展较慢，政策支持较少，相对落后，因此在服务贸易方面仍处于较低水平。而 2017 年，随着"一带一路"倡议的实施，中西部地区承接"一带一路"沿线国家的服务外包和劳务输出不断增加，在全国服务贸易中所占比重较过去几年有较大提高。

（六）"一带一路"国家与金砖国家市场重要性凸显，为服务贸易发展拓展新空间

2017 年中国市场吸纳近 1/10 的全球服务出口。自"一带一路"倡议提出以来，中国对沿线国家服务业投资超过 300 亿美元，带动当地经济发展并创造了大量就业。

随着"一带一路"建设深入推进，中国与沿线国家的经贸交流不断加强，人员往来更加便利，有力地促进了中国与沿线国家之间的旅游、文化、技术等服务贸易合作。"一带一路"倡议的实施，使中国与沿线国家在服务贸易、劳务合作、基建、通信、金融等领域的合作不断增多。据有关机构测算，"十三五"期间，中国将为沿线国家输送 1.5 亿人次游客、2000 亿美元旅游消费，将吸引沿线国家和地区 8500 万人次来华旅游，拉动旅游消费约 1100 亿美元，极大地推动沿线国家经济发展，带动文化交流、经济交流等各项交流。

2017 年 1～11 月，中国企业共对"一带一路"沿线的 59 个国家进行了非金融类直接投资 123.7 亿美元，同比下降 7.3%，占同期总额的 11.5%，主要流向新加坡、马来西亚、老挝、印尼、巴基斯坦、俄罗斯、缅甸等国家和地区。

在对外承包工程方面，中国企业与"一带一路"沿线 60 多个国家通过协商与友好合作，共签订承包工程项目合同 6201 份，合同金额达到 1135.2 亿美元，占同期中国对外承包工程新签合同额的 54.1%，同比增长 13.1%；完成营业额 653.9 亿美元，占同期总额的 48.7%，同比增长 6.1%。

（七）服务贸易创新试点取得良好效果

2016年，中国在天津、上海、海南、深圳等10个省份和哈尔滨、贵安、江北、两江、西咸5个国家级新区推广进行服务贸易创新发展试点，主要对中国服务贸易的发展模式、管理体制等8个方面进行试点研究，探索中国服务业未来发展模式。

2017年，试点地区和示范城市的集聚带动作用不断显现，辐射带动区域经济和服务贸易实现巨大的发展。2017年，全国15个服务贸易创新发展试点地区服务贸易规模较2016年增长近一倍，增速超过20%。15个服务贸易创新发展试点地区服务贸易额占全国比重大幅上升，超过50%。2017年上半年，试点地区实现服务贸易进出口额11925.3亿元，同比增长13.7%，占全国服务贸易进出口额的52.1%。其中，出口额为4041.5亿元，同比增长6.3%；进口额为7883.8亿元，同比增长17.9%，增速均高于全国平均水平。

主要的试点地区与功能定位如下。

重庆两江新区，凭借长江经济带的地理优势，主要发展金融、旅游、国际物流、服务外包等服务贸易产业。响应"一带一路"倡议，形成辐射带动作用，创造西南服务贸易产业集聚中心。

南京江北新区，主要发展以高新技术与信息服务为主的服务贸易。涉及产品有新能源汽车、集成电路、电子产品、程序设计等。同时，发挥地理优势，发展现代物流服务业。

贵安新区，主要发展高新技术、大数据与信息服务等。依托贵州多个国家大数据信息产业园，集聚品牌效应，发挥带动作用。

哈尔滨新区，主要发展国际物流服务业、会展及旅游文化等服务贸易。依托亚欧大陆桥、公路网、众多港口，发展以多式联运为主的现代物流体系和跨境电子商务。

西咸新区，主要发展旅游文化等服务贸易，响应"一带一路"的号召，推进服务贸易的国际合作与文化交流，同时发展现代航空运输服务业和跨境电子商务。

三 中国服务贸易发展展望与建议

服务业与服务贸易的发展水平，是衡量一个国家现代化水平的重要标志之一。中国目前服务贸易还不成熟，发展起步迟，存在基础薄弱等诸多问题，中国要进一步扩大开放，推进服务贸易创新，推动中国从服务贸易大国走向服务贸易强国。

（一）面临的机遇

1. 从国际看，一是服务业和服务贸易占据更加突出的战略地位，与其他产业的融合不断加深，产业升级日渐明显，一大批制造业企业向服务型企业转型；二是大数据、数字技术、区块链、共享技术等一大批新技术的推出与发展，除了极大地改善了人们的生活之外，也为服务领域的创新与发展提供了重要的技术支持。

2. 从国内看，中国供给侧结构性改革不断深入，去库存、调结构、去杠杆取得较大成就，推动了中国的产业结构升级与转型。国内环境有利于服务业的发展，服务业的地位逐步提升。同时中国已经成为世界第二大经济体，"世界工厂"与世界各国的贸易往来与联系不断加深，有利于推动中国服务贸易实现较快发展，一大批服务贸易试点也起到了良好的带动效应，西咸新区、哈尔滨新区等服务贸易试点成绩斐然。

（二）面临的挑战

1. 从国际看，当前世界经济复苏缓慢，经济危机的深层次影响依旧存在，世界经济仍然处于一个长期的恢复与不断调整的过程中。当前各国对于服务贸易的重视不断增强。各国纷纷出台各种政策与优惠措施扶持本国服务贸易行业，提升本国在全球价值体系分工中的地位。服务贸易的国际竞争进一步加剧。

2. 从国内看，当前中国经济依旧存在很多问题，一方面，传统的劳动力和资源优势逐渐被东南亚国家替代，经济发展对环境和人口的压力不断增加；另一方面，当前中国的服务业还不成熟，发展起步迟，基础薄弱，龙头企业不多。有关服务贸易的人才和一些法律基础规则、政策仍存在很多问题，不健全、不完善，极大地制约中国服务业的发展。

（三）发展建议

1. 进一步提高服务贸易的规模与质量

要进一步巩固当前中国服务贸易已取得的成就，进一步扩大开放，实现"引进来"与"走出去"相结合，鼓励国内企业走出去，承接服务外包，加强与传统市场国家与地区的联系，注重与"一带一路"沿线国家与地区的合作与交流，发展现代服务业。在发展过程中，要注重不断创新，提高水平与质量，推动"中国品牌"的建设，形成一批国际国内知名的服务贸易企业。

2. 优化服务贸易结构

要进一步优化服务贸易结构，充分利用当前世界先进的技术与科学成就，跟随世界潮流，发展新兴服务业，同时，扩大开放，发展一些高技术、高附加值的新兴服务业，如金融服务业、信息服务业等。加大技术的研发与投入，形成竞争优势，同时注重提高资本、技术密集型服务在服务贸易中的占比。优化国内区域布局，实现东部沿海地区和中西部地区协同发展，形成各个地区之间相互促进、相互协同的良好局面，培育特色产业，鼓励错位竞争、协同发展。

3. 重视传统市场，加强与"一带一路"沿线国家的合作

既要重视与传统市场国家的合作，又要不断开拓市场，发展新兴国家市场与欧美市场，注重发挥"一带一路"倡议的作用，加强同沿线国家和地区的服务贸易合作与友好交流。推进"一带一路"倡议的实施，与沿线国家加强基础设施建设的合作，鼓励国内企业承包基建和通信等设施的建设，积极拓展发包市场，带动中国服务、标准、技术、品牌走出去。鼓励中国国内有关符合条件的金融机构在"一带一路"沿线国家和地区开设分支机构，

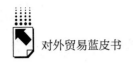
为"一带一路"企业贸易往来和金融投资结算创造条件；同时也要注重文化贸易，积极发展与"一带一路"沿线国家和地区的文化往来与交流，促进各国文化融合。

4. 创新服务贸易发展模式

结合中国实际，不断探索、研究当前信息技术下新的服务贸易发展模式，要注重对新技术的使用，如大数据、物联网、移动互联网、云计算等，推动服务贸易模式创新；同时也要注重产业融合，促进制造业与服务业、金融业、交通、教育等各个行业之间的相互融合。增加高技术含量、高附加值外包业务比重。推动离岸、在岸服务外包协调发展，在积极承接国际服务外包的同时，逐步扩大在岸市场规模。

5. 进一步扩大服务业开放程度

对外商投资实行准入前国民待遇加负面清单的管理模式，提高利用外资的质量和水平。推动服务业扩大开放，推进金融、教育、文化、医疗等服务业领域有序开放，逐步实现高水平对内对外开放。积极参与到国际服务贸易规则制定中。依托自由贸易区战略，实现中国服务业的开放与发展。引导服务贸易企业积极运用金融、保险等多种政策工具开拓国际市场，拓展融资渠道。

（四）未来展望

伴随第三产业成为经济增长的主导产业，中国服务贸易近年来实现较快发展，展望未来，中国服务业发展面临全球范围内制造业转型升级，多行业结合不断加深，新技术不断革新，大数据、云计算等技术支持的新兴服务业发展迅速，中国供给侧结构性改革不断深入，中国开放程度逐步提高、规模不断扩大和服务贸易试点运行良好等诸多机遇，也存在全球经济复苏缓慢、服务贸易国际竞争加剧、贸易保护与服务贸易规则制定竞争激烈及中国一系列体系制度仍不完善、与相对发达国家仍存在较大差距等诸多挑战，总的来说，就中国当前面临的各项机遇与挑战而言，机遇多于挑战，中国应认清当前国际国内形势，结合当前情况，解决和消除存在的不合理、不规范的问题与制约，推进服务贸易进一步发展，积极应对各项风险与挑战，抓住当前世界潮流，实现中国服务贸易发展。

专栏

走出国门，服务全球，中医药走向世界

中医药是中国几千年传统文化中灿烂的瑰宝，是中国千千万万医学家智慧的结晶，也是人类医学的一笔宝贵财富。

长期以来，由于中西方文化差异，部分中药成分难以分析，缺少临床研究和具体的科学支持等诸多原因，中医药走出国门之路，艰难而漫长，除针灸、拔火罐等少量辅助医疗手段获得西方认可外，大部分中医药难以通过西方医药标准，获得西方认可。但是，随着中国文化不断走出国门，中医药也逐渐被传递到世界各个地方，也开始逐步被西方各国所接受。到2017年，中国共与外国政府、地区和组织谈判并签署了多达86个中医药合作协议，随着"一带一路"倡议的推行，在沿线的相关国家和地区建立了17个中医药海外中心，与沿线国家进行中医药的共同研究。同时，在多个自由贸易谈判中，均涉及中医药市场标准和行业准入等进入壁垒问题。中医药在世界医药体系中的地位也越来越重要，俄罗斯、古巴、越南、新加坡和阿联酋等国均通过了中医药为药品。中医药与西方现代医学相辅相成，一起为世界人民健康做出不可或缺的贡献。

目前，中医药走出国门，服务全球，主要面临以下困难。第一是文化差异，中医药所蕴含的中国传统文化与西方医学理念不同，存在差异，而且由于中药成分复杂，一大部分中药在成分分析中含有有毒元素，同时也缺乏足够的临床研究，西方一些国家医药部门与民众对中医药存在怀疑，认可度不高，甚至认为中医是伪科学。第二是由于中医药并未充分受到认可，一些国家与地区对中医药的准入标准与条件不同，中医药难以进入一些国家，缺少相应的标准，不能作为药品，严重影响

中医药的发展。

　　面对这些质疑与困难，中国在未来应当加强有关中医药文化的推广，借助"一带一路"、文化贸易等各种形式，让更多人了解中医，认识中医，认可中医。加强与国外的合作与交流，推进中医药与现代医学的结合，加强临床研究，提高中医药的认可度，推动中医药在其他国家与地区的标准的建立，积极融入世界医药体系。让更多的人了解中医，让中医药这一人类宝贵的财富真正惠及世界人民。

政 策 篇

Policy Reports

B.4

中国对外贸易政策的演变

摘　要： 新中国成立以来，中国对外贸易政策经历从国家管制到逐
步开放的演进过程，中国加入 WTO 以后，中国外贸政策迅
速与国际接轨，中国对外贸易深度融入世界经济体系。
2017 年，中国政府在许可证管理、税收减免、出口退税三
个方面都做出了一定的调整，中国对外开放的步伐仍然坚
定。党的十九大之后，中国致力于打造贸易强国，推动跨
境电商发展，落实"一带一路"倡议，探索自由贸易港建
设。

关键词： 贸易政策　WTO　对外开放

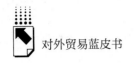
一 中国对外贸易政策的历史演变及现状分析

（一）中国对外贸易政策的历史演变

新中国成立以来，对外贸易政策的演变经历了如下几个阶段。

第一，国家管制的内向型贸易保护政策（1949～1978年）

1949年9月，《中国人民政治协商会议共同纲领》中明确规定，实行对外贸易的管制，并采用保护贸易政策。政府机构统一管理外贸企业的经济动向，统付盈亏，这种制度在当时对保护国内市场、促进国内经济的发展起到了积极的作用，但过分的保护也会相应地带来国内企业生产效率低下、竞争力不足等一系列问题，从而导致中国大部分外贸企业的对外竞争力较差，限制了企业参加国际分工及国际资源的充分利用。

第二，初步开放式的贸易保护政策（1978～1994年）

1978年中国共产党十一届三中全会确定了改革开放的总方针，中国的贸易政策也相应产生了较大的变化，国家管制下的初步开放的贸易保护政策基本确立，这一阶段外贸管理政策趋于透明，外贸经营权逐渐下放，政企分开，取消对企业的财政补贴，并且在1986年开始了重返关贸总协定的工作。总体来看，这一阶段中国的外贸政策仍处于国家统一领导和经营之下，是以高关税及非关税壁垒为主限制进口的贸易保护主义政策，并且存在区域政策不统一，外资与外贸政策不匹配等一系列问题。

第三，贸易自由化趋向的对外贸易政策（1994～2001年）

20世纪90年代以来，中国逐渐加快了贸易体制改革进程，1992年邓小平南方谈话为中国新一轮的改革开放奠定了基础。随后党的十四大进一步明确形成"多层次、多渠道、全方位"格局的对外开放目标。这一时期，中国多次大幅度降低、减少关税及非关税壁垒，推行更为开放的贸易制度；建立外贸宏观调控体系，利用多种市场化的政策工具对外贸实施管理，并积极同世界各国和区域发展经贸关系。

第四，WTO 框架下的开放型贸易政策（2002～2007 年）

中国自 1986 年 7 月开始申请恢复关贸总协定创始缔约方地位。经过长达 15 年的漫长谈判历程，于 2001 年正式获准加入世界贸易组织。根据相关规定，世贸组织对中国实行过渡性审议。WTO 于 2006 年对中国的贸易政策首次进行了全面审议，详细分析了中国的经济环境、贸易与投资政策、相关改革措施等，发布了《中国贸易政策审议报告》，该报告内容显示，中国国内生产总值增速迅猛，连续多年保持 9% 的平均增长率；平均关税水平大幅下降：入市前 2001 年的关税水平为 15.6%，这一数据到 2005 年短短 5 年的时间，已经下降至 9.7%。此外，关税和非关税壁垒也在同步减少，报告也进一步指出，中国在未来的发展仍会面临收入分配不均衡、资源环境的瓶颈、资本与金融市场的改革、劳动力素质提高等一系列问题。

（二）中国对外贸易政策的现状分析

2008 年金融危机之后，世界经济面临前所未有的挑战，而这一背景下中国的外贸政策的调整和变化幅度也相应较大；伴随入世过渡期的结束，中国贸易政策与 WTO 规则正逐步趋于一致；同时，2008～2016 年 8 年间，世贸组织完成对中国的第二次至第六次贸易政策审议，在 2016 年完成的最新一次贸易政策审议中，世贸组织成员向中国提交了涉及中国宏观经济体制和经贸领域的政策措施改革的 1955 个书面问题，审议结果显示，中国对外投资范围扩大，增势强劲。中国在保持经济稳定发展的同时，也为世界经济复苏和发展做出了重要贡献，其中，2015 年，中国经济对全球经济增长的贡献在 25% 以上。从 2007 年金融危机至今十余年间，中国处于新型开放经济体系建设的时期，具体而言，可以将金融危机前后中国对外贸易政策划分为如下三个阶段。

第一，金融危机初贸易政策的被动反应期（2007～2009 年）

在金融危机的影响下，中国对外贸易的增长速度大幅下降，全球贸易保护主义也开始盛行，在这一背景下，中国贸易政策设计更多关注政策的稳定性，贸易目标也更为注重长短期结合。2009 年国务院第 66 次常务会议提出

"保市场、保份额、稳外需"的目标,而支持企业"走出去"和促进产品内销的长期政策与企业出口投融资支持的短期政策相结合,是中国在金融危机之后贸易政策稳定实施的重要保证。

第二,经济复苏下贸易政策的积极反思期(2010~2012 年)

进入 2010 年之后,伴随着金融市场的企稳和实体经济的复苏,"调结构""促平衡"成为这一时期对外贸易政策的主要目标。2010 年国务院政府工作报告提出,"拓市场、调结构和促平衡"是对外贸易的主要着力点,市场多元化和以质取胜是始终坚持的战略。党的十八大报告将对外开放的内涵界定为"互利共赢、多元平衡、安全高效"的开放经济体系。本阶段的贸易政策,已充分意识到全球经济失衡的风险,因此将调整产品结构、市场结构和地区结构作为贸易政策调节管控的主要目标,注重提高对外贸易的质量与效益。

第三,新常态下贸易政策的主动出击期(2013~2016 年)

进入 2013 年特别是 2014 年后,中国对外贸易面临世界经济持续低迷与中国经济增速放缓的严峻形势。一方面,欧美等发达国家推行的跨太平洋伙伴关系协定(TPP)和跨大西洋贸易与投资伙伴协定(TTIP),进一步提高贸易政策标准,企图通过高标准贸易政策将中国经济边缘化;另一方面,伴随着国内经济的发展,中国国内的土地与劳动力要素价格也进一步上升,劳动密集型产品面临东南亚等国家的外在挤压。在这一时期,在中国经济新常态的背景下,积极主动的各项贸易政策应运而生,并通过"高铁出海""核电出海"等措施积极布局对外贸易战略;此外,2013 年 8 月,国务院正式批复设立中国(上海)自由贸易试验区,也成为中国积极开放战略的伟大尝试;同年 9 月和 10 月,习主席分别提出共建"丝绸之路经济带"和"21 世纪海上丝绸之路"的重大倡议,"一带一路"重大构想初步形成。

基于演进过程的分析,我们对现阶段中国对外贸易政策的特点做如下总结。

首先,自 2001 年加入世界贸易组织以来,中国积极参与世界经济一体化，其中双边 FTA 成为贸易自由化推进路径的重要举措之一。2013 年党的十八届三中全会指出，"坚持世界贸易体制规则，坚持双边、多边、区域次区域开放合作，扩大同各国各地区利益汇合点，以周边为基础加快实施自由贸易区战略"，为新时期中国的对外开放战略指明了方向。对比 21 世纪初期，中国自由贸易协定的谈判进程明显缓慢，其谈判区域也主要限定在香港、澳门等地区；金融危机之后，中国自由贸易协定的谈判进程明显加快，贸易伙伴逐步扩大到北欧、东北亚及大洋洲地区。如图 1 所示，海关统计显示，2017 年，中国对传统市场进出口额回升；同时随着进出口企业积极开拓新兴市场，市场多元化取得新进展。从具体数据上来看，欧盟、美国、东盟和日本进出口额分别增长 15.5%、15.2%、16.6% 和12.8%，四者进出口额合计占中国进出口总额的 49.16%；中国对拉美、非洲国家进出口额分别增长 22% 和 17.3%，分别高于进出口额总体增速（14.2%）7.8 个和 3.1 个百分点。其中，对巴西的出口增速高达 32.7%。巴西成为中国第十大贸易伙伴。

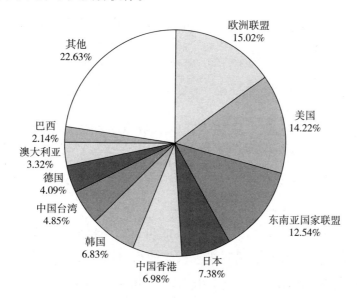

图 1　2017 年中国内地与主要贸易伙伴进出口额所占比重

资料来源：中华人民共和国海关总署。

其次，这一阶段进口贸易的作用也逐渐开始得到重视。1979 年以来，国际收支观念在一定程度上约束了中国对外贸易的发展，具体表现为中国在发展对外贸易时，在很长一段时间都呈现不均衡的状态：如过于重视扩大出口、多创汇的出口政策，而忽视了进口对经济增长的重要作用。党的十八大后，"多元平衡"思路使对外贸易失衡的状况在现阶段得到一定程度的调整：这与一系列促进进口、调整贸易平衡的政策的关系密不可分。如图 2 所示，2008～2017 年，中国货物进出口总额基本持平。

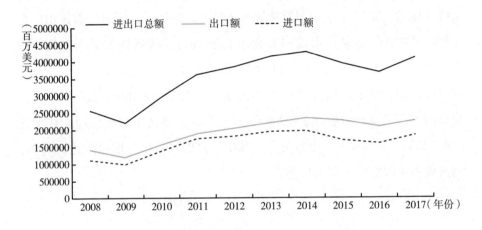

图 2　2008～2017 年中国货物进出口情况

资料来源：中华人民共和国海关总署。

最后，这一阶段的"一带一路"倡议成为最大的政策亮点之一。自习近平主席 2013 年首次提出"一带一路"倡议以来，各级领导人高度重视，在多个场合都强调了"一带一路"倡议对中国对外开放与经济发展的重大意义。从具体政策实施效果来讲，金融危机前，尽管"一带一路"沿线国家市场潜力巨大，但中国对其的出口总额仍处于较低地位，2008年以来，中国对"一带一路"沿线国家的出口占比逐渐上升，2013 年后这一上升趋势更为明显，截至 2016 年，中国对"一带一路"沿线国家的出口比重达到 27.7%。商务部最新统计数据显示，2017 年，中国与"一带一路"沿线国家贸易额为 7.4 万亿元人民币，同比增长 17.8%，增速高于全国外贸增速 3.6 个百分点。其中，出口额为 4.3 万亿元人民币，增长 12.1%，进口额为 3.1 万亿元人民币，增长 26.8%；中国企业对"一带一路"沿线国家直接投资为 144 亿美元，在沿线国家新签承包工程合同额为 1443 亿美元，同比增长 14.5%；中国—白俄罗斯工业园等多项重大项目扎实推进，成为"一带一路"经贸合作的典范。党的十九大也对推进"一带一路"建设做出了新的部署，努力实现中国与"一带一路"沿线国家的政策沟通、设施联通、贸易畅通、资金融通、民心相通，打造国际合作新平台将成为中国未来对外贸易发展的主基调。

二 最新对外贸易政策概览与解读

（一）2017年对外贸易政策概览

表 1 总结了商务部、国家税务总局、海关总署及国家发改委等自 2017 年以来所新增的许可证管理、税收减免、出口退税三个方面的相关贸易政策。

表 1 2017 年贸易政策概览

指标	政策名称	发表日期	政策内容解读
许可证管理	《商务部 海关总署 质检总局公告 2017 年第 87 号 公布 2018 年自动进口许可管理货物目录》	2017 年 12 月 10 日	依据《中华人民共和国对外贸易法》、《中华人民共和国货物进出口管理条例》和有关规章，公布《2018 年自动进口许可管理货物目录》，自 2018 年 1 月 1 日起执行。商务部、海关总署 2016 年 12 月 10 日发布的《2017 年自动进口许可管理货物目录》同时废止
税收减免	《国家税务总局关于增列中葡税收协定利息条款免税机构的主管当局间协议生效执行的公告》	2017 年 5 月 10 日	增列了可享受利息免税待遇的国有全资机构。新列入的 4 家中方免税机构包括全国社会保障基金理事会、中国投资有限责任公司、中国出口信用保险公司和国家开发银行。新列入的 1 家葡方免税机构为葡萄牙中央银行

指标	政策名称	发表日期	政策内容解读
税收减免	《国家税务总局〈中华人民共和国政府和巴基斯坦伊斯兰共和国政府关于对所得避免双重征税和防止偷漏税的协定〉第三议定书》	2017年7月7日	中国工商银行和丝路基金在巴基斯坦为《中华人民共和国政府和巴基斯坦伊斯兰共和国政府关于中巴经济走廊能源项目合作的协议》中提及的能源项目提供贷款取得利息时，可依据中巴协定第十一条第三款和中巴协定第二议定书的规定，在巴基斯坦免征所得税
	《财政部 海关总署 税务总局关于2017年种子种源免税进口计划的通知》	2017年7月21日	"十三五"期间继续对进口种子（苗）、种畜（禽）、鱼种（苗）和种用野生动植物种源免征进口环节增值税。农业部2017年种子（苗）、种畜（禽）、鱼种（苗）免税进口计划，以及国家林业局2017年种子（苗）和种用野生动植物种源免税进口计划已经核定
	《国家税务总局 关于跨境应税行为免税备案等增值税问题的公告》	2017年8月14日	明确了以下四个方面的问题：一是关于跨境应税行为免税备案的问题；二是关于交通运输业进项税抵扣的问题；三是关于个人代开增值税发票的问题；四是关于贴现、转贴现业务发票开具的问题
	《商务部办公厅关于进一步做好鼓励类外商投资企业进口设备减免税有关工作的通知》	2017年9月5日	就进一步做好备案适用范围内鼓励类外商投资企业进口设备减免发布有关工作通知，包括对企业在线填报相关备案报告表时做出一系列规范，对备案机构的备案系统及监督管理责任做出相关明确规定
	《国家税务总局 关于企业境外承包工程税收抵免凭证有关问题的公告》	2017年11月21日	明确对外承包工程来源于境外所得税收抵免凭证有关问题：明确企业按规定取得的分割单（或复印件）可作为境外所得完税证明或纳税凭证；明确境外所得在境外缴纳的企业所得税税额的分配方法；明确总承包企业、联合体主导方企业开具分割单时的备案要求和留存备查资料；明确取得分割单的后续管理要求；明确施行时间

续表

指标	政策名称	发表日期	政策内容解读
出口退税	《国家税务总局　关于发布出口退税率文库2017A版的通知》	2017年1月24日	主要针对2017年中国进出口税则税目和《商品名称及编码协调制度》同步转版,根据进出口税则的调整情况,公布重新编制的出口退税率
	《国家税务总局　关于加强海关进口增值税抵扣管理的公告》	2017年2月13日	为保护纳税人合法权益,进一步加强增值税管理,打击利用海关进口增值税专用缴款书骗抵税款犯罪活动,国家税务总局决定全面提升海关进口增值税专用缴款书稽核比对级别,强化对海关进口增值税的抵扣管理
	《国家税务总局　关于进一步做好税收服务"一带一路"建设工作的通知》	2017年4月24日	为深入贯彻落实党中央、国务院关于扎实推进"一带一路"建设的要求,更好发挥税收作用,就进一步做好相关工作发布通知,包括高度重视税收服务"一带一路"工作、认真落实税收服务"一带一路"工作的八个方面和做好工作的有关要求
	《国家税务总局　关于进一步推进出口退(免)税无纸化申报试点工作的通知》	2017年5月23日	为支持外贸稳增长,进一步优化出口退税服务,加快出口退税进度,创建优质便捷的退税服务体系,国家税务总局决定在全国范围内进一步推进出口退(免)税无纸化申报试点工作
	《国家税务总局　关于发布出口退税率文库2017B版的通知》	2017年6月28日	主要针对2017年中国进出口税则税目和《商品名称及编码协调制度》同步转版,根据进出口税则的调整情况,公布重新编制的出口退税率
	《国家税务总局　关于调整完善外贸综合服务企业办理出口货物退(免)税有关事项的公告》	2017年9月13日	为解决外贸综合服务企业反映的问题,促进外贸综服企业规范健康发展,建立与企业发展相适应的出口退(免)税管理模式,经国务院批准同意,国家税务总局拟对现行综服企业代生产企业办理出口退(免)税管理办法进行调整完善,改为由综服企业代生产企业集中申报退税

资料来源:根据相关政府部门网站整理而成。

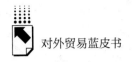
（二）2017年对外贸易政策解读

2017 年，中国政府在许可证管理、税收减免、出口退税三个方面都做了一定的调整。

其中，在许可证管理方面，商务部、海关总署、国家质检总局公布《2018 年自动进口许可管理货物目录》，并废止了 2016 年 12 月 10 日发布的《2017 年自动进口许可管理货物目录》。在许可证方面，根据发证机关和签发层级的不同，企业按照程序规定向有权机关领取许可证。作为中国外贸管理体系中重要的环节，许可证相关政策时效性较强，密切关注相关政策的变化对出口企业来讲具有十分重要的意义。在海关监管方面，通关过程中检验许可证是不可缺少的环节，对于伪造、编造及超范围许可的情形将予以处罚；在后续环节，将对实际进出口货物与许可证是否相符、有无非法转借、出让许可证或许可份额等行为进行查处，企业应当充分认识、积极防范并有效化解相关风险。

在税收减免方面，增列了可享受利息免税待遇的国有全资机构；对中巴经济走廊能源项目提供贷款取得利息时，进行相应的税收减免；加强种子种源进口免税政策管理；对于跨境应税行为免税备案等增值税问题、企业境外承包工程税收抵免凭证进行了进一步规范；鼓励类外商投资企业进口设备减免税有关工作。2017 年新出台的税收减免政策与中国最新发展战略紧密结合，为中国的经济发展创造了良好的环境，其中，针对"中巴经济走廊"的免税政策，服务于"一带一路"倡议，加强了中国与"一带一路"沿线国家的经济合作；而种子种源进口免税政策管理，响应"十三五"期间创新驱动发展战略。在经济新常态背景下，中国进行了大规模的税收减免，以税率下调为促进贸易发展的主基调。

在出口退税方面，发布出口退税率文库 2017A、2017B 两版，并要求税收工作进一步服务于"一带一路"建设，加强海关增值税抵扣的管理工作，推行无纸化申报试点，调整完善外贸综合服务企业办理出口货物退（免）税有关事项。目前，出口退税政策深化改革的方向是逐步简化现场监管手续、提高通关效率，推行无纸化申报试点有利于海关部门将更多的监管力量投放到后续监管环节，提高对价格、归类、原产地等要素的审核效率。

三 中国对外贸易政策展望

2017 年 10 月 18 日，中国共产党第十九次全国代表大会在人民大会堂开幕。习近平代表第十八届中央委员会向大会做了题为"决胜全面建成小康社会 夺取新时代中国特色社会主义伟大胜利"的报告。报告提出要促进全面开放新格局的进一步形成，明确"中国开放的大门不会关闭，只会越开越大"；以"一带一路"建设为重点，拓展对外贸易，实行高水平的贸易和投资自由化便利化政策；优化区域开放布局，探索建设自由贸易港；创新对外投资方式，加快培育国际经济合作和竞争新优势等工作重点。具体来说，中国现阶段的对外贸易政策应当以以下几个方面为侧重点全面展开。

（一）推进贸易强国模式

2017 年以来，中国外贸加快竞争新优势的培育形成，转动力、调结构的特点愈发明显，进出口增长率实现快速增长，连续两年负增长的情况得以扭转。同时，外贸结构优化，国际市场多元化特征逐步凸显，具体表现为：首先，商品结构得到一定程度的改善，高技术含量、高附加值的高新技术产品带头实现快速的出口增长，占产品出口的比重逐渐攀升；其次，贸易方式得到优化，一般贸易出口地位逐渐提高。然而，中国现阶段面临的国内外贸易环境仍较为复杂，世界经济复苏基础并不稳定，贸易保护主义在"逆全球化"浪潮之下逐渐滋生，国际政治局势不稳定，仍存在极大程度的贸易不确定性。

在现阶段，从企业层面出发，外贸企业技术、产品及服务的竞争力重要性逐渐凸显，企业应当从自身出发，进一步提高竞争力，创造新优势。从政策层面出发，外贸领域供给侧结构性改革的深化显得尤为重要，推进"五个优化"——国际市场布局、国内区域布局、商品结构、经营主体和贸易方式的优化；加快"三项建设"——转型升级示范基地、贸易平台、国际营销网络的建设；出口方面促进传统加工贸易的创新发展，培育贸易新模式；进口方面提高贸易便利化水平，进一步扩大进口；传统优势和竞争新优势共同培育，推动中国由贸易大国向贸易强国转型。

（二）加快跨境电商发展

过去几年，中国的数字经济呈现跨越式发展趋势：一方面，互联网行业逐步由服务驱动转向创新驱动，其原动力发生了根本性改变；另一方面，传统行业与互联网行业紧密结合，使得诸多新模式、新业态不断涌现，成为实体经济中最活跃与最具创造力的部分。同时，受益于政策与国内外消费者强大的市场需求，中国跨境电商行业取得了蓬勃的发展，党的十九大报告中，提出"拓展对外贸易，培育贸易新业态新模式，推进贸易强国建设"，跨境电商作为贸易领域中的新模式、新业态，在中国的贸易强国战略中起着十分重要的作用。

现阶段，相关企业应当注重业务模式、跨境电商规则谈判以及产业标准化等方面的创新，行业领头企业应当起到模范带头作用，勇于承担责任，带动中小企业以低成本、高效率的方式走向全球市场。政策方面，积极确立相关政策助力互联网电商平台的搭建，推行无纸化操作，简化审核流程，协助建立农村电子商务创业中心、运营中心、孵化园区，利用电商打通农村物流"最后一公里"，积极促进"网上丝绸之路"的建设。

（三）落实"一带一路"建设

党的十九大报告提出，"要以'一带一路'建设为重点，坚持引进来和走出去并重，遵循共商共建共享原则，加强创新能力开放合作，形成陆海内外联动、东西双向互济的开放格局"。2017年以来，中国"一带一路"建设稳中求进，对外投资合作有序开展，一系列重大项目也取得积极进展。《中华人民共和国2017年国民经济和社会发展统计公报》显示，2017年全年，中国对"一带一路"沿线国家非金融类直接投资为144亿美元；全年对外承包工程业务对"一带一路"沿线国家完成营业额为855亿美元，增长12.6%，占对外承包工程业务完成营业额比重为50.7%。制造业、能源业等领域工程项目增多，投资并购增加，行业结构持续优化，实体经济与对外投资都取得较为良好的发展。

现阶段，企业应当积极响应国家战略号召，通过联合投资、跨国并购、绿地投资等多种投资方式积极参与，加大对"一带一路"沿线国家企业的投资，增强与相关国家的贸易联系；注重创新发展，挖掘国际合作的竞争新优势，提高国际化经营水平，突出质量效应。在国家层面，应当通过政策方面的引导，鼓励企业创新对外投资模式，优化对外投资结构；重点推进境外经贸合作示范区、基础设施建设工程，同时以重点示范项目为依托，扩大国际产能合作，深入推进"一带一路"建设；保障中央及地方外商投资企业的权利，完善投诉机制，落实《外商投资企业知识产权保护行动方案》，着力解决外商投资企业关注知识产权等问题，真正做到"凡是在中国境内注册的企业，都要一视同仁、平等对待"以吸引外资企业来华发展，让外资企业愿意来、留得住、发展好。

（四）探索自由贸易港建设

党的十九大报告提出，"赋予自由贸易试验区更大改革自主权，探索建设自由贸易港"。"这对改革开放试验田的建设提出了更高要求，指明了新的方向，要求我们对标更高的标准，推动更全面、更深入的开放新格局。"在自贸区的基础上，积极探索自由贸易港模式，对自贸区进行升级建设，从而优化资源配置，进一步推动高水平的对外开放，与国际贸易新规则接轨。现阶段，各省份与商务部在党中央、国务院统一部署、指导下，以高标准、高水平围绕自贸港建设开展相关工作。以上海自贸区为例，上海自贸区对标国际最高标准，明确提出建立自由贸易港，加

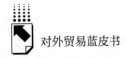
大全面深化改革的力度，同时实施高质量的贸易监管制度，实行国家授权下的集约式管理，探索国际通行的金融、外汇、投资和出入境管理制度，建设完善的风险防控体系。在深入推进自贸区开放试点试验、建设自由贸易港的基础上，形成可复制的成熟经验，在全国适时推开，带动全面开放。

B.5
中国对外贸易风险管理

摘　要：　对外贸易风险可以分为宏观风险和微观风险，宏观风险主要是指国家风险，包括经济、金融、政治风险，微观风险主要是市场性风险和欺诈性风险。我们借鉴了中国社会科学院世界经济与政治研究所发布的 CROIC－IWEP 国家风险评级方法，采用经济基础、偿债能力、社会弹性、政治风险、对华关系五大指标，识别中国对外贸易中所面临的主要国家风险，并对外贸企业所面临的市场与信用风险进行了分析，提出了相应的防范与管理措施。

关键词：　对外贸易风险管理　国家风险　市场风险　信用风险

一　中国对外贸易风险的分类

（一）宏观层面的风险

对外贸易的宏观风险主要是指国家风险，即一个主权国家不能或不愿意履行其作为债务人对一国或多国债权人的偿债义务的可能性。对于国家风险的评估，多用于预测主权国家作为债务人，出现债务违约及延迟偿还行为的可能性。

经济、金融、政治等因素及它们之间的相互作用决定了一国的国家风险状况，此外，突发的特殊事件会使国家风险水平升高。国家风险主要包括经济风险、金融风险、政治风险三部分。三种风险之间相互影响、相互作用，

根据每个国家的实际情况不同，具体风险因素所占权重有所不同，导致了不同国家的风险情况不尽相同。

1. 经济和金融风险

经济和金融风险是组成国家风险的重要因素。具体来说，经济风险指的是，东道国宏观经济指标或者经济结构存在固有的缺陷或意外变化导致外商投资者面临的资产损失的可能性，以及经济政策差异，区域贸易壁垒导致的投资损失的可能性。经济方面的风险因素具体包括：国家贸易形势的恶化、生产成本及原材料价格的迅速上涨等。金融风险指的是，东道国财政金融与汇率政策的波动导致的投资损失的可能性。同时，由于基础设施建设时间长，投资规模大，涉及金融资本来源众多，大量资本投入的相应风险、资金回收机制确保资金的投资汇报等，均具有较大的不确定性。金融方面的风险因素具体由无成效的外国投资、不明智的国外银行借款，以及国家经济及金融管理的变化等组成。

东道国的产业结构调整极大地影响该国市场效益、经济效益及外债偿还能力。产业结构的调整是为了适应经济全球化，科技日新月异的发展趋势，以及改变国际生产分工，但是这些调整相应地会影响到资本的自由流动及投资预期收益的变化，从而导致经济和金融风险产生。

2. 政治风险

当发生诸如战争、国内外冲突、领土争端、政治革命导致政府下台以及全球恐怖袭击时将产生政治风险；社会因素包括意识形态分歧、宗教冲突导致的国内动乱，另外还有一些国外因素也可能导致政治风险。具体来讲，政治风险包括三方面内容。第一，政权风险：现阶段，世界局势变化迅速，政权风险已经成为国家风险中的突出风险之一。政府借款人可能会由于政权更迭、反政府暴动等国内政治局势的变动，没有能力或者拒绝履行债务人义务的机会增大。第二，对外关系风险：国与国之间的友好关系是企业良好经营的前提，若企业经营环境良好，国家风险水平也会相应地降低，从而有利于贸易发展。第三，政府腐败：腐败导致国家风险水平提高，破坏企业公平竞争的环境，使其经营成本提高，利润率下降。

（二）微观层面的风险

微观风险是指企业在从事国际贸易活动中所面临的各种风险，会直接影响到企业的经营绩效。对外贸易较国内贸易而言，是一种复杂的商品交换活动。各种手续繁杂、牵涉面广，涉及因素种类繁多。相应地，引发的风险也种类繁多。微观风险可以分为市场性风险与欺诈性风险。

1. 市场性风险

市场性风险指的是由汇率风险及价格风险等市场事故引起的国际贸易风险。

这种风险的具体表现为：在国际贸易结算中，进口商或者出口商双方中至少有一方采用外币计价，但是外汇汇率时刻波动，为此，买卖双方中的一方必然要承担汇率跌落风险；此外，在国际货物合同成立以后，货物原材料以及价格也可能产生较大的波动，买卖双方中，必然有一方会承担价格风险。

2. 欺诈性风险

欺诈性风险是指由人为欺诈所导致的国际贸易风险，一般分为国际货物买卖合同的欺诈风险、国际货物运输合同的欺诈风险以及国际结算的欺诈风险三种。

贸易参与者中单方或多方都有可能成为欺诈的主体，而欺诈的目标主要包括预付款、定金、保险金、货物、货款等。

二　中国对外贸易风险的识别

（一）国家风险的识别

只有对国家风险状况有一定了解，在对各国差异巨大的发展水平、准入环境、贸易壁垒有一定了解和识别之后，才能在不同的风险条件下制定差异化的市场策略，因此，对不同国家的风险识别成为外贸企业所需要考虑的首要问题。对风险进行合理的预警、准确的识别、有效的管控，将有利于中国

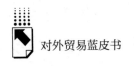
企业扩大对外贸易。

我们借鉴了中国社会科学院世界经济与政治研究所发布的 CROIC – IWEP 国家风险评级方法，采用经济基础、偿债能力、社会弹性、政治风险、对华关系五大指标，识别中国对外贸易中所面临的主要国家风险（见表1）。

表1　国家风险评级指标权重

指标	权重	指标	权重
经济基础	0.2	社会弹性	0.2
偿债能力	0.2	对华关系	0.2
政治风险	0.2		

本方法构建了经济基础、偿债能力、社会弹性、政治风险和对华关系五大指标，全面地对中国企业所面临的战争风险、政党更迭风险、缺乏政府间协议保障风险、国有化风险、金融风险以及东道国安全审查等主要风险进行量化评价。同时，本评级方法将定性和定量指标相结合，并以对华关系作为重要的特色指标，评价体系较为完善。

这一评级体系2016年共将57个国家纳入评级样本，分别是阿联酋、埃及、波兰、俄罗斯、白俄罗斯、哈萨克斯坦、吉尔吉斯斯坦、巴基斯坦、柬埔寨、保加利亚、菲律宾、捷克、老挝、罗马尼亚、马来西亚、蒙古国、孟加拉国、缅甸、沙特阿拉伯、斯里兰卡、塔吉克斯坦、泰国、土耳其、土库曼斯坦、乌克兰、乌兹别克斯坦、希腊、新加坡、匈牙利、伊拉克、伊朗、以色列、印度、印度尼西亚、越南、巴西、德国、法国、韩国、荷兰、加拿大、肯尼亚、美国、墨西哥、南非、尼日利亚、埃塞俄比亚、赞比亚、安哥拉、阿根廷、日本、澳大利亚、新西兰、意大利、英国、苏丹、委内瑞拉。

1.总体结果

评级结果共分为九级。由高至低分别为 AAA、AA、A、BBB、BB、B、CCC、CC、C。其中低风险级别包括 AAA 与 AA 评级的 9 个国家；中风险级别包括 A 及 BBB 评级的 34 个国家；高风险级别包括 BB 及 B 评级的 14 个国家。最终评级结果呈正态分布，反映出合理的风险分布区间。

国家风险的总体评级结果如表2所示。

表2　总体评级结果

排名	国家	风险评级	排名变化	2015年级别	排名	国家	风险评级	排名变化	2015年级别
1	德国	AAA	—	AAA	30	土耳其	BBB	—	BBB
2	新西兰	AA	↑	AA	31	南非	BBB	↓	BBB
3	澳大利亚	AA	↑	AA	32	土库曼斯坦	BBB	↑	BBB
4	美国	AA	↓	AA	33	巴基斯坦	BBB	↑	BBB
5	新加坡	AA	↑	AA	34	印度	BBB	↑	BBB
6	加拿大	AA	↑	AA	35	伊朗	BBB	↓	BBB
7	韩国	AA	↓	AA	36	蒙古国	BBB	↑	BBB
8	英国	AA	↓	AA	37	肯尼亚	BBB	↓	BBB
9	荷兰	AA	—	AA	38	泰国	BBB	↓	BBB
10	法国	A	—	A	39	斯里兰卡	BBB	↓	BBB
11	日本	A	—	A	40	越南	BBB	↑	BBB
12	阿联酋	A	↑	A	41	缅甸	BBB	↓	BBB
13	以色列	A	↓	A	42	赞比亚	BBB	↑	BB
14	匈牙利	A	↑	A	43	埃塞俄比亚	BBB	↑	BB
15	意大利	A	↓	A	44	塔吉克斯坦	BB	↓	BBB
16	捷克	A	↓	A	45	乌兹别克斯坦	BB	↓	BBB
17	罗马尼亚	A	↑	BBB	46	尼日利亚	BB	↓	BB
18	波兰	A	—	A	47	孟加拉国	BB	↓	BB
19	马来西亚	A	↑	BBB	48	巴西	BB	—	BB
20	沙特阿拉伯	BBB	↓	A	49	阿根廷	BB	—	BB
21	哈萨克斯坦	BBB	↓	A	50	白俄罗斯	BB	↓	BB
22	俄罗斯	BBB	↑	BBB	51	吉尔吉斯坦	BB	↑	BB
23	柬埔寨	BBB	↑	BBB	52	埃及	BB	—	BB
24	印度尼西亚	BBB	↓	BBB	53	苏丹	BB	↑	B
25	保加利亚	BBB	↓	BBB	54	安哥拉	BB	↓	BB
26	老挝	BBB	↑	BBB	55	乌克兰	B	↓	BB
27	菲律宾	BBB	—	BBB	56	伊拉克	B	—	B
28	墨西哥	BBB	↓	BBB	57	委内瑞拉	B	—	B
29	希腊	BBB	↓	BBB					

注：—表示与2015年相比，相对排名没有变化的国家；↑表示与2015年相比，相对排名上升的国家；↓表示与2015年相比，相对排名下降的国家；后表同。

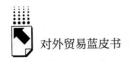

从总体评级结果来看,新兴经济体的评级结果普遍低于发达国家评级结果,即发达国家处于较低的风险水平。其中,排名前 10 位的国家都是发达经济体,在 41 个新兴经济体中,排名最高的阿联酋是第 12 名,在新兴经济体中,金砖国家成员的排名处于中间水平。

从排名变化来看,发达经济体的经济基础较好,政治风险较低,社会弹性较高,偿债能力较强,整体风险明显低于新兴经济体。但 2016 年与 2015 年相比,出现了一些新的变化:一方面,发达经济体持续复苏,GDP 增速上升,经济基础有所好转;另一方面,发达经济体对中国企业,尤其是国有背景企业怀有一定的警惕性,认为会威胁本国的经济安全,从而,其对华关系得分有所下降。

对于新兴经济体来说,经济基础和政治风险与发达国家的差距十分明显,政治环境不稳定和经济增速放缓,是主要的不利因素,不过新兴经济体的经济增速整体高于发达国家,是推动全球经济增长的重要力量,未来中国的贸易潜力将不断释放,从而推动中国商品国际市场的多元化。

2.分项指标

经济基础方面,通过分析具体指标,我们发现,发达国家经济基础普遍好于新兴经济体。占据排名前 10 的均为发达经济体。2016 年,除美国、德国、罗马尼亚、委内瑞拉四国的排名没有变动外,其他国家经济基础的排名均有不同程度的上升和下降,其中,澳大利亚、新西兰等 24 国的经济基础排名上升,英国、加拿大等 29 国的经济基础排名有所下降(见表 3)。

政治风险方面,发达国家的政治风险普遍低于新兴经济体,排名前 10 的国家除了新晋的阿联酋之外,均为发达经济体。2016 年,仅澳大利亚 1 国的相对排名没有变动。加拿大、荷兰等 21 国的排名有所上升,英国、德国等 35 国的排名有所下降(见表 4)。

表3　经济基础指标

排名	国家	排名变化	排名	国家	排名变化	排名	国家	排名变化
1	美国	—	20	俄罗斯	↑	39	吉尔吉斯斯坦	↑
2	澳大利亚	↑	21	印度尼西亚	↓	40	塔吉克斯坦	↑
3	德国	—	22	菲律宾	↑	41	巴西	↑
4	新西兰	↑	23	柬埔寨	↑	42	巴基斯坦	↓
5	以色列	↑	24	保加利亚	↑	43	泰国	↓
6	法国	↑	25	匈牙利	↓	44	斯里兰卡	↓
7	英国	↓	26	希腊	↓	45	乌兹别克斯坦	↓
8	加拿大	↓	27	哈萨克斯坦	↑	46	埃及	↓
9	日本	↓	28	肯尼亚	↓	47	蒙古国	↓
10	新加坡	↑	29	赞比亚	↓	48	南非	↓
11	意大利	↓	30	印度	↓	49	尼日利亚	↓
12	荷兰	↓	31	土库曼斯坦	↑	50	伊朗	↓
13	韩国	↓	32	土耳其	↓	51	伊拉克	↓
14	捷克共和国	↑	33	马来西亚	↑	52	苏丹	↑
15	罗马尼亚	—	34	老挝	↑	53	白俄罗斯	↓
16	阿联酋	↓	35	埃塞俄比亚	↓	54	安哥拉	↓
17	沙特阿拉伯	↓	36	孟加拉国	↓	55	阿根廷	↓
18	波兰	↑	37	缅甸	↓	56	乌克兰	↓
19	墨西哥	↓	38	越南	↑	57	委内瑞拉	—

表4　政治风险指标

排名	国家	排名变化	排名	国家	排名变化	排名	国家	排名变化
1	加拿大	↑	20	沙特阿拉伯	↑	39	塔吉克斯坦	↓
2	荷兰	↑	21	以色列	↓	40	越南	↓
3	新西兰	↑	22	印度	↑	41	泰国	↓
4	英国	↓	23	墨西哥	↓	42	老挝	↑
5	德国	↓	24	巴西	↑	43	俄罗斯	↑
6	澳大利亚	—	25	希腊	↓	44	埃塞俄比亚	↑
7	阿联酋	↑	26	保加利亚	↓	45	白俄罗斯	↓
8	日本	↑	27	印度尼西亚	↑	46	巴基斯坦	↑
9	法国	↓	28	蒙古国	↓	47	乌兹别克斯坦	↑
10	新加坡	↓	29	菲律宾	↓	48	伊朗	↓
11	美国	↓	30	赞比亚	↓	49	土库曼斯坦	↓
12	捷克	↓	31	哈萨克斯坦	↑	50	安哥拉	↓
13	匈牙利	↑	32	阿根廷	↑	51	吉尔吉斯斯坦	↓
14	韩国	↓	33	肯尼亚	↓	52	缅甸	↓
15	马来西亚	↑	34	土耳其	↓	53	伊拉克	↓
16	罗马尼亚	↑	35	乌克兰	↓	54	尼日利亚	↓
17	南非	↓	36	柬埔寨	↑	55	埃及	↓
18	波兰	↓	37	斯里兰卡	↓	56	委内瑞拉	↓
19	意大利	↓	38	孟加拉国	↓	57	苏丹	↓

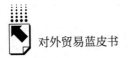

社会弹性的情况与政治风险相同，发达国家经济体普遍好于新兴经济体，新兴经济体中阿联酋继续位列前10。2016年，除新加坡、新西兰等8国的排名没有变动外，其他国家的排名均有不同程度的上升或下降。其中捷克、日本等18国的社会弹性排名有所上升，德国、美国等31国的社会弹性排名有所下降（见表5）。

表5　社会弹性指标

排名	国家	排名变化	排名	国家	排名变化	排名	国家	排名变化
1	新加坡	—	20	法国	↑	39	老挝	↑
2	新西兰	—	21	土库曼斯坦	↑	40	阿根廷	↓
3	阿联酋	—	22	哈萨克斯坦	↑	41	埃及	↓
4	英国	—	23	俄罗斯	—	42	乌克兰	↓
5	加拿大	—	24	土耳其	↓	43	泰国	↓
6	荷兰	—	25	斯里兰卡	↓	44	菲律宾	↓
7	捷克	↑	26	白俄罗斯	↑	45	尼日利亚	↓
8	德国	↓	27	以色列	↓	46	苏丹	↑
9	日本	↑	28	吉尔吉斯斯坦	↓	47	南非	↓
10	匈牙利	↑	29	蒙古国	↑	48	伊朗	↓
11	马来西亚	↑	30	柬埔寨	↑	49	孟加拉国	↓
12	韩国	↓	31	乌兹别克斯坦	↑	50	埃塞俄比亚	↓
13	美国	↓	32	赞比亚	↑	51	巴西	↓
14	沙特阿拉伯	↓	33	希腊	↓	52	越南	↓
15	保加利亚	↑	34	肯尼亚	↓	53	巴基斯坦	↓
16	罗马尼亚	↑	35	墨西哥	↑	54	伊拉克	↓
17	澳大利亚	↓	36	塔吉克斯坦	↑	55	安哥拉	↓
18	波兰	↓	37	印度尼西亚	↓	56	缅甸	↓
19	意大利	↓	38	印度	↓	57	委内瑞拉	—

偿债能力方面，发达经济体的偿债能力明显强于新兴经济体。偿债能力排名前 10 的均为发达经济体。除德国、法国、日本 3 国的排名没有变动外，其他国家偿债能力的排名均有不同程度的上升或下降。其中，韩国、新西兰等 32 国的偿债能力排名有所上升，美国、澳大利亚等 22 国的偿债能力排名有所下降（见表6）。

表6　偿债能力指标

排名	国家	排名变化	排名	国家	排名变化	排名	国家	排名变化
1	德国	—	20	俄罗斯	↑	39	赞比亚	↓
2	韩国	↑	21	泰国	↑	40	马来西亚	↑
3	美国	↓	22	波兰	↑	41	安哥拉	↓
4	新西兰	↑	23	新加坡	↑	42	南非	↑
5	澳大利亚	↓	24	日本	—	43	印度	↓
6	以色列	↑	25	孟加拉国	↓	44	巴基斯坦	↑
7	捷克	↓	26	缅甸	↓	45	巴西	↓
8	匈牙利	↑	27	印度尼西亚	↑	46	肯尼亚	↑
9	法国	—	28	土耳其	↑	47	埃及	↑
10	加拿大	↓	29	柬埔寨	↑	48	斯里兰卡	↑
11	伊朗	↑	30	墨西哥	↑	49	白俄罗斯	↓
12	阿联酋	↑	31	哈萨克斯坦	↑	50	埃塞俄比亚	↓
13	乌兹别克斯坦	↑	32	罗马尼亚	↑	51	希腊	↓
14	土库曼斯坦	↓	33	越南	↓	52	苏丹	↑
15	菲律宾	↑	34	沙特阿拉伯	↓	53	吉尔吉斯斯坦	↓
16	意大利	↑	35	保加利亚	↑	54	蒙古国	↑
17	英国	↓	36	伊拉克	↓	55	乌克兰	↑
18	尼日利亚	↑	37	老挝	↑	56	委内瑞拉	↓
19	荷兰	↓	38	阿根廷	↑	57	塔吉克斯坦	↓

在对华关系上，排名前 10 的国家以新兴经济体为主，发达经济体只有韩国、新加坡、澳大利亚。2016 年，除巴基斯坦等 7 国对华关系的排名无变动之外，其他国家对华关系的排名均有不同程度的上升或下降。其中老挝、塔吉克斯坦等 26 国对华关系的排名有所上升，韩国、澳大利亚等 24 国的排名有所下降（见表7）。

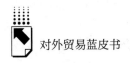
表7　对华关系指标

排名	国家	排名变化	排名	国家	排名变化	排名	国家	排名变化
1	巴基斯坦	—	20	尼日利亚	↑	39	菲律宾	↓
2	老挝	↑	21	法国	↑	40	加拿大	↓
3	塔吉克斯坦	↑	22	以色列	↑	41	阿联酋	↓
4	伊朗	↑	23	英国	↓	42	肯尼亚	↑
5	韩国	↓	24	匈牙利	↑	43	吉尔吉斯斯坦	↓
6	新加坡	—	25	马来西亚	↓	44	土耳其	↓
7	蒙古国	↑	26	印度尼西亚	↓	45	乌克兰	↑
8	土库曼斯坦	↑	27	斯里兰卡	↑	46	阿根廷	↓
9	缅甸	↑	28	新西兰	↑	47	罗马尼亚	↓
10	澳大利亚	↓	29	意大利	↑	48	赞比亚	↓
11	苏丹	↓	30	美国	↓	49	保加利亚	↑
12	柬埔寨	↓	31	泰国	↓	50	波兰	↓
13	埃塞俄比亚	↑	32	荷兰	↓	51	沙特阿拉伯	↓
14	哈萨克斯坦	↓	33	日本	↓	52	印度	↓
15	俄罗斯	↑	34	白俄罗斯	↑	53	孟加拉国	↓
16	越南	↑	35	乌兹别克斯坦	↓	54	墨西哥	—
17	南非	↓	36	安哥拉	↑	55	捷克	↑
18	德国	↓	37	希腊	↑	56	巴西	↓
19	委内瑞拉	↑	38	埃及	↑	57	伊拉克	—

（二）企业风险的识别

1. 市场性风险的识别

如前所述，市场性风险主要包括汇率风险与价格风险。

对汇率风险进行有效管控，必须做到有效地识别汇率风险。了解汇率风险的出现情况、普遍的表现形式及产生的后果，对管理汇率风险具有重要的意义。一般来说，汇率风险可以通过甄别风险事件、确定受险时间、分析风险原因、估计风险后果四步来识别。第一，甄别风险事件是指初步对企业活动的汇率风险的存在及种类进行判断，在企业所涉及的跨国经营中，并不是每项活动都存在汇率风险，因此，对汇率风险的识别是放在首位的；第二，确定受险时间，对不同时点上产生的汇率风险进行判断，确定汇率风险影响的相关期间；第三，分析风险原因，即在考虑汇率变动的直接影响的同时，对汇率传递机制、间接影响的作用程度进行分析；第四，估计风险后果，从定性角度对汇率风险结果类型进行判断，同时，从定量角度采用一些数学方法，对风险可能造成的后果进行估计与计量。

在竞争的市场环境中，价格波动难以避免，因此，有效地识别价格风险对企业来说十分重要。价格风险指的是受市场价格的波动影响而导致的潜在经营性风险。价格风险管理的前提是在价格风险分类的基础上，利用数学及统计工具，对价格风险进行合理的预测。价格风险识别的主要手段是：通过对导致价格波动的因素进行分析，以风险来源为依据对价格风险进行判断与归类。总体来讲，供给性价格风险与需求性价格风险是价格风险的主要组成部分：供给性价格风险是指可供给的市场商品数量的变化而导致的价格波动；需求性价格风险是指市场需求的商品数量的变化而导致的价格波动。此外，物价水平、经济波动、外贸依存度等宏观经济因素对外贸企业商品价格也有一定的影响。

2. 欺诈性风险的识别

国际贸易中欺诈性风险的种类繁多：在合同签订过程中，存在贸易合同主体欺诈与贸易合同的条款性欺诈等类型；在运输过程中，存在买方自谋、卖方自谋与卖方与船东共谋的多种欺诈类型；在国际贸易结算过程中，商业信用与银行信用结算都存在一定的风险，信用证欺诈种类繁多，也已成为国际贸易结算过程中的主要风险之一。

三 中国对外贸易风险的管理

（一）国家风险的分析与防范

1. 经济风险

在经济较为发达的国家，由于经济体市场结构、微观经济运行机制与宏观调控机制较为健全，其经济质量、经济素质与经济效率也相应较高，所以宏观经济风险就相应减少。而经济发展水平较低的国家，由于僵化的经济体制，对外部资本的高度依赖，单一的经济结构与较低的经济效率，在受到内外部的冲击时，容易触发经济风险。不同国家经济发展水平差异较大，相应地，其经济风险也具有很大的差异，这是由自然禀赋、产业结构、政治因素等影响的不同造成的。近年来，全球经济缓慢有序升温，部分欧洲、东盟国家以较强的经济实力支持良好的发展前景。反观经济实力相对较弱，贸易、产业结构缺陷明显的国家则仍存在一定的风险。部分能源出口国难以避免受到石油价格波动的负面影响，如2014年的石油价格下跌，俄罗斯、哈萨克斯坦等国经济明显受到影响。同时，地区不稳定的政治局势也给埃及、俄罗斯、泰国等国的经济发展带来负面影响。

2. 金融风险

在金融风险方面，欧洲国家在欧债危机后，经济状况逐渐好转，但金融风险仍然存在，不过总体水平较低。受政治风险影响，土耳其及中亚五国货币持续贬值，值得密切注意，较弱的对外偿付能力对塔吉克斯坦、吉尔吉斯斯坦等国带来一定的金融风险。柬埔寨及老挝外汇储备率偏低，政府财政赤字较高，经常账户逆差；埃及国内局势动荡，政府财政赤字居高不下，债务较多。债务规模方面，"一带一路"沿线国家的差异明显：中亚五国债务风险较小，外债负担普遍偏低，但该地区国际环境和资源价格方面存在较高的负面影响；东盟十国中，以老挝为代表的国家外债比例偏高，同时财政实力偏弱，债务违约风险较高；现阶段，部分欧洲国家的债务风险在欧债危机之后有所下降，但以希腊为代表的国家，仍存在一定程度的债务违约风险；中东与非洲政治与安全风险相对较高，也会对债务违约风险产生持续的影响。

在对一国宏观经济实力评估的同时，还需要对其政府的财政实力及偿债能力进行深入的分析以判断其财政的稳定性。在当前世界经济发展环境中，一国没有负债，完全依靠自身的收支平衡是不可能的，因此有效地评价目标国家的债务违约风险，确定相关国家的债务持续水平，寻找维持债务水平的有效措施是我们关注的主要问题。

3. 政治风险

一国对突发事件的敏感性程度往往可用于判断政治风险，内部或外部的潜在风险因素对一国政府的偿付能力和偿付意愿的影响会通过这一系列的突发事件而显现出来。因此，我们从国内政治局势、政党更迭、国际关系等方面的国家政治风险进行评估。处于经济转轨时期的国家，一般存在内部政局不稳、腐败盛行、民主进程相对缓慢的特征，其政治体制也存在较为明显的矛盾。同时，由于大多数"一带一路"沿线国家具有资源丰富、地理位置显要的特征，成为大国拼抢和施加影响的核心区域，并且地缘政治和宗教冲突突出，因此政治风险也成为影响一国经济表现的核心因素。

（二）企业风险的分析与防范

1. 市场性风险的防范

外贸企业在全球化经营中往往十分注重汇率风险的管理。作为对外贸易中最不确定的因素，汇率是外贸企业资金管理中存在的难题之一。管理者需要针对汇率风险，结合企业自身特征，决定采取适用于企业的进攻性或者防御性策略，从而将货币风险管理有效地纳入外贸企业的整体管理中。在汇率风险管理中，外贸企业的通常做法是，以消除或降低不可预期的货币变动带来的企业现金流量与经济价值的波动为目标，根据企业所面临的不同风险类型，制定相应的管理目标，采取一定的政策及策略措施以避免汇率风险。在市场经营中，还要充分考虑到风险对企业经营的影响程度，即哪种类型的风险对外贸企业经营的影响最大，并决定对不同程度的风险采取保值或其他技术措施加以控制。

在防范价格风险方面，企业应当知道有些暴露出来的价格风险是难以避免的，一方面，从某种程度上说，商品衍生品市场可通过衍生交易的方式一定程度地转移价格风险，但是并不能消除价格波动的原因；另一方面，外贸企业的产品定价策略是一种有效的价格风险管理方式，可以通过制定合理的销售价格来避免随意定价给企业带来的损失，以适应国际市场。

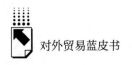

2. 欺诈性风险的防范

首先，在签订国际贸易合同的同时，正确规范地使用相关条款，熟悉国际贸易中货物品质的正确表示方法与索赔、违约金等条款中的表述方式及特点，是有效地预防合同欺诈的重要手段。

其次，在国际海事运输方面，当事人应当提高警惕，严防海事欺诈。加强对外贸、海运业务从业人员的业务、法律与防欺诈培训，提高责任心和业务素质，进一步强化员工自我管理是防范国际海事运输欺诈的重要手段之一。

最后，在信用证欺诈方面，信用证欺诈的防范一般包括信用证欺诈的国际防范、信用证贸易商的自我防范以及银行的防范。

由于信用证欺诈具有国际性、复杂性、敏感性等固有特点，反信用证欺诈难度大大提高。因此，为有效地反信用证欺诈，应当加强世界范围内的合作与共同防范。此外，信用证贸易商还必须提高自身的信用证欺诈防范意识，慎重选择交易伙伴，认真签订货物买卖合同。同时，银行在防范信用证欺诈中起着极其重要的作用。在科技日新月异的今天，充分利用科技手段，广泛应用电子数据交换（Electronic Data Interchange，EDI）等手段，也可有效地对信用证欺诈行为进行防范。

国际贸易是国际经济交往的重要形式，扩大对外贸易是各国增强对外经济关系的主要内容。近年来，在对外开放、落实"一带一路"倡议的过程中，对外贸易已成为中国经济发展的重要支柱，因此对国际贸易风险进行研究就成为一个重要的课题。

区　域　篇

Regional Reports

B.6
长三角地区对外贸易发展形势分析

摘　要：　作为全国综合经济实力最强的地区，长三角地区2017年总体
对外贸易发展强劲，增速较2016年上涨明显，好于预期，长
三角地区进出口总额为9.94万亿元，同比增长16.3%，占全
国进出口总额的35.8%。其中，江苏省进出口总额为
5911.20亿元，同比增长15.99%，排名第一；上海市进出口
总额为4761.23亿元，同比增长9.76%，位居第二，继续发
挥长三角经济圈中心城市的影响力；浙江省进出口总额为
3778.95亿元，同比增长12.28%，位列第三。2018年，长三
角地区继续探索新型贸易方式，优化出口商品结构，开拓多
元化海外市场，发挥上海自由贸易实验区的引领作用，探索
自由港建设，推动该地区对外贸易健康发展。

关键词：　长三角地区　自由贸易试验区　自由港

一 长三角地区对外贸易发展整体现状总述

（一）长三角经济圈的概念界定

长三角，一般指长江三角洲。长江三角洲地处中国大陆海岸线中部、长江入海之前的冲积平原。其地理位置优越，区位优势明显，且高校林立，科教、文化事业发达，是中央政府定位的中国综合实力最强的经济中心。长三角经济圈是"一带一路"与长江经济带的重要交会地带，在中国国家现代化建设大局和全方位开放格局中具有举足轻重的战略地位。

长江三角洲地区是目前中国大部分学者认可的综合实力最强的区域，广义上的范围包括上海市、江苏省、浙江省、安徽省，将这三省一市划分为大的长三角都市群，但根据 2010 年国务院出台的《长江三角洲地区区域规划》，仅将上海市、江苏省和浙江省划为长江三角洲范围，本书中长江三角洲范围限定在上海市、江苏省和浙江省，该区域面积 21.07 万平方公里，占国土面积的 2.19%。2016 年地区生产总值为 15.08 万亿元，总人口为 1.29 亿人，分别约占全国的 20.27%、9.3%。

（二）长三角经济圈对外贸易整体现状

2017 年，世界经济持续回暖，发达经济体整体呈现平稳复苏态势，美国、欧元区和日本经济普遍改善，新兴经济体中的中国和印度继续引领增长。中国国内经济稳中向好，初步核算，全年国内生产总值 827122 亿元，比 2016 年增长 6.9%。全年居民消费价格比 2016 年上涨 1.6%。海关统计数据显示，全年货物进出口总额 277923 亿元，比 2016 年增长 14.2%。其中，出口额为 153321 亿元，增长 10.8%；进口额为 124602 亿元，增长 18.7%。货物进出口差额（出口额减进口额）28718 亿元，比 2016 年减少 4734 亿元。对"一带一路"沿线国家进出口总额 73745 亿元，比 2016 年增长 17.8%。其中，出口额为 43045 亿元，增长 12.1%；进口额为 30700 亿元，增长 26.8%。

作为全国综合经济实力最强的地区，长三角地区 2017 年总体对外贸易发展强劲，增速较 2016 年同期上涨明显，好于预期。

2017 年，长三角地区上海市、浙江省、江苏省共完成 GDP 16.78 万亿元，同比增长 11.3%，经济总量占全国的 20.3%。长三角地区进出口总额为 9.94 万亿元，同比增长 16.3%，占全国进出口总额的 35.8%，与全国同期增速相比略低 2.83 个百分点。

江苏省进出口总额为 5911.20 亿元，同比增长 15.99%，排名第一；上海市进出口总额为 4761.23 亿元，同比增长 9.76%，位居第二，继续发挥着长三角经济圈中心城市的影响力；浙江省进出口总额为 3778.95 亿元，同比增长 12.28%，位列第三（如图 1 所示）。

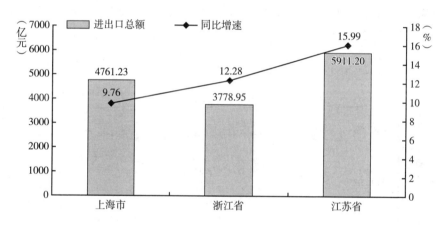

图 1　2017 年长三角地区对外贸易进出口总额及增速情况

资料来源：各省市统计信息网、各省市海关。

二　长三角地区对外贸易整体发展趋势

（一）长三角地区对外贸易整体发展趋势

由于长江三角洲地域分布较为广阔，各省份之间贸易规模发展历程与现状也存在较大差异。经过数据查阅，对上海市、江苏省、浙江省分别进行分析。

长三角经济圈偏向发展外向型经济，得益于东部沿海的地理位置和优良的港口条件，江苏省、浙江省、上海市的对外贸易发展迅速，且体量较大。在这两省一市中，江苏省的对外贸易规模长年稳居第一，上海市和浙江省分列第二、第三位。

江苏省的对外贸易进出口总额从 2012 年的 5480.93 亿美元增长到 2014 年的 5637.62 亿美元，随后 2016 年小幅下降至 5096.12 亿美元，跌幅为 7%，但随后 2017 年大幅上涨至 5911.2 亿美元，较 2016 年增长 16%；上海市的对外贸易进出口总额 2012 年为 4367.58 亿美元，2016 年为 4337.68 亿美元，贸易进出口总额变动不大，2017 年小幅增长至 4761.23 亿美元，增幅为 9.76%；浙江省的对外贸易进出口总额从 2012 年的 3124.03 亿美元增长到 2017 年的 3778.95 亿美元，总体呈现稳步增长的态势，2017 年较 2016 年同期增长 12.3%（如图 2 所示）。

图 2　长三角地区 2012～2017 年对外贸易进出口总额

资料来源：各省市统计信息网、各省市海关。

上海市对外贸易出口额从 2012 年的 2067.31 亿美元，经小幅上涨至 2014 年的 2101.34 亿美元，之后持续下降，到 2016 年降至 1833.52 亿美元，但在 2017 年增长至 1936.81 亿美元，较 2016 年同期涨幅 5.6%。

浙江省对外贸易出口额在 2014 年实现较大增长，从 2012 年的 2245.17

亿美元，增长至 2014 年的 2733.27 亿美元，之后表现较为平稳，2016 年对外贸易出口额达到 2678.64 亿美元，降幅为 3.1%，2017 年小幅增长至 2868.91 亿美元，增幅为 7.1%。

江苏省对外贸易出口额继续领跑长三角地区，其 2012 年对外贸易出口额为 3285.23 亿美元，2016 年降至 3190.53 亿美元，同比降幅为 5.8%，2017 年对外贸易出口额为 3632.98 亿美元，出口额有所回暖，总体表现较为平稳，未出现较大波动。长三角地区 2012~2017 年对外贸易出口额如图 3 所示。

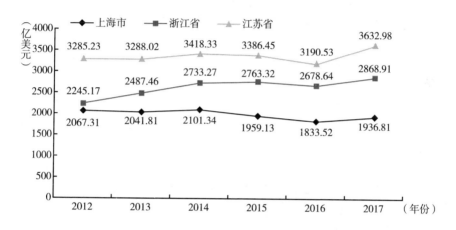

图 3 长三角地区 2012~2017 年对外贸易出口额

资料来源：各省市统计信息网、各省市海关。

2012~2016 年，上海市对外贸易进口额在长三角地区始终保持领先，2013 年进口额为 2370.88 亿美元，随后出现较大增长，2014 年达到 2562.66 亿美元，随后发展平稳，2016 年进口额为 2504.16 亿美元；江苏省对外贸易进口额在 2012 年紧跟上海市，达到了 2194.38 亿美元，2014 年逐渐和上海市拉开差距，为 2217.21 亿美元，2016 年进口额降至 1902.43 亿美元，较 2012 年降幅约为 13.3%（如图 4 所示）。

从贸易差额来看，除了上海市表现为贸易逆差外，浙江省和江苏省均出现较大贸易顺差。其中，上海市的贸易逆差逐年递增，从 2012 年的 231.26 亿美元，上升至 2017 年的 887.61 亿美元。

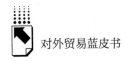

　　浙江省贸易顺差总体增长，2012 年贸易顺差为 1366.33 亿美元，2015 年增长至 2058.81 亿美元，2016 年小幅回落至 1991.52 亿美元，2017 年这一数字为 1958.87 亿美元，无较大波动，总体呈平稳态势。

　　江苏省贸易顺差 2012 年至 2017 年总体呈现增长趋势，2012 年贸易顺差为 1090.85 亿美元，2016 年小幅回落至 1288.10 亿美元，但 2017 年继续增长，达到 1354.76 亿美元。长三角地区 2012~2017 年对外贸易差额如图 5、表 1 所示。

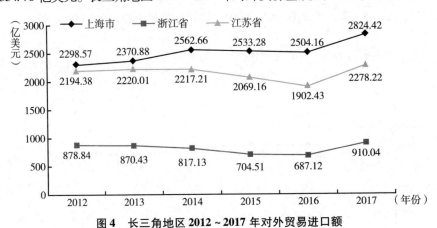

图 4　长三角地区 2012~2017 年对外贸易进口额

资料来源：各省市统计信息网、各省市海关。

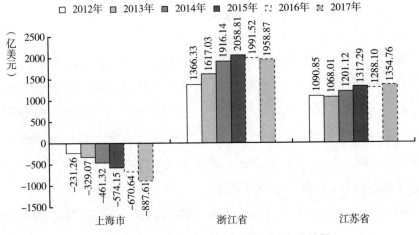

图 5　长三角地区 2012~2017 年对外贸易差额

资料来源：各省市统计信息网、各省市海关。

表 1　长三角地区 2012～2017 年对外贸易差额

单位：亿美元

省市	2012 年	2013 年	2014 年	2015 年	2016 年	2017 年
上海市	-231.26	-329.07	-461.32	-574.15	-670.64	-887.61
浙江省	1366.33	1617.03	1916.14	2058.81	1991.52	1958.87
江苏省	1090.85	1068.01	1201.12	1317.29	1288.1	1354.76

资料来源：各省市统计信息网、各省市海关。

（二）长三角地区贸易差额趋势变化及原因

据海关统计，上海贸易逆差主要来自一般贸易和转口贸易。中国对外开放程度正不断加深，这使外国投资者获得了更广阔的投资空间和市场，而随着国内消费升级和经济不断发展，内需也增长迅速。在国内、国外两个市场上，上海市作为长三角地区贸易枢纽，地位显著。

从世界范围来看，受整体经济增速放缓、国际市场需求下降、大宗商品价格下跌等多重因素影响，2015 年至 2017 年，中国对外贸易发展出现一定波动，出口贸易发展受阻，国内进口也出现了较大下降。长三角地区作为中国对外贸易重点区域，同样受到了较大影响，对外贸易规模小幅下降。但相比其他经济体，中国对外贸易规模降幅较小，在国际市场上的份额有所提高。

应该看到的是，中国外贸结构正全面优化，应在持续发展传统优势的基础上，创造新的竞争优势，达到从量到质的转变，此次对外贸易结构性调整是一个良好的契机。长三角地区对外贸易环境复杂，相比国内其他地区仍保持稳定增长的态势，长三角地区 2015 年至 2017 年对外贸易降幅低于全球贸易平均降幅，也低于大多数主要经济体的外贸降幅。

三　长三角地区对外贸易商品结构发展趋势

（一）出口商品结构变化

在对外贸易出口产品结构上，上海市 2012 年机电产品出口额达到了

1454.35 亿美元，占同年出口总额的 70%，在随后的 5 年里，机电产品的出口占比一直维持在 70% 左右。高新技术产品出口占比同样保持稳定，2012 年上海市高新技术产品出口额达到 906.64 亿美元，占出口总额的 43.9%，2016 年受整体对外贸易环境的影响，高新技术产品出口额下降至 785.87 亿美元，但仍维持着 42.9% 的出口占比（如图 6、图 7 和表 2 所示）。

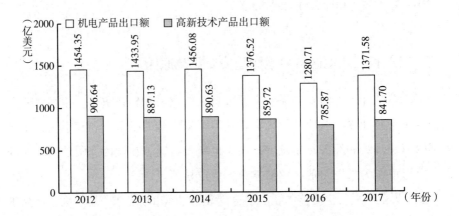

图 6　上海市 2012～2017 年对外贸易商品出口额

资料来源：上海市统计信息网、上海市海关。

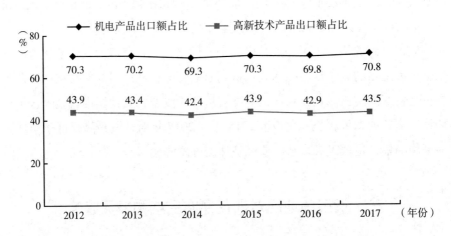

图 7　上海市 2012～2017 年对外贸易商品出口额占比

资料来源：上海市统计信息网、上海市海关。

表2　上海市 2012～2017 年对外贸易商品出口额及占比

单位：亿美元，%

年份	出口总额	机电产品出口额	高新技术产品出口额	机电产品出口额占比	高新技术产品出口额占比
2012	2067.31	1454.35	906.64	70.3	43.9
2013	2041.81	1433.95	887.13	70.2	43.4
2014	2101.34	1456.08	890.63	69.3	42.4
2015	1959.13	1376.52	859.72	70.3	43.9
2016	1833.52	1280.71	785.87	69.8	42.9
2017	1936.81	1371.58	841.70	70.8	43.5

资料来源：上海市海关。

　　机电产品和高新技术产品出口额和出口额占比，是反映一个国家或地区对外贸易产品出口竞争力的重要指标。在二省一市中，上海市的对外贸易发展更早，也更具优势，尽管在 2005 年后其对外贸易规模小于江苏省，但 2005 年之前，上海市在长三角对外贸易规模方面，一直居于龙头地位，做到了量之后，上海开始寻求质的增长，不断优化进出口结构，提升高附加值产品在进出口产品中的比重，这得益于上海早期打下的夯实的工业基础，以及其建立国际化大都市的强大愿景。

　　在对外贸易出口商品结构上，浙江省整体以出口工业制成品为主，但机电产品和高新技术产品的占比相对不高。2012 年浙江省工业制成品的出口额为 2144.31 亿美元，占同年出口总额的 96%。其中，机电产品出口额为 958.99 亿美元，占出口总额的 42.7%；高新技术产品出口额为 148.01 亿美元，仅占出口总额的 6.6%。2012 年至 2017 年，浙江省出口额总体态势平稳，工业制成品出口额最高达到了 2014 年的 2680.06 亿美元，随后在 2016 年降至 2601.63 亿美元，2017 年小幅上升；机电产品和高新技术产品 2017 年出口额分别为 1243.38 亿美元和 188.02 亿美元，占出口总额比重无太大波动（如图8、图9和表3所示）。

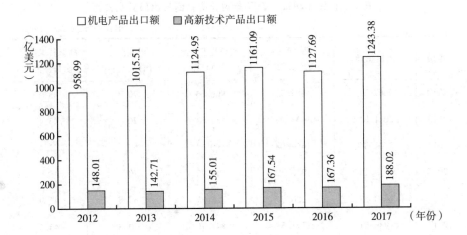

图8 浙江省2012～2017年对外贸易商品出口额

资料来源：浙江省统计信息网。

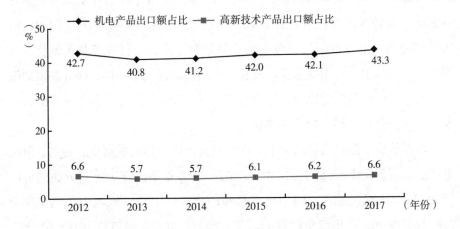

图9 浙江省2012～2017年对外贸易商品出口额占比

资料来源：浙江省统计信息网。

表3　浙江省2012~2017年对外贸易商品出口额及占比

单位：亿美元，%

年份	机电产品出口额	机电产品出口额占比	高新技术产品出口额	高新技术产品出口额占比
2012	958.99	42.7	148.01	6.6
2013	1015.51	40.8	142.71	5.7
2014	1124.95	41.2	155.01	5.7
2015	1161.09	42.0	167.54	6.1
2016	1127.69	42.1	167.36	6.2
2017	1243.38	43.3	188.02	6.6

资料来源：浙江省统计信息网。

在江苏省对外贸易出口结构中，产品的附加值也逐步提升，这表现为机电产品和高新技术产品的出口占比较高。在1998年，江苏省机电产品出口额为62亿美元，占江苏省对外贸易出口额的39.7%；高新技术产品出口额为30亿美元，占江苏省对外贸易出口额的11.3%。2012年，江苏省出口产品结构优化明显，家电、数码产品、半导体元件等已经成为占据主导地位的出口产品，其中机电产品、高新技术产品出口额分别为2175.05亿美元和1315.55亿美元，分别占对外贸易出口额的66.2%和40.0%。2017年江苏省工业制成品出口额达到了3077.73亿美元，在长三角地区位列第一，机电产品和高新技术产品的出口额分别达到了2393.98亿美元和1356.37亿美元，分别占出口总额的65.9%和37.3%，相比2012年规模进一步扩大（如图10、图11所示）。

（二）进口商品结构变化

2012~2016年，上海市机电产品及高新技术产品进口额占比均有小幅下降。2012年，上海市机电产品进口额为1296.91亿美元，占进口总额的为56.4%，随后2014年机电产品进口额增加至1391.06亿美元，但进口额比重下降为54.3%，到了2016年，机电产品进口额为1225.35亿美元，仅占上海市对外贸易进口总额的49.2%。高新技术产品也表现出了相同的趋

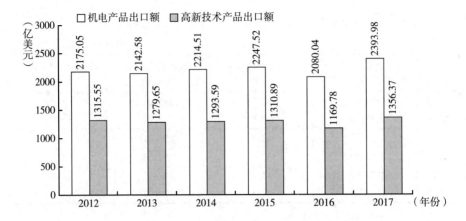

图 10　江苏省 2012～2017 年对外贸易商品出口额

资料来源：江苏省统计信息网。

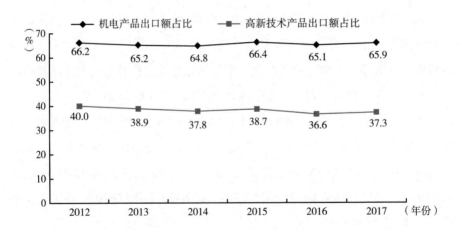

图 11　江苏省 2012～2017 年对外贸易商品出口额占比

资料来源：江苏省统计信息网。

势，2012 年上海市高新技术产品进口额为 824.46 亿美元，占进口总额比重为 35.9%；2014 年高新技术产品进口额为 819.23 亿美元，进口占比为 32.0%；2016 年高新技术产品进口额继续减少至 772.94 亿美元，进口占比为 31.0%（如图 12、图 13 所示）。

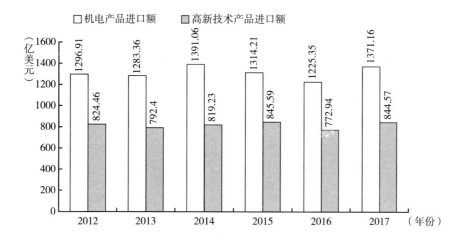

图 12　上海市 2012～2017 年对外贸易商品进口额

资料来源：上海市统计信息网。

图 13　上海市 2012～2017 年对外贸易商品进口额占比

资料来源：上海市统计信息网。

根据 SITC 分类，2012～2016 年，浙江省工业制成品进口额占比在下降，相应地，初级产品进口额占比在上升。浙江省初级产品进口额占比在长三角地区最高，工业制成品进口额占比最低，变动幅度较大。2012 年浙江省工业制成品进口额为 604.26 亿美元，占全省进口额比重为 69%，2016 年工业制成品进口额已经下降至434.84亿美元，占全省进口额的63%（如图14所示）。

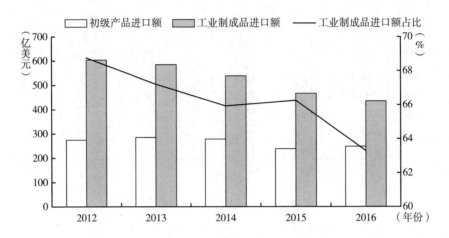

图14 浙江省2012~2016年对外贸易商品进口情况

注：2017年数据缺失。

资料来源：浙江省统计信息网。

在机电产品和高新技术产品进口方面，2012~2017年浙江省表现为进口额降低，进口比重较为稳定。2012年浙江省机电产品进口额为159.07亿美元，占全省进口额的18.1%，2016年机电产品进口额下降为128.51亿美元，占比为18.7%，2017年有所回升，机电产品进口额为157.69亿美元。2012年浙江省高新技术产品进口额为87.51亿美元，占全省进口额的10.0%，2016年进口额为79.50亿美元，占比为11.6%，至2017年高新技术产品进口额为81.93亿美元，占比为9.0%。从机电产品和高新技术产品所占比例可以看出，浙江省在这一方面远低于上海市和江苏省（如图15、图16所示）。

在江苏省的进口产品结构中，工业制成品进口额比重较高，其中，在机电产品和高新技术产品的进口上，江苏远高于全国平均水平。2012年江苏省工业制成品进口额为1816.88亿美元，占比为83%，一段平稳期后进口额开始有所下降，2015年和2016年工业制成品进口额分别为

1749.47 亿美元和 1591.87 亿美元，占比分别为 85% 和 84%。机电产品和高新技术产品进口额及其占比在 2012～2015 年大体稳定，2012 年进口额分别为 1288.80 亿美元和 921.74 亿美元，2016 年分别下降至 1143.75 亿美元和 787.26 亿美元，同比下降 9.8% 和 13.3%（如图 17、图 18、图 19 所示）。

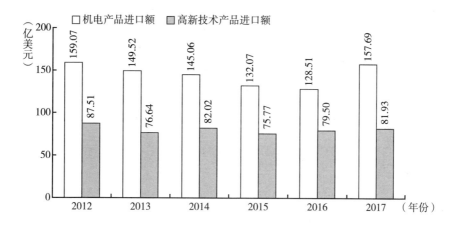

图 15　浙江省 2012～2017 年对外贸易商品进口额

资料来源：浙江省统计信息网。

图 16　浙江省 2012～2017 年对外贸易商品进口额占比

资料来源：浙江省统计信息网。

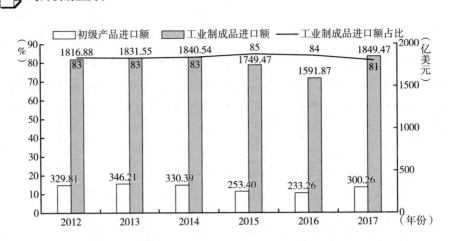

图17　江苏省2012～2017年对外贸易商品进口情况

资料来源：江苏省统计信息网。

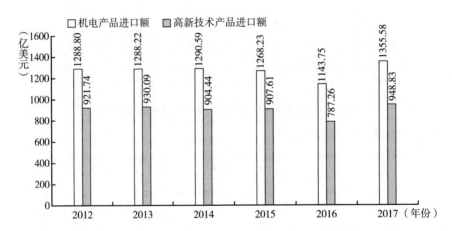

图18　江苏省2012～2017年对外贸易商品进口额

资料来源：江苏省统计信息网。

（三）进出口贸易结构的演变与优化

机电产品在长三角地区进口贸易中占比较高，上海市机电产品进口额占比基本超过50%，江苏省机电产品进口额占比将近60%，浙江省机电产品进口额占比则低于20%。在高新技术产品进口方面，江苏省高新技术产品进口额占比同样为长三角地区第一。浙江省在机电产品进口额和高新技术产

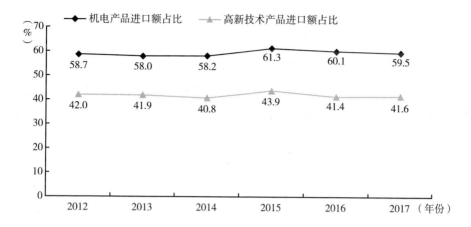

图 19 江苏省 2012～2017 年对外贸易商品进口额占比

资料来源：江苏省统计信息网。

品进口额方面的比重都比较低，且逐年下降，这与浙江省生产劳动密集型产品的产业结构，对于高附加值产品的进口需求较低有关；另外，中国高新技术的发展较世界主要发达国家还有很大差距，创新机制尚不完善，这表现为自主研发产品投入不足。长三角地区作为中国改革开放的领军者，具备优良地理优势、工业基础和人才储备，应加大对高新技术人才的培养，提升产品附加值，促进贸易结构转型升级。

四 长三角地区对外贸易区域结构发展趋势

（一）出口贸易区域市场构成变化

对外贸易区域市场在一定程度上是对外贸易商品结构的反映，国内产品的出口情况会受到国际市场需求的影响，进口产品则受到国内市场需求的影响。在改革开放初期，中国对外贸易伙伴较少，产品附加值较低，主要集中在一些劳动密集型产品的出口和高技术附加值产品的进口上，这段时间长三角地区进出口产品的销售和引进，主要依赖香港作为中转站，对香港的贸易

113

额非常大，其他主要贸易额发生在韩国、日本、美国和一些东南亚国家，对中亚和欧洲等国的进出口规模很小。随着中国加入 WTO，与国际联系更加密切，相关政策落实效率、人才培养和技术研发能力都有了长足的发展，对外贸易经验也有了较大的增长，长三角地区进出口贸易逐渐摆脱了对于香港的依赖，转向自主开拓出口国际市场和产品的国内引进，与欧盟、美国、日本、澳大利亚发达经济体的贸易伙伴关系日益加深。

长三角地区出口贸易对象主要是美国、欧盟、日本、东盟，即长三角地区的对外贸易伙伴集中在欧美、大洋洲和亚洲的发达经济体中。2017 年长三角地区对美国的对外贸易出口额达到了 1867.11 亿美元，欧盟紧随其后，为 1736.48 亿美元，对东盟、日本、中国香港对外贸易出口额分别为884.36 亿美元、585.46 亿美元、519.76 亿美元，韩国、中国台湾和俄罗斯对外贸易出口额分列第六位至第八位，分别为 322.28 亿美元、202.24 亿美元和 147.75 亿美元（如图 20 所示）。

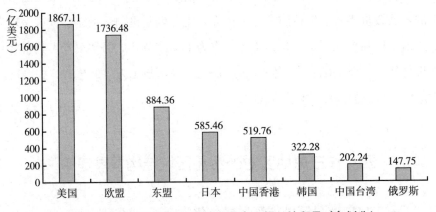

图 20　2017 年长三角地区对外贸易出口额（按贸易对象划分）

资料来源：各省市统计信息网。

从长三角地区内部来看，上海市的主要出口市场为美国、欧盟、东盟、日本和中国香港。2012 年上海市对美国贸易出口额为 501.59 亿美元，这一数字一直维持到 2014 年，随后受复杂国内外贸易环境的影响有所下降，2017 年降至 464.57 亿美元，但仍占据上海市最大贸易出口市场的地位。上海市对欧盟的贸易出口有小幅波动，2013 年、2014 年和 2017 年出口额分别为 362.63 亿美元、388.8 亿美元和 343.85 亿美元。对东盟、日本、韩国、中国香港和中国台湾的出口额较为稳定，未出现较大波动。2012 年上海市对俄罗斯的出口额为 32.63 亿美元，2017 年降至 23.98 亿美元（如图 21、表 4 所示）。

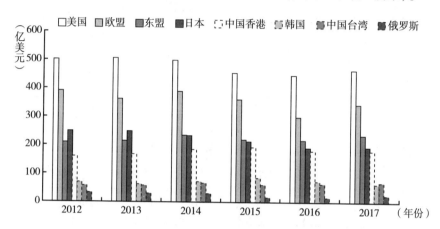

图 21　2012~2017 年上海市对外贸易出口额（按贸易对象划分）

资料来源：上海市统计信息网。

表 4　2012~2017 年上海市对外贸易出口额（按贸易对象划分）

单位：亿美元

年份	美国	欧盟	东盟	日本	中国香港	韩国	中国台湾	俄罗斯
2012	501.59	391.07	209.17	249.62	159.69	69.45	57.01	32.63
2013	506.5	362.63	214.02	249.09	167.7	62.12	57.91	29.9
2014	498.45	388.8	234.17	233.13	184.65	71.62	66.82	30.17
2015	454.31	361.26	219.44	212.74	192.91	84.78	60.97	17.00
2016	446.39	299.68	217.70	190.74	180.13	72.88	64.07	16.36
2017	464.57	343.85	235.40	193.49	179.64	63.41	69.24	23.98

资料来源：上海市统计信息网。

在浙江省对外贸易出口区域结构中，对欧盟的出口额明显高于对美国的出口额，2012 年浙江省对欧盟出口额为 505.59 亿美元，2017 年为 639.53 亿美元，增长了 26.49%；对美国贸易出口额也处于持续增加中，从 2012 年的 381.72 亿美元上升至 2017 年的 546.69 亿美元，增幅达 43.22%。东盟在浙江省对外贸易出口额中居第三位，2012 年出口额为 169.6 亿美元，随后一直保持增长态势，2017 年增长至 257.57 亿美元，增幅达 51.87%；浙江省对其他出口国家和地区（如日本、韩国、中国台湾等）的出口额在 2012 年至 2017 年规模较小，出口额变化绝对值不大，对日本和中国香港的对外贸易出口额逐年下降，对韩国和中国台湾的对外贸易出口额有所增加（如图 22、表 5 所示）。

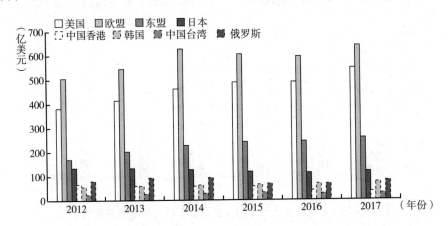

图 22 2012～2017 年浙江省对外贸易出口额（按贸易对象划分）

资料来源：浙江省统计信息网。

表 5 2012～2017 年浙江省对外贸易出口额（按贸易对象划分）

单位：亿美元

年份	美国	欧盟	东盟	日本	中国香港	韩国	中国台湾	俄罗斯
2012	381.72	505.59	169.6	134.46	66.29	55.65	23.34	79.82
2013	413.99	544.5	201.67	133.14	59.11	58.51	26.21	93.05
2014	461.53	626.71	226.99	127.07	58.24	62.69	28.24	93.29
2015	488.33	603.92	241.14	118.39	56.01	64.26	31.31	67.19
2016	489.23	594.27	243.06	112.52	39.95	67.06	26.65	67.00
2017	546.69	639.53	257.57	118.95	35.36	74.41	28.53	80.52

资料来源：浙江省统计信息网。

江苏省的主要出口市场为美国、欧盟、日本、东盟和中国香港。对美国和东盟的出口额 2012 年分别为 637.6 亿美元和 307 亿美元，2017 年分别为 855.85 亿美元和 391.39 亿美元，其间一直保持增长。欧盟是江苏省的第二大出口贸易伙伴，2012 年至 2017 年对欧盟出口额呈"W"形，受欧盟对华贸易政策影响，2012 年江苏省对欧盟出口额为 630.5 亿美元，2013 年下跌至 571.2 亿美元，2014 年回升至 635.1 亿美元，2016 年继续降至 590.55 亿美元，2017 年则反弹至 753.10 亿美元，波动幅度较大；江苏省对我国香港地区的贸易出口额高于日本，对两者的贸易出口额在 2012 年分别为 337.2 亿美元和 308.2 亿美元，至 2017 年分别为 304.77 亿美元和 273.01 亿美元，下降幅度较大；总体来看，长三角地区的出口贸易规模在这 6 年中有一定的波动，但波动幅度较小，仍维持一个稳定的态势（如图 23 和表 6 所示）。

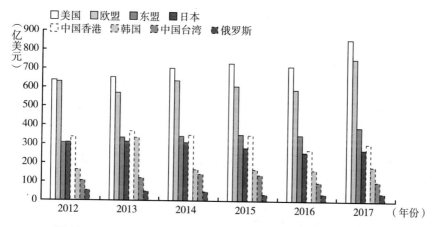

图 23　2012~2017 年江苏省对外贸易出口额（按贸易对象划分）

资料来源：江苏省统计信息网。

表 6　2012~2017 年江苏省对外贸易出口额（按贸易对象划分）

单位：亿美元

年份	美国	欧盟	东盟	日本	中国香港	韩国	中国台湾	俄罗斯
2012	637.6	630.5	307	308.2	337.2	163.9	105.7	54.7
2013	654.3	571.2	334.4	312.4	368.3	334.4	119.7	49.3
2014	701.7	635.1	342.2	308.6	348.5	166.4	142.1	48.9
2015	728	607.9	351.1	280.8	347.9	166.8	137.8	34.7
2016	712.48	590.55	348.67	258.01	270.92	165.74	99.05	38.38
2017	855.85	753.10	391.39	273.01	304.77	184.46	104.47	43.25

资料来源：江苏省统计信息网。

（二）进口贸易区域市场构成变化

1. 长三角地区对外贸易进口区域结构

相对于出口市场，在上海市 2012～2017 年的主要进口商品市场结构中，对欧盟的进口比例明显较其他贸易对象要高，波动也较大，2012 年上海市对欧盟进口额为 510.79 亿美元，2014 年增长至 648.92 亿美元，2016 年下降至 561.46 亿美元，2017 年则上升至 663.91 亿美元；对外贸易进口额主要还是集中于美国、欧盟、东盟和日本等发达国家或邻近市场。上海市对香港的进口额一直较低，2012 年对香港进口额为 8.54 亿美元，至 2016 年有所上升，达到 40.25 亿美元，2017 年则再次降至 3.97 亿美元，尽管波动幅度很大，但考虑到进口额的绝对值变化最大不超过 40 亿美元，因此不做过多分析。此外，对韩国、中国台湾、俄罗斯等国家和地区的贸易进口额较为稳定，2012 年上海市对韩国、中国台湾和俄罗斯的进口额分别为 175.08 亿美元、145.26 亿美元和 20.05 亿美元，至 2017 年，这一数字分别为 186.23 亿美元、179.34 亿美元和 20.18 亿美元，变化幅度很小（如图 24 和表 7 所示）。

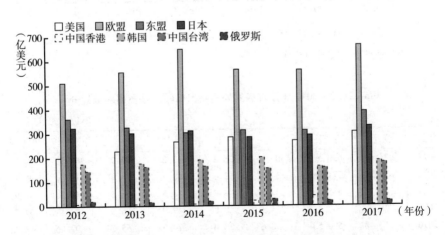

图 24　上海市 2012～2017 年对外贸易进口额（按贸易对象划分）

资料来源：上海市统计信息网。

表7　2012～2017 年上海市对外贸易进口额
（按贸易对象划分）

单位：亿美元

年份	美国	欧盟	东盟	日本	中国香港	韩国	中国台湾	俄罗斯
2012	200.19	510.79	361.09	323.49	8.54	175.08	145.26	20.05
2013	227.34	553.92	325.24	301.7	7.24	176.9	162.25	15.91
2014	265.53	648.92	303.8	311.75	7.9	190.84	164.75	19.46
2015	284.62	564.20	312.83	284.61	21.39	201.71	155.15	28.03
2016	269.78	561.46	311.62	292.33	40.25	162.53	158.18	20.64
2017	305.53	663.91	390.35	329.02	3.97	186.23	179.34	20.18

资料来源：上海市统计信息网。

　　浙江省的主要进口贸易对象为邻近市场、发达国家和地区。一方面，与长三角其他地区不同的是，2017 年浙江省对美国的进口额只占其总进口额的 12.7%，美国在浙江省主要进口国家和地区里位列第六；另一方面，浙江省对欧盟、东盟、日本、中国台湾的进口比重分布较为平均，其中，对日本的进口依赖性较大，但近几年有下降趋势，2012年对日本进口额为 112.62 亿美元，至 2017 年为 97.24 亿美元，降幅为 13.66%，欧盟和东盟在 2012 年至 2017 年则呈 "V" 形态势，2012年浙江省对欧盟和东盟的进口额分别为 103.05 亿美元和 113.39 亿美元，随后逐年下降，至 2015 年分别降至 86.56 亿美元和 89.16 亿美元，之后开始上升，至 2017 年分别达到了 113.24 亿美元和 123.28 亿美元。同时，浙江省对韩国和俄罗斯等的进口额也呈现 "V" 形态势，2012 年浙江省对韩国和俄罗斯的进口额分别为 83.99 亿美元和 16.45亿美元，2015 年则大幅下降至 56.87 亿美元和 9.64 亿美元的低点，2017 年分别回升至 79.10 亿美元和 16.06 亿美元，进口波动幅度较大（如图 25 和表 8 所示）。

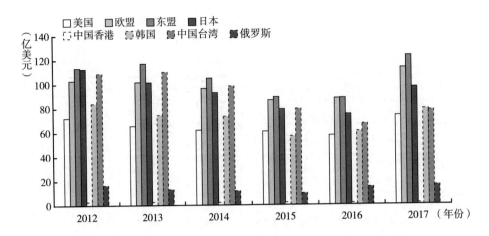

图 25 2012～2017 年浙江省对外贸易进口额（按贸易对象划分）

资料来源：浙江省统计信息网。

表 8 2012～2017 年浙江省对外贸易进口额（按贸易对象划分）

单位：亿美元

年份	美国	欧盟	东盟	日本	中国香港	韩国	中国台湾	俄罗斯
2012	72.10	103.05	113.39	112.62	2.88	83.99	108.79	16.45
2013	65.52	101.77	116.99	101.46	2.70	74.41	110.11	12.98
2014	62.04	96.58	104.97	92.96	2.15	73.36	98.46	11.69
2015	60.88	86.56	89.16	79.18	2.03	56.87	79.36	9.64
2016	57.41	87.98	88.27	74.80	1.48	60.96	66.97	14.72
2017	73.76	113.24	123.28	97.24	1.30	79.10	78.06	16.06

资料来源：浙江省统计信息网。

江苏省主要的贸易进口对象仍为邻近国家和发达国家市场，韩国成为其对外贸易最大进口对象且进口额仍在继续增长，2012 年江苏省对韩国的贸易进口额为 384.99 亿美元，2017 年增长至 457.31 亿美元，增幅达 18.8%；2012 年至 2017 年，江苏省对日本进口额波动幅度最大，总体呈"V"形，2012 年对日本的进口额为 323.44 亿美元，2016 年达到了最低点的 239.6 亿美元，随后 2017 年反弹至 287.65 亿美元。其他方面，江苏省自欧盟、东盟、中国台湾地区的进口额分布较为均衡，2012 年分别为 231.74 亿美元、271.85 亿美元和 303.56 亿美元，2017 年这一数字分别为 278.19 亿美元、290.28 亿美元、296.29 亿美元，变化幅度较小。江苏省对中国香港和俄罗斯的进口额较小，除 2017 年对俄罗斯的进口额达到了 10.38 亿美元外，2012 年至 2017 年进口额均不超过 10 亿美元（如图 26 和表 9 所示）。

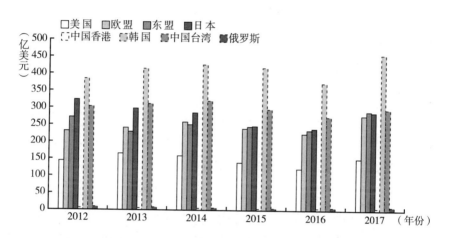

图 26　江苏省 2012～2017 年对外贸易进口额（按贸易对象划分）

资料来源：江苏省统计信息网。

表 9　2012～2017 年江苏省对外贸易进口额（按贸易对象划分）

单位：亿美元

年份	美国	欧盟	东盟	日本	中国香港	韩国	中国台湾	俄罗斯
2012	143.82	231.74	271.85	323.44	6.25	384.99	303.56	9.51
2013	165.55	241.52	229.93	297.69	6.14	415.1	311.59	8.45
2014	158.81	258.56	250.93	285.33	5.45	426.9	320.37	7.33
2015	139.66	239.49	245.47	247.37	4.56	418.22	296.57	6.34
2016	122.2	225.19	234.74	239.6	6.26	373.06	274.29	8.05
2017	151.46	278.19	290.28	287.65	6.52	457.31	296.29	10.38

资料来源：江苏省统计信息网。

2. 长三角地区对外贸易进口区域结构分析

长三角地区对外贸易进口区域较多集中在发达经济体，原因在于发达经济体工业发展程度较高，如美国、日本都是制造业大国，在产品生命周期中处于前端地位，在许多领域掌握领先技术，而长三角地区也是中国制造业重点区域，许多零件、材料、技术等需要从国外进口，这扩大了从发达国家进口的规模，随着中国国内消费水平的提高，对汽车等大额消费品的需求也有所增加，这也扩大了从发达国家的进口规模。近年来，长三角地区的生产技术水平和规模正稳步提升和扩大，逐渐实现向自主研发、自主生产转型，对原材料和能源的需求也不断增加，因此未来对巴西、俄罗斯、澳大利亚等资源丰富国家的进口额将有所提升。

从长三角地区贸易结构的发展来看，其高度依赖发达经济体。这对长三角地区的对外贸易有两个影响：一方面，进出口高度集中于某些国家，会带来很大的外贸风险，在当前全球经济增速放缓的背景下，国际形势错综复杂，如果某些主要贸易伙伴国由于经济、政治等因素，与中国的贸易关系发生变动、恶化，就将对中国的对外贸易带来很大的负面影响；另一方面，高度集中的贸易伙伴国会使得进出口产品结构变得单一，降低了未来发展的多元性，不利于产业结构优化调整，以及长三角地区的产业升级，增加长三角地区的外贸矛盾。因此，长三角地区应继续积极开拓海外市场，加大与东南亚、中亚和非洲等国的贸易往来，使对外贸易区域结构更加均衡，促进产业机构和市场的多元化。

五　长三角地区对外贸易方式发展趋势

（一）出口贸易方式及其发展趋势

对外贸易方式是指对外贸易中买卖双方采用的具体做法。根据贸易方式的不同特征，可把中国的贸易方式分为加工贸易、一般贸易和其他贸易。加工贸易是指一国通过进口原料、零件，利用本国的生产能力和技术，加工成成品后再出口，从而获得相应的利润。一般贸易即在进出口贸易中，进口一国利用本国原材料和生产力生产的产品，或一国出口利用本国原材料和生产力生产的产品。产品物权的归属不同是这两种贸易方式之间的主要区别。相比而言，加工贸易更有优势，表现如下。第一，加工贸易可以极大促进制造业的发展，有利于加快国内工业化进程和升级产业结构。第二，加工贸易可以扩大就业规模，为大量农村剩余劳动力的转移提供良好的平台。第三，发展加工贸易可以改善中国企业生产产品的工艺和技术，使其在国际市场中更有竞争力。

在贸易方式上，上海市、江苏省加工贸易出口所占比重比较大，浙江省一般贸易出口所占比重较大。上海市一般贸易出口占比在2013年至2017年一直维持在40%左右，几乎没有什么变动，而加工贸易出口占比2012年为49.1%，到2017年降至40.9%。浙江省一般贸易出口占比具有明显的主体地位，2012年为80.0%，2017年为79.9%，一直比较稳定；浙江省加工贸易出口占比从2012年的15.5%降至2017年的9.5%。江苏省一般贸易出口占比略高于上海市，2012年为42.5%，2017年达到48.3%；江苏省加工贸易出口占比几乎与上海市相同，2012年为48.8%，2017年降至41.7%，降幅较小（如图27、图28所示）。

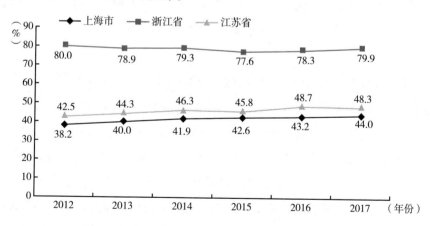

图27　长三角地区2012～2017年一般贸易出口占比

资料来源：各省市统计信息网。

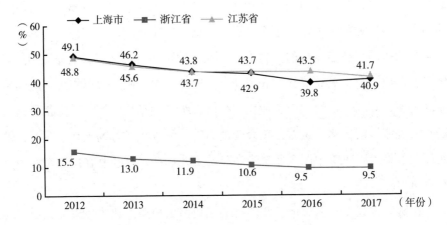

图28　长三角地区2012～2017年加工贸易出口占比

资料来源：各省市统计信息网。

在长三角地区内部，其中上海市的对外贸易方式也偏重加工贸易，但近年来有一般贸易出口逐渐赶超加工贸易的趋势。上海市2012年至2017年一般贸易变化态势呈"W"形，其一般贸易出口额分别为789.29亿美元、817.25亿美元、879.73亿美元、835.56亿美元、791.24亿美元和852.48亿美元；上海市加工贸易出口额则呈现逐年下降的态势，2012～2017年的出口额分别为1015.29亿美元、943.80亿美元、919.88亿美元、840.32亿美元、729.77亿美元和791.46亿美元，六年间降幅达22.05%（如图29所示）。

江苏省对外贸易出口方式较均衡，一般贸易与加工贸易交替领先，总体规模较为平稳。2012年，江苏省一般贸易出口额为1395.48亿美元，略低于加工贸易1602.00亿美元的出口额，2013年至2017年稳步增长，分别为1455.29亿美元、1583.44亿美元、1552.49亿美元、1554.37亿美元和1756.40亿美元，从2014年起逐步超过加工贸易出口额，居领先地位。加工贸易出口额则表现出逐年下降的趋势，2013年加工贸易出口额为1500.61亿美元，2014年至2017年分别为1492.19亿美元、1479.55亿美元、1389.30亿美元和1513.25亿美元（如图30所示）。

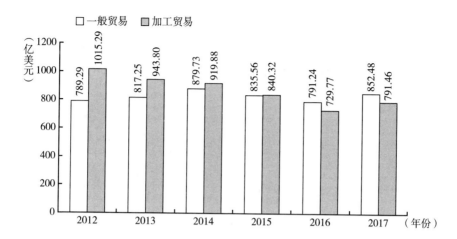

图 29　上海市 2012～2017 年对外贸易方式出口额

资料来源：上海市统计信息网。

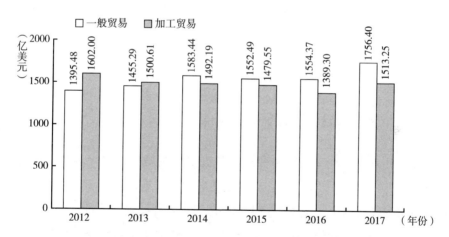

图 30　江苏省 2012～2017 年对外贸易方式出口额

资料来源：江苏省统计信息网。

浙江省的出口贸易长期以来以一般贸易为主导，所占比重超过 70%。2012～2017 年，浙江省一般贸易出口额分别为 1796.84 亿美元、1962.97 亿美元、2167.65 亿美元、2144.56 亿美元、2098.13 亿美元、2292.28 亿美元，而同期加工贸易出口额分别为 347.00 亿美元、322.50 亿美元、326.50亿美元、293.33 亿美元、255.03 亿美元、271.18 亿美元，较一般贸易出口明显要少；2012年至2017年，浙江省的加工贸易发展稳中有进，这主要得益于其东部沿海良好的地理位置，以及低廉的生产成本，但其加工贸易规模在长三角地区仍然较小（如图31所示）。

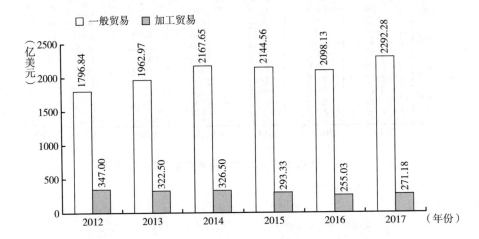

图31 浙江省2012~2017年对外贸易方式出口额

资料来源：浙江省统计信息网。

（二）进口贸易方式及其发展趋势

改革开放初期，一般贸易在江苏省进出口贸易中占主导地位，但进入20世纪90年代后，加工贸易在江苏省逐渐发展起来，得益于江苏省优良的地理位置和较低的生产成本，一大批外国投资者开始到江苏进行投资，使其加工贸易得到了良好的发展。2012年至2017年加工贸易每年的出口额分别为1602.00亿美元、1500.61亿美元、1492.19亿美元、1479.55亿美元、1389.3亿美元和1513.25亿美元。江苏省2012年至2017年一般贸易每年的出口额分别为1395.48亿美元、1455.29亿美元、1583.44亿美元、1552.49亿美元、1554.37亿美元和1756.40亿美元；从2014年起，江苏省一般贸易的出口额度赶超加工贸易，在全省出口占比不断提高，一般贸易相比加工贸易发展势头更好。一般贸易出口发展迅速，一方面说明江苏省出口产品在国际市场上越来越具备竞争力，另一方面也说明江苏省企业在海外市场开拓中越来越有经验和能力。

在贸易方式上，上海市、江苏省一般贸易进口所占比重比较大，但仍低于浙江省70%以上的一般贸易进口占比。在加工贸易方面，江苏省进口占比则明显高于上海市和浙江省。

上海市一般贸易进口占比在2012年至2017年分别为45.8%、50.6%、51.6%、51.3%、53.3%、55.2%。除了2012年以外几乎没有什么变动；而加工贸易进口占比在逐年下降，2012～2017年分别为16.2%、14.7%、14.4%、13.7%、12.2%、11.2%。

浙江省一般贸易进口占比具有明显的主体地位，2012年至2017年分别为71.0%、72.6%、71.2%、73.6%、76.3%、77.8%，一直比较稳定；浙江省加工贸易进口占比较低，2012年至2017年分别为17.4%、16.6%、17.3%、15.5%、13.3%、11.7%。

江苏省一般贸易进口占比略低于上海市，2012年至2017年分别为36.3%、39.5%、40.7%、40.4%、46.5%、47.7%；江苏省加工贸易进口占比则明显高于上海市和浙江省，2012年至2017年分别为39.3%、37.7%、39.0%、39.5%、40.5%、40.4%。几乎没有变化，区域贸易方式较为稳定。长三角地区2012～2017年一般贸易进口占比变动、加工贸易进口占比变动如图32、图33所示。

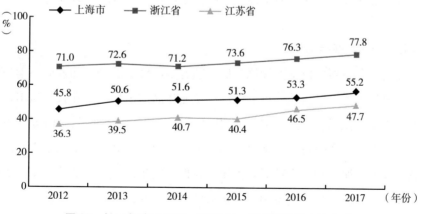

图32　长三角地区2012～2017年一般贸易进口占比变动

资料来源：各省市统计信息网。

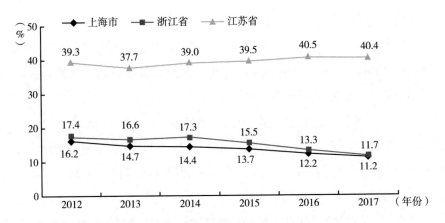

图33 长三角地区 2012～2017 年加工贸易进口占比变动

资料来源：各省市统计信息网。

六 长三角地区对外贸易发展总结及启示

（一）长三角地区对外贸易存在的问题

长三角地区在中国的对外贸易中起到了举足轻重的作用，但从总体上看，长三角经济圈贸易商品结构、区域结构以及贸易方式等方面还存在以下问题。

1. 对外贸易商品结构

首先，产品出口技术附加值较低。随着中国经济的开放和发展，越来越多的跨国公司到长三角地区投资设厂，工业产品的出口已经在长三角出口贸易中占据很大比重，但是工业产品出口仍存在"以量取胜"的问题。由于长三角引进的跨国公司诸多项目在国际分工价值链中处于较低的水平，因此产品的技术附加值和利润较低，主要依靠低廉的生产成本和低技术生产家电产品进行出口，且缺乏具备国际影响力的支柱产品，这导致长三角地区工业产品出口增幅较大，但关键和核心技术未被真正掌握。此外，随着产品生命周期的演进，技术门槛越来越低，长三角地区大量的本土厂商开始进行激烈的价格竞争，这进一步压缩了利润空间，影响长三角地区整个对外贸易的发展。

其次，产品进口结构单一。一方面，工业品在长三角地区对外贸易进口中所占比重较初级产品更高，这说明尽管长三角地区已经是中国制造业的重点区域，但其工业品的加工制造仍需要以国外引进技术和材料为依托完成，自身工业体系和自主创新能力尚不完善。另一方面，优化对外贸易进口商品结构，应提高初级产品的进口比重，以保证国内资源的可持续使用，长三角地区初级产品的进口比重较低，对长三角地区的资源使用很大，长三角地区还在依靠自身的资源来进行发展，不利于其可持续发展。

最后，进口商品的来源地相对集中在欧盟、美国和东亚，分布不够均衡，受国际经济、政治因素影响的风险较大。

2. 对外贸易方式

首先，一般贸易受加工贸易挤压。根据国家进出口政策，中国对加工贸易的进出口实行更加优惠的税收政策，加工贸易方式的出口退税中会返还之前进口的加工原材料的税费，而采取一般贸易方式的企业，从国内购置资源则无法享受到这种税收优惠。这就导致了长三角地区很多企业为了降低成本，将一般贸易转化为加工贸易，使得资源配置失衡。同时，企业从国内购置原材料，增值税更高，使得企业的生产成本进一步增加，也会使得企业有动力将一般贸易转化为加工贸易，结果就是长三角地区加工贸易对外进出口规模增幅很大，一般贸易进出口增幅较小。

其次，加工贸易有利于吸引外资，增强与外商的联系。外国投资者在长三角地区投资设厂，构成了长三角地区加工贸易的主体，这主要得益于中国的人口红利以及便利的地理优势。跨国公司的加工贸易一方面有利于相关技术和经验的引进，另一方面也会产生大量的产业内贸易和跨国公司内部贸易。

另外，加工贸易会影响进口商品结构。加工贸易的快速发展，带动了相关中间产品和原材料的进口，在国际上，进口市场卖方更加具有话语权，常常会通过把控资源来获得高价，攫取高额利润，而对于具有技术优势的发达国家来说，这种不平等则更加明显，加工贸易的进口需求弹性较低，这使得中国的进口企业将处于被动地位，失去议价权。

（二）长三角地区对外贸易发展对策

本报告从不同角度对长三角地区的对外贸易基本情况进行了分析，可以看出，长三角地区对外贸易规模发展迅速，也是中国外贸发展的重点区域，地位不断攀升。但从对外贸易商品结构、区域结构和整个国际外贸环境来看，长三角地区对外贸易发展仍存在很多不足，如进口商品结构单一、进出口区域结构相对过于集中等，同时国际贸易形势也更加复杂多变，贸易保护主义有抬头的趋势，长三角地区面对的国际贸易环境日趋严峻。因此必须逐步优化对外贸易结构，协调改善贸易环境，才能促进长三角地区对外贸易的持续发展。具体对策如下。

1. 探索新型贸易方式，优化出口商品的结构

在长三角地区"两省一市"中，上海市和江苏省的加工贸易在其总体对外贸易中占比较高，浙江省虽然一般贸易出口占比较高，但高新技术产品出口占比不足，产品附加值低。如上文分析，加工贸易的关键技术掌握在跨国公司手中，在国内的生产也处于国际分工价值链的末端，加工所产生的附加值低，只能赚取少许利润，而国内的厂商则缺乏具有影响力的品牌和高新技术，只有出口商品的技术水平提升了，长三角地区的出口竞争力才能不断增强。

随着中国经济的发展，长三角地区的工业水平已经有了明显的提高，当欧美、日本等开始进行产业转型时，长三角地区必须能够承接住这部分的产业转移，以带动自身的产业升级。一方面，未来长三角地区的产业发展应以技术和资本密集型为主，因此长三角地区在巩固自身传统制造业优势的基础上，应该正视自身在高科技产品和创新能力上的不足，加大研发投入，鼓励自主创新。另一方面，要细化产业分工，针对产品生产的不同环节，重点投入，在不同的部门生产之间产生协同效应，同时建设相关产业基地，保证通信、交通、物流、金融服务机构等基础设施服务配套，让先进的服务业为高新技术产业保驾护航。只有提升自有的技术研发能力，开发出高附加值产品，实现产业转型升级，才能使长三角地区经济具有真正的竞争力。

2. 促进出口主体结构的多元化

在长三角"两省一市"中，上海市、江苏省的对外出口主体主要是跨国公司，而在浙江省的出口主体中，民营企业占据很大比重。从规模上来看，跨国公司由于具有多年的生产经验和先进的技术，在国际市场具备更多的优势，更有利于长三角地区扩大对外贸易出口规模，但是从出口主体多元化的角度考虑，单一的出口主体会使外贸风险增加，降低危机来临时的主动调整能力和承受力，因此要进一步提升长三角地区的出口主体多元化程度，以提高其外贸发展的抗风险能力。

3. 引进外资，发展自身技术

为了促进地区经济增长，要善于利用外资对经济发展的刺激作用，尤其是在发展初期资金不足的情况下，外资的作用更是巨大。一方面，更好地利用外资，不仅关注引入外资的数量，还要注重学习国外先进的管理经验、营销手段和核心技术，注重人才的培养和储备。另一方面，在引入外资的同时，要注意对现有产业的影响，鼓励国内本土公司在竞争中不断学习、发展、完善，结合国外技术经验，巩固传统的产业优势，来实现持续的发展壮大。

4. 注重开拓多元化海外市场

长期以来，长三角地区的主要贸易伙伴集中在欧洲、美国以及邻近的日本、韩国、东南亚国家，由于这些国家和地区经济发展程度高，进出口需求量大，是长三角地区进出口贸易的重要市场。但随着中国经济体量的增大，贸易规模迅速增加，"中国威胁论"层出不穷，国际贸易争端也日渐增多，外贸环境严峻，进出口贸易过于集中在这些国家会给未来外贸的发展带来隐患。因此，长三角地区应正确认识国际形势，积极开拓新兴市场，如开展和"一带一路"国家的战略开发合作，积极发展与沿线国家的经济合作伙伴关系，利益共享，风险共担，改变原先过于集中的对外贸易市场。此外，长三角地区长期以来都有援非项目，尽管目前非洲国家的经济实力较弱，消费水平不高，但由于其丰富的资源和广阔的地理环境，未来发展潜力很大，长三角地区可以在援非项目的基础上，开展更多的经济文化合作，长期规划，加

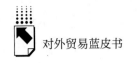

强人才交流，促进长三角地区对外贸易市场的多元化发展。

5. 发挥上海的龙头作用

上海是中国第一大城市，是国际经济、金融、贸易、航运、科技创新中心，也是"长三角经济圈"的龙头城市。上海的发展，将对整个长三角地区产生辐射效应。现阶段，首先，应加大上海与江苏省、浙江省的联系，以点带面，推动产业专业化分工和转型升级，打造差异化和富有竞争力的出口产品，促进长三角地区协调发展。

其次，要重点关注上海自贸区的建设，以此为试点，探索长三角地区未来对外贸易发展的新模式、新路径。一方面，转变政府职能和进行行政体制改革，增强贸易便利化，降低对外贸易过程中的各项成本，打破贸易壁垒，扩大对外开放程度，在这个过程中所取得成功经验可以推广到长三角地区乃至全国，给中国的制造业和出口带来巨大机遇。另一方面，上海自贸区的建设经验，可以为中国参与国际更高水平和质量的自贸区谈判做准备，尤其在推进与大国外贸合作方面，掌握主动权，制定更加完善有利的外贸规则，从而更加有利于中国的改革开放和发展。

6. 增强政府引导作用

中国正在创建创新型国家，大力提倡自主创新。现阶段国际形势复杂，外贸环境严峻，而长三角地区很多中小企业面临资金和技术缺乏的双重困境，制约了产品出口竞争力，因此，政府应合理地进行引导，给予政策上的支持，减缓中小企业融资难、技术人才储备不足等问题，同时营造公平合理的市场竞争环境，发挥市场作用，刺激企业自主创新，推动长三角地区对外贸易发展。

B.7
珠三角地区对外贸易发展形势分析

摘　要： 2017 年珠三角地区全年货物进出口总额为 9724.7 亿美元，
比 2016 年增长 4.9%，占广东省货物进出口总额的
94.5%；其中货物出口额为 5965.4 亿美元，比 2016 年增
长 5.7%，占广东省货物出口额的 93.7%；货物进口额为
3759.3 亿美元，比 2016 年增长 3.8%，占广东省货物进口
额的 95.9%。得益于优越的地理位置，珠三角地区 9 个城
市的对外贸易规模巨大，在 2017 年保持了平稳的增长态
势。2018 年，珠三角地区继续深化外贸体制改革，提升出
口产品附加值，增强企业活力，不断扩大出口市场。

关键词： 珠三角地区　贸易方式　商品结构　国别结构

一　珠三角地区对外贸易发展整体现状总述

（一）珠三角经济圈概念界定

珠三角，一般指珠江三角洲，位于广东省的东南部，珠江下游，毗
邻港澳，与东南亚地区隔海相望，海陆交通便利，被称为中国的"南大
门"。

珠江三角洲地区是中国改革开放的先行地区，是中国重要的经济中心区
域，在全国经济社会发展和改革开放大局中具有突出的带动作用和举足轻重
的战略地位，它是全国科技创新与技术研发基地，全国经济发展的重要引

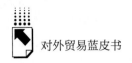

擎，南方对外开放的门户，辐射带动华南、华中和西南发展的龙头，是中国人口集聚最多、创新能力最强、综合实力最强的三大城市群之一，有"南海明珠"之称。

2008年底，国务院下发《珠江三角洲地区改革发展规划纲要(2008—2020年)》，将广州、深圳、佛山、东莞、中山、珠海、江门、肇庆、惠州共9个城市纳入珠江三角洲规划范围，同时将与港澳紧密合作的相关内容纳入规划。因此，本报告中珠三角范围限定在广州、深圳、佛山、东莞、中山、珠海、江门、肇庆、惠州9个城市。

珠江三角洲区域面积4.22万平方公里，占广东省区域面积的23.5%。2016年常住人口约5720万人。2017年该地区生产总值为75809.75亿元，占广东省和全国的比重分别为79.7%和9.2%，地区生产总值增长率为7.9%，高于广东省7.5%的地区生产总值增速以及6.9%的全国国内生产总值增速。

（二）珠三角经济圈对外贸易整体现状

与中国其他沿海经济比较发达的长江三角洲、京津冀等地区相比，珠江三角洲经济地理位置有着明显的特征。珠三角偏处东南一隅，远离国家政治经济中心，且东面为莲花山、罗浮山，北面为南岭弧形山地，西面为天露山、云雾山所环绕，山地的开发利用不及平面。与此相反，长三角、京津冀却背靠坦荡的平原，因此珠江三角洲历来与国内各地的经济联系不如与国外的经济联系紧密。

依托东亚地区产业转移的两次机遇，珠江三角洲成功实现了工业化，并由此塑造了港珠澳三角洲之间"前店后厂"的经济发展模式和出口加工贸易的外向型经济体系。借助港澳资本的投入以及香港国际金融中心的地位，珠江三角洲不断获取国际资本，发展地区经济，并参与到新国际劳动分工体系和全球经济大循环中，逐步融入了全球化的浪潮。

从贸易规模上来说，珠三角地区的进出口贸易经历了从1990年到

2017 年的发展，外贸经济蓬勃增长，成为中国对外经济发展最成功的区域之一。

随着中国实行改革开放的方针，珠江三角洲的优势得以发挥，珠江三角洲毗邻港澳。珠江三角洲与香港之间铁路、公路、海运和航空运输方便，在利用香港这个世界金融中心、商业中心、海运中心和巨大的消费城市的种种有利条件、促进自身经济发展方面，有着其他中国沿海地区无法比拟的优越性，有利于充分发挥对外开放政策优越性。

二 珠三角地区对外贸易规模现状及发展趋势

（一）珠三角地区对外贸易规模概况

2017 年珠三角地区全年货物进出口总额为 9724.7 亿美元，比 2016 年增长 4.9%，占广东省货物进出口总额的 94.5%；其中出口额为 5965.4 亿美元，比 2016 年增长 5.7%，占广东省出口额的 93.7%；进口额为 3759.3 亿美元，比 2016 年增长 3.8%，占广东省进口额的 95.9%。

2017 年，珠三角九市中，深圳市以 4227.5 亿美元的进出口总额位列第一，同比增长 1.6%，占珠三角地区进出口总额的 43.5%；东莞市以 1850.9 亿美元的进出口总额位列第二，同比增长 7.7%，占珠三角地区进出口总额的比重为 19.0%；广州市进出口总额达 1432.3 亿美元，同比增长 10.8%，占珠三角地区进出口总额的比重为 14.7%，位列第三。可以看出，深圳、东莞、广州三个城市占据了珠三角地区进出口总额的 2/3 以上，发挥着珠三角地区中心城市的影响力，属第一梯队。在其他六个城市中，佛山市、中山市、珠海市、惠州市 2017 年进出口额分别为 599.0 亿美元、389.6 亿美元、451.3 亿美元、515.5 亿美元，体量上相差不大，属第二梯队；江门市和肇庆市 2017 年进出口额分别为 209.0 亿美元和 49.6 亿美元，分别占珠三角地区进出口总额的 2.1% 和 0.5%，暂列后两位，属第三梯队（如图 1、表 1 所示）。

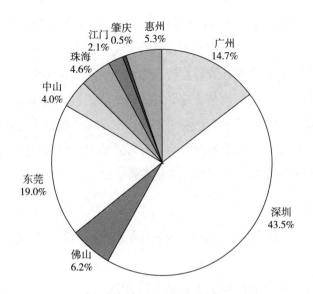

图1　2017 年珠三角地区进出口总额各市占比

资料来源：各市统计信息网、各市海关。

表1　2017 年珠三角地区各市进出口总额及占比

单位：亿美元，%

项目	广州	深圳	佛山	东莞	中山
进出口总额	1432.3	4227.5	599.0	1850.9	389.6
占珠三角地区进出口比重	14.7	43.5	6.2	19.0	4.0
同比增长	10.8	1.6	-3.7	7.7	15.0

项目	珠海	江门	肇庆	惠州
进出口总额	451.3	209.0	49.6	515.5
占珠三角地区进出口比重	4.6	2.1	0.5	5.3
同比增长	8.2	10.0	-29.0	12.5

资料来源：各市统计局。

　　总体来看，在世界经济持续低迷，国际贸易环境不稳定、不确定因素层出不穷的复杂严峻形势下，珠三角地区在全国主要外贸城市中表现稳健，出口额、进口额均实现正增长。尽管外部环境依然较紧，但国内经济环境稳中向好，珠三角地区对外贸易面临的机遇与挑战并存。

珠三角地区各市分布较为分散，各市之间贸易规模发展历程与现状也存在较大差异。经过数据查阅，将按照珠三角九市分别进行分析。

（二）珠三角地区部分城市对外贸易规模

近年来，不论是中国的对外贸易总量，还是各省市的对外贸易规模都呈现高速发展的态势，但在不同地区，其规模、增速都存在差异。依托改革开放政策大力发展外向型经济后，珠三角地区对外贸易规模已经达到相当大的体量，进入了平稳期，但各市之间还是略有差别。得益于香港的地理位置，深圳市的对外贸易进出口额在珠三角九市中遥遥领先，2012 年至 2017 年波动幅度较大，呈"W"形；东莞和广州分列珠三角地区进出口贸易额的第二、第三位，2012 年至 2017 年东莞市和广州市的对外贸易出口总额呈现稳步增长的态势，占比持续提升。佛山市、中山市、珠海市和惠州市在对外贸易规模上大体体量相当，2012 年至 2017 年波动幅度不大；江门市和肇庆市进出口贸易额则一直处于珠三角九市的后两位（如图 2、表 2 所示）。

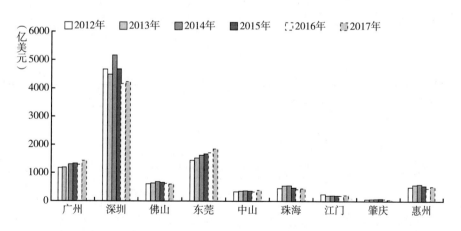

图 2　珠三角地区 2012～2017 年对外贸易进出口总额

资料来源：各市统计信息网、各市海关。

表2 珠三角地区 2012~2017 年对外贸易进出口总额

单位：亿美元，%

城市	2012 年		2013 年		2014 年	
	金额	占比	金额	占比	金额	占比
广州	1171.7	12.3	1189.0	12.4	1305.9	12.3
深圳	4668.3	49.2	4482.7	46.8	5161.3	48.8
佛山	610.6	6.4	639.4	6.7	688.2	6.5
东莞	1444.2	15.2	1530.7	16.0	1625.3	15.4
中山	335.2	3.5	356.3	3.7	369.6	3.5
珠海	456.7	4.8	542.8	5.7	550.0	5.2
江门	245.7	2.6	197.3	2.1	203.8	1.9
肇庆	63.5	0.7	70.2	0.7	78.4	0.7
惠州	495.0	5.2	573.9	6.0	594.1	5.6
总额	9490.9	100.0	9582.2	100.0	10576.6	100.0

城市	2015 年		2016 年		2017 年	
	金额	占比	金额	占比	金额	占比
广州	1338.7	13.4	1293.1	14.0	1432.3	14.7
深圳	4674.2	46.7	4159.7	44.9	4227.5	43.5
佛山	656.6	6.6	621.9	6.7	599.0	6.2
东莞	1676.7	16.8	1718.7	18.5	1850.9	19.0
中山	356.0	3.6	338.7	3.7	389.6	4.0
珠海	476.4	4.8	417.2	4.5	451.3	4.6
江门	197.9	2.0	190.0	2.0	209.0	2.1
肇庆	82.1	0.8	69.9	0.8	49.6	0.5
惠州	543.6	5.4	458.4	4.9	515.5	5.3
总额	10002.1	100.0	9267.4	100.0	9724.7	100.0

资料来源：各市统计信息网、统计年鉴。

1. 广州市对外贸易进出口规模

作为广东省的省会城市，广州市对外贸易仍然保持着稳步增长。2016年，广州市外贸在国内经济下行、国际地缘政治冲突不断、主要传统市场政策不确定性加剧的形势下，进出口总额小幅回落至 1293.1 亿美元，较 2015年下降 3.4%；除此之外，2012 年、2013 年、2014 年、2015 年、2017 年，广州市进出口总额均有所增长，但增长幅度各年波动较大，分别为 12%、

1.5% 、9.8% 、2.5% 、10.8% ，到 2017 年，广州市进出口总额达到 1432.3
亿美元，占珠三角地区进出口总额的 14.7% （如图 3 所示）。

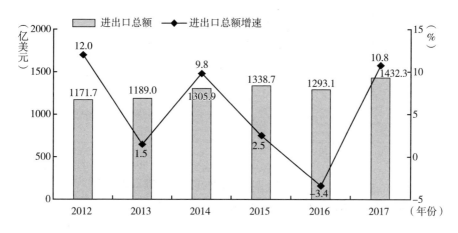

图 3　广州市 2012～2017 年对外贸易进出口总额及增速

资料来源：广州市统计信息网、广州市海关。

2012 年广州市对外贸易出口额与进口额相当接近，分别为 589.2 亿美
元和 582.5 亿美元；此后出口额一路走高，在 2016 年小幅下跌至 781.8 亿
美元，2017 年继续上升至 853.2 亿美元，而在进口额方面近年趋势一直比
较稳定，最低为 2016 年的 511.3 亿美元，随后在 2017 年上升至 579.2 亿美
元，接近 2012 年进口额水平。因此受出口额影响，广州市近年来贸易差额
也一直在扩大，从 2012 年的 6.7 亿美元，上升至 2017 年的 274.0 亿美元，
增长 267.3 亿美元（如图 4 所示）。

2. 深圳市对外贸易进出口规模

从体量上来看，深圳市是珠三角地区对外贸易的龙头，2012 年深圳市
进出口总额为 4668.3 亿元，占整个珠三角地区进出口总额的 49.2% ，随后
历年出现小幅波动，但总体仍维持在较高水平，2013 年下降至 4482.7 亿美
元，随后在 2014 年达到了近年来 5161.3 亿美元的最高点，受国内外严峻环
境影响，2015 年、2016 年有所下降，降幅分别为 9.4% 和 11.0% ，2017 年
小幅反弹至 4227.5 亿美元（如图 5 所示）。

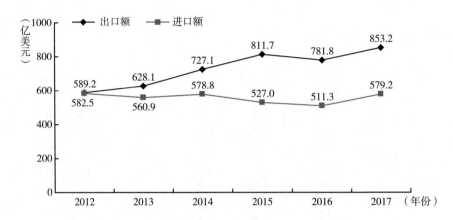

图4 广州市 2012~2017 年对外贸易出口额及进口额

资料来源：广州市统计信息网、广州市海关。

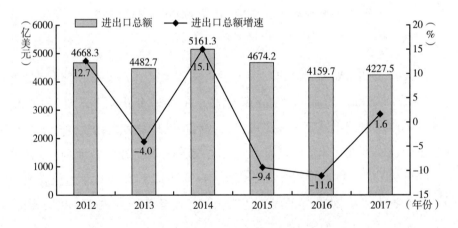

图5 深圳市 2012~2017 年对外贸易进出口总额及增速

资料来源：深圳市统计信息网、深圳市海关。

2012 年至 2017 年深圳市出口额波动较小，2012 年出口额为 2713.6 亿美元，2013 年小幅上升至 3057.0 亿美元，随后一直下降至 2017 年的 2495.2 亿美元。而进口方面，深圳市在 2013 年有较大波动，从 2012 年的 1954.7 亿美元，大幅下跌至 2013 年的 1425.7 亿美元，2014 年回升至 2317.7 亿美元，随后逐年下降，2017 年这一数字为 1732.2 亿美元。因此，深圳市近年的贸易差额除 2013 年较大，达到了 1631.3 亿美元以外，其他时间较为平稳，2012 年贸易差额为 758.9 亿美元，2017 年为 763 亿美元，相差不大（如图 6 所示）。

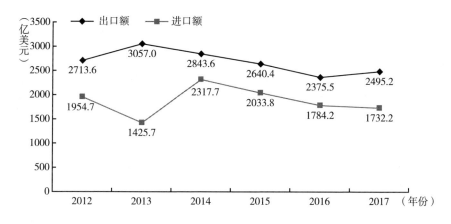

图 6　深圳市 2012～2017 年对外贸易出口额及进口额

资料来源：深圳市统计信息网、深圳市海关。

3. 东莞市对外贸易进出口规模

东莞市对外贸易进出口额在珠三角地区位列第二，近年来贸易量稳步提升。2012 年东莞市进出口总额为 1444.2 亿美元，占珠三角地区进出口总额的比重为 15.2%，2017 年进出口总额达到了 1850.9 亿美元，占珠三角地区进出口总额的比重为 19.0%。从贸易增幅来看，2013 年、2014 年增幅较大，分别为 6.0% 和 6.2%，2015 年、2016 年增长放缓，分别为 3.2% 和 2.5%，但仍处于正向增长中，2017 年增幅达到了 7.7%（如图 7 所示）。

东莞市近年来出口额和进口额稳步上升，趋势相近。2012 年东莞市出口额和进口额分别为 850.7 亿美元和 593.5 亿美元，贸易差额为 257.2 亿美元，2015 年贸易差额达到了最高的 397.7 亿美元，随后逐步下降，2017 年东莞市出口额为 1060.6 亿美元，进口额达到 790.4 亿美元，相比 2012 年分别增长了 24.7% 和 33.2%，进出口差额降至 270.2 亿美元，进口与出口趋于平衡（如图 8 所示）。

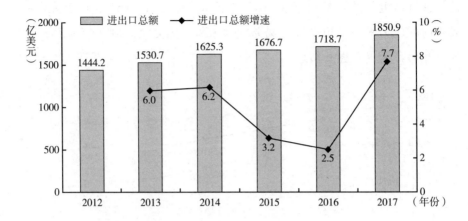

图7 东莞市2012～2017年对外贸易进出口总额及增速

资料来源：东莞市统计信息网、东莞市海关。

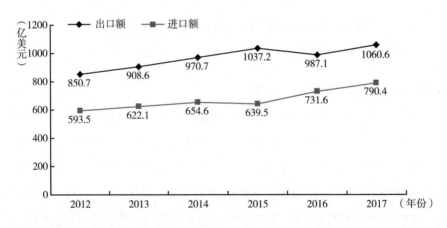

图8 东莞市2012～2017年对外贸易出口额及进口额

资料来源：东莞市统计信息网、东莞市海关。

4. 佛山市、中山市、珠海市、惠州市对外贸易进出口规模

由于佛山市、中山市、珠海市、惠州市对外贸易进出口体量上较为接近，都处于第二梯队，本报告一次将这四个城市合并分析。四个城市的对外贸易发展趋势大体较为一致，2012～2014年处于增长期，2014年后有所下降，至2017年趋于平稳。2012年佛山市、中山市、珠海市、惠州市的对外

贸易总额分别为610.6亿美元、335.2亿美元、456.7亿美元和495.0亿美元，其中佛山市和中山市进出口趋势较为平稳，至2017年进出口总额分别为599.0亿美元和389.6亿美元，波动幅度不大。而珠海市和惠州市进出口总额则存在较大幅度的波动，2012年珠海市和惠州市进出口总额分别为456.7亿美元和495.0亿美元，2014年增长至550.0亿美元和594.1亿美元，增幅分别为20.4%和20%，至2016年又下降至417.2亿美元和458.4亿美元，至2017年恢复至451.3亿美元和515.5亿美元，接近2012年进出口总额水平（如图9所示）。

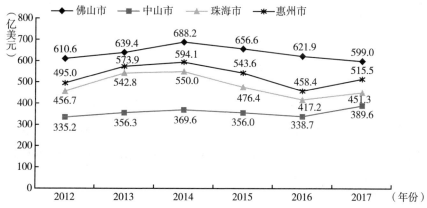

图9 佛山市、中山市、珠海市、惠州市2012~2017年对外贸易进出口总额

资料来源：各市统计信息网、各市海关。

佛山市、中山市、惠州市近年来一直保持较大的贸易顺差，而珠海市在2012年和2013年则处于贸易逆差中。佛山市贸易差额在2015年达到最高，随后2017年又缩小至265.24亿美元；中山市和惠州市贸易差额较为稳定；珠海市2012年贸易逆差为24.07亿美元，2013年为10.97亿美元，从2014年开始，转变为贸易顺差，至2017年珠海市贸易顺差达到了117.09亿美元（如图10所示）。

5. 江门市、肇庆市对外贸易进出口规模

江门市和肇庆市对外贸易体量在珠三角九市中占比较小，因此本报告将其放在一起进行分析。2012年江门市对外贸易进出口总额为245.7亿美元，

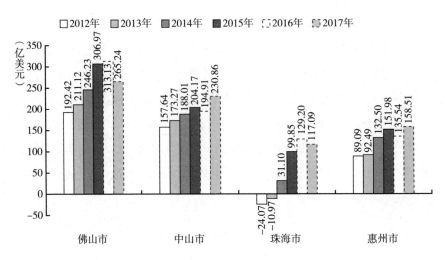

图 10　佛山市、中山市、珠海市、惠州市 2012～2017 年对外贸易差额

资料来源：各市统计信息网、各市海关。

2013 年降幅为 19.7%，降至 197.3 亿美元，此后较为平稳，波动幅度在 3%
上下，2017 年进出口总额达到了 209.0 亿美元。肇庆市对外贸易进出口总
额体量较小，2012 年进出口总额为 63.5 亿美元，2017 年这一数字为 49.6
亿美元（如图 11、表 3 所示）。

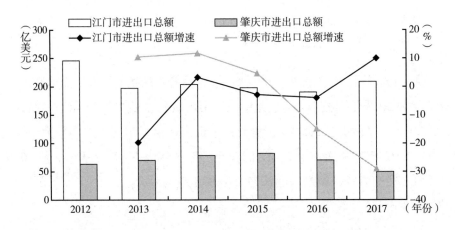

图 11　江门市、肇庆市 2012～2017 年对外贸易进出口状况

资料来源：各市统计信息网、各市海关。

表 3　江门市、肇庆市对外贸易规模及增长幅度

单位：亿美元，%

指标	2012 年	2013 年	2014 年	2015 年	2016 年	2017 年
江门市进出口总额	245.7	197.3	203.8	197.9	190.0	209.0
肇庆市进出口总额	63.5	70.2	78.4	82.1	69.9	49.6
江门进出口总额增幅	38.9	-19.7	3.3	-2.9	-4.0	10.0
肇庆进出口总额增幅	11.2	10.5	11.8	4.7	-14.9	-29.0

资料来源：各市统计局。

2013 年随着广东省"出口战略"的进一步实施，珠三角地区出口增速和进口增速会进一步变化，并导致贸易顺差减少。

三　珠三角地区对外贸易商品结构发展趋势

（一）进出口商品结构总体情况

由于珠三角九市对外贸易进出口商品结构部分城市数据缺失，鉴于 2017 年珠三角地区进出口额已经达到了广东省进出口额的 94.5%，因此这一部分将采用广东省的贸易数据，来暂估珠三角地区对外贸易进出口商品结构情况。

广东省的机电产品、高新技术产品在其进出口贸易中占有重要地位。近几年来，广东省机电产品、高新技术产品（二者有交叉）进出口额波动较大。

据海关统计，2012 年广东省机电产品进出口额为 6347.85 亿美元，占广东省进出口额的 64.50%，2013 年达到了近几年来的最高值 7232.32 亿美元，占全省进出口额的比重为 73.50%，同比增长 13.9%；2014 年机电产品的进出口额下降至 6828.71 亿美元，占全省进出口额的比重为 69.40%，同比降幅为 5.6%。到了 2016 年，机电产品进出口额降至 6476.08 亿美元，占全省进出口额比重降至 65.80%（如图 12 所示）。

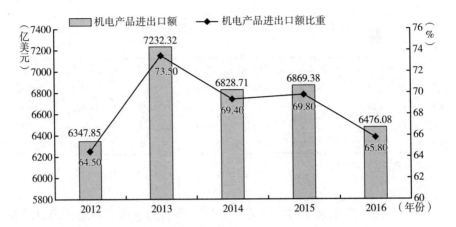

图 12　广东省 2012～2016 年机电产品进出口额及比重

资料来源：广东省统计信息网。

在高新技术产品方面，在 2012 年广东省对外贸易进出口额中，高新技术产品占比为 41.40%，达到 4074.38 亿美元；2013 年广东省高新技术产品进出口额达到近几年的最高值 4750.71 亿美元，占全省进出口额的 48.30%，相比 2012 年，比重增长了 6.9 个百分点。2014 年、2015 年和 2016 年高新技术产品进出口额占广东省进出口额比重分别为 43.10%、43.30% 和 41.00%，三年间高新技术产品进出口额较为稳定（如图 13 所示）。

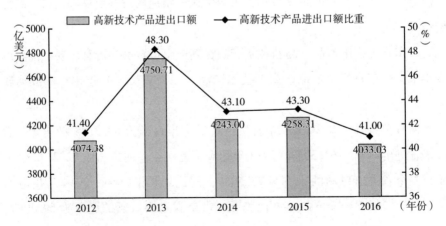

图 13　广东省 2012～2016 年高新技术产品进出口额及比重

资料来源：广东省统计信息网。

（二）出口商品结构变化

2012～2016年来，机电产品在广东省出口产品中所占的比重较为稳定，2013年达到最高的69.1%，与2014年最低的66.3%相比，相差2.8个百分点；2015年和2016年的出口占比分别为68.1%和67.9%，变化幅度不超过2个百分点。

高新技术产品（与机电产品有交叉）在广东省对外贸易的出口占比在2012～2016年波动较大，2012年高新技术产品在广东出口贸易占比为38.6%，2013年增长至40.3%，2014年又下降至35.8%，相比于2013年下降4.5个百分点，2015年和2016年高新技术产品所占比重分别为36.1%和35.7%（如表4所示）。

表4　广东省机电产品及高新技术产品出口情况

单位：亿美元，%

年份	出口额	机电产品		高新技术产品	
		出口额	占比	出口额	占比
2012	5740.59	3894.54	67.8	2213.70	38.6
2013	6363.64	4395.69	69.1	2564.07	40.3
2014	6460.87	4285.59	66.3	2310.17	35.8
2015	6434.68	4380.34	68.1	2325.47	36.1
2016	5985.64	4064.84	67.9	2135.92	35.7

资料来源：《广东省统计年鉴》、广东省统计信息网。

从统计数据可以看出，2016年广东出口贸易中机电产品所占比重为67.9%，大大超过58.4%的全国平均水平。出口的机电产品主要包括通信设备、计算机及其外围产品、电气机械及器材、仪器仪表及其他电子设备等。这些机电产品虽然具有一定的甚至较高的技术含量，但资源、能源消耗较高。而技术含量较高但资源、能源消耗较低的生物技术、生命科技和新材料技术等高新技术产品在珠三角地区的出口贸易中所占份额较小。同理，珠三角地区出口贸易在广东省出口贸易中所占份额达90%以上，机电

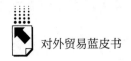

产品占比高既是珠三角地区对外贸易商品结构高级化的一个表现，同时也是一个缺陷，它使本来就既缺乏资源又缺乏能源自给能力的珠三角地区面临较大的资源、能源压力。

（三）进口商品结构变化

2012～2016年，广东省机电产品的进口比重处于一个不断增长的态势，2012年广东省机电产品的进口占比为59.9%，2013年增长至62.3%，同比增长2.4个百分点；2016年机电产品的进口占比达到了67.6%，相比于2012年，增长了7.7个百分点。

在高新技术产品方面，2012～2016年同样增长迅速，2012年高新技术产品进口额占广东省进口总额的比重为45.4%，2013年增长至48.0%，同比增长2.6个百分点，2016年占进口总额的比重增长至53.2%，相比于2012年增长了7.8个百分点（如表5所示）。

表5　广东省机电产品及高新技术产品进口情况

单位：亿美元，%

年份	进口额	机电产品		高新技术产品	
		进口额	占比	进口额	占比
2012	4098.88	2453.31	59.9	1860.68	45.4
2013	4554.58	2836.64	62.3	2186.64	48.0
2014	4304.97	2543.12	59.1	1932.83	44.9
2015	3793.28	2489.04	65.6	1932.84	51.0
2016	3567.21	2411.23	67.6	1897.10	53.2

资料来源：《广东省统计年鉴》、广东省统计信息网。

（四）进出口贸易结构的演变与优化

一方面，随着珠三角地区劳动密集型企业向中国中西部和东南亚国家转移，未来进出口产品结构将进一步优化；另一方面，随着深圳前海、珠海横琴、广州南沙等重大平台建设和使用，CEPA 政策和广东先行先试机遇的充分利用，以及粤港澳服务贸易自由化行动的推进，广东的贸易结构将发生较大的变化。

1. 珠三角地区对外贸易区域结构基本情况

由于珠三角九市对外贸易部分数据缺失，鉴于 2017 年珠三角地区进出口贸易额已经达到了广东省进出口额的 94.5%，因此这一部分将采用广东省的贸易数据来暂估珠三角地区对外贸易进出口（地区）国别情况。

近年来，广东省加快了市场多元化的建设，贸易伙伴多元化初步形成。2017 年，广东省前五大贸易伙伴分别是中国香港、东盟、美国、欧盟和韩国，进出口总额依次为 1845.43 亿美元、1376.77 亿美元、1368.84 亿美元、1221.74 亿美元、717.61 亿美元，合计占比 63.5%（如图 14 和表 6 所示）。

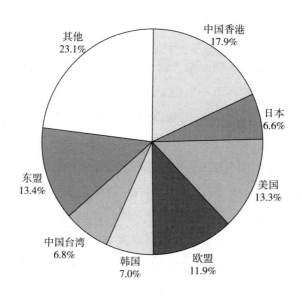

图 14　2017 年广东省对外贸易区域结构

资料来源：广东省统计信息网。

表6　广东省主要对外贸易对象进出口额占比

单位：%

年份	中国香港	日本	美国	欧盟	韩国	中国台湾	东盟
2012	23.1	7.3	11.1	9.6	6.3	6.0	9.4
2013	24.6	6.2	10.9	8.8	6.4	6.9	9.4
2014	21.8	6.3	11.3	9.8	6.7	5.9	10.4
2015	20.5	6.1	12.6	10.5	6.4	5.9	11.1
2016	19.4	6.3	12.4	10.9	6.5	6.3	12.1
2017	17.9	6.6	13.3	11.9	7.0	6.8	13.4

资料来源：广东省统计信息网、《广东省统计年鉴》。

广东省的进出口市场近年来发生了显著变化，广东省第一大贸易伙伴为我国香港地区，进出口比重从2012年的23.1%下降至2017年的17.9%，对美国和欧盟两大进出口市场的比重从2012年的11.1%和9.6%分别上升至2017年的13.3%和11.9%。第四大进出口贸易伙伴东盟进出口比重上升迅速，从2012年的9.4%上升至2017年的13.4%。日本则从2012年的第五大贸易伙伴变为2017年的第七大贸易伙伴。对韩国和中国台湾进出口所占比重较为稳定，2012年分别为6.3%和6.0%，2017年分别为7.0%和6.8%。

从出口市场来看，尽管广东省对我国香港地区的出口额近年来一路下降，香港仍占据着广东省第一大出口市场。2012年广东省对香港的出口额为2199.60亿美元，2013年增长至2621.97亿美元，同比增幅19.2%，也达到了2012~2017年对香港市场的最大出口额，随后这一数字不断降低，2014年对香港的出口额为2293.69亿美元，2017年对香港的出口额已经下降至1800.35亿美元。美国列广东省对外贸易出口市场第二位，近年来呈现上升的态势，2012年广东省对美国对外贸易出口额为910.96亿美元，2017年已经增长至1162.01亿美元。欧盟列广东省对外贸易出口市场的第三位，且近年来增长迅速，2012年广东省对欧盟的出口额为685.69亿美元，2017年达到了940.40亿美元，5年增长37.1%。

东盟是广东省对外贸易第四大出口地区，2012~2017年广东省对东盟的出口额同样大幅增长，2012年对东盟出口额为397.06亿美元，2017年增长至681.58亿美元，5年增长71.7%。日本和韩国则分列广东省对外贸易出口市场的第五、六位，2012 年对日本和韩国的出口额分别为 268.37 亿美元和 207.02 亿美元，2017 年分别达到 267.01 亿美元和 238.81 亿美元，总体表现较为稳定（如图 15 所示）。

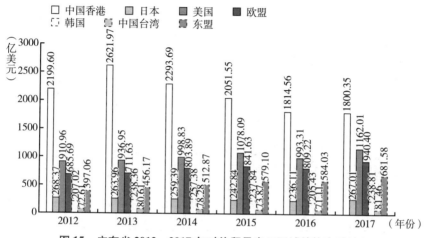

图 15 广东省 2012～2017 年对外贸易出口区域结构变动情况

资料来源：广东省统计信息网。

从进口市场来看，广东省对外贸易进口区域结构较为分散，贸易额波动较为显著。2012 年，列广东省对外贸易进口前五位的贸易伙伴分别是东盟、中国台湾、日本、韩国和欧盟。其中广东省对东盟的进口额 2012 年为 526.59 亿美元，2013 年增长至 566.04 亿美元，降至第二位，2014 年广东省对东盟进口额继续增长，达到 609.99 亿美元，东盟重新成为广东省第一大对外贸易进口来源地，2017 年广东省对东盟的进口额达到了 695.20 亿美元，相比较 2012 年增长了 32%。我国台湾地区在 2012 年以微弱的差距列广东省进口贸易伙伴的第二位（513.71 亿美元），2013 年广东省自台湾的进口贸易额达到了 672.10 亿美元，同比增长 30.8%，台湾列广东省进口贸易伙伴第一位，2014～2017 年台湾一直维持在广东省进口贸易伙伴的第二位。日本和韩国在 2012 年分别为广东省的第三、第四大进口贸易伙伴，2013 年韩国超越日本，成为广东省第三大进口贸易伙伴，2017 年广东省对韩国的对外贸易进口额达到了 478.80 亿美元，对日本的对外贸易进口额为 409.26

亿美元。欧盟和美国分别为广东省第五、第六大进口贸易伙伴，2012 年广东省从欧盟进口的贸易额为 262.31 亿美元，从美国进口的贸易额为 182.34 亿美元，2017 年从欧盟进口的贸易额为 281.34 亿美元，从美国进口的贸易额增长至 206.82 亿美元（如图 16 所示）。

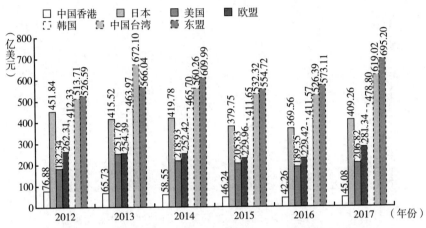

图 16　广东省 2012～2017 年对外贸易进口区域结构变动情况

资料来源：广东省统计信息网。

2. 珠三角地区部分城市进出口贸易对象分析

（1）广州市进出口贸易对象

2017 年广州市与中国香港、日本、美国、欧盟、东盟、韩国、中国台湾等主要贸易伙伴的进出口额为 978.25 亿美元，占全市外贸进出口总额的 68.3%。回顾近几年的情况，上述贸易伙伴在广州市的外贸中始终占据重要地位，尽管各个国家（地区）外贸进出口额有所波动，增速有增有减，但基本都稳定在七成左右的份额。

其中，欧盟是 2017 年广州市第一大贸易伙伴，进出口额达到了 213.69 亿美元，占全市进出口额的 14.9%，与 2012 年的 167.37 亿美元相比，增长了 27.7%，欧盟在 2012 年、2014 年、2016 年也均是广州市第一大贸易伙伴（2014 年与欧盟进出口额为 180.37 亿美元，2016 年为 177.94 亿美元）。2013 年和 2015 年广州市的第一大贸易伙伴为美国，2013 年广州市与美国的进出口贸易额为178.85亿美元,占全市进出口额的比重为15%,2015年贸易额为185.71亿美元,占全市进出口额的比重为13.9%。

东盟是广州市2017年对外贸易进出口的第三大市场,进出口额达到182.62亿美元,占全市进出口额的12.7%,而在2012年东盟是广州市的第五大进出口贸易伙伴,进出口额为132.06亿美元,占全市进出口额的11.3%。日本是广州市2017年第四大贸易伙伴,与广州市进出口额为137.79亿美元,占全市进出口额的比重为9.6%。我国香港地区是广州市2017年第五大贸易伙伴,与广州市进出口额达到130.20亿美元,而在2012年,香港是广州市的第三大贸易伙伴,与广州市进出口额达到137.78亿美元(如图17、表7所示)。

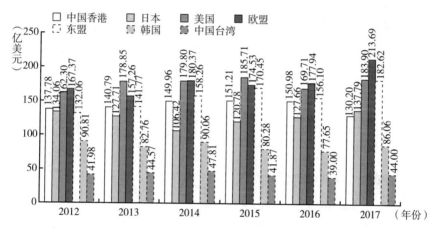

图17 广州市2012~2017年对外贸易市场进出口额变动情况

资料来源:广州市统计信息网、广州市海关。

表7 广州市2012~2017年对外贸易对象进出口额及占比

单位:亿美元,%

年份	中国香港		日本		美国	
	金额	比重	金额	比重	金额	比重
2012	137.78	11.8	134.06	11.4	162.30	13.9
2013	140.79	11.8	127.71	10.7	178.85	15.0
2014	149.96	11.5	106.42	8.1	179.80	13.8
2015	151.21	11.3	120.78	9.0	185.71	13.9
2016	150.98	11.7	127.66	9.9	169.71	13.1
2017	130.20	9.1	137.79	9.6	183.90	12.8

续表

年份	欧盟		东盟		韩国		中国台湾	
	金额	比重	金额	比重	金额	比重	金额	比重
2012	167.37	14.3	132.06	11.3	90.81	7.8	41.98	3.6
2013	157.26	13.2	141.77	11.9	82.76	7.0	44.57	3.7
2014	180.37	13.8	158.26	12.1	90.06	6.9	47.81	3.7
2015	174.53	13.0	170.45	12.7	80.28	6.0	41.87	3.1
2016	177.94	13.8	156.10	12.1	77.65	6.0	39.00	3.0
2017	213.69	14.9	182.62	12.7	86.06	6.0	44.00	3.1

资料来源：广州市统计信息网、广州市海关。

根据国际货币基金组织的预测，发达经济体的经济总体上呈现温和复苏的态势，广州需要进一步深耕这些市场，在巩固市场份额的基础上力争继续扩大。与此同时，东盟国家整体经济也将保持较高增速，也是广州今后重点开拓的市场区域。随着国家"一带一路"倡议的实施，广州在"一带一路"合作中的枢纽城市地位将更加突出，与沿线国家的国际班轮航线合作、机场和海港战略合作都将越发紧密，带动对外贸易和境外投资进一步发展。

（2）深圳市进出口贸易对象

2017年，深圳市进出口贸易对象排在前五名的分别是中国香港、美国、中国台湾、韩国和日本。我国香港地区在近几年深圳市对外贸易进出口市场中占据绝对的主体地位，2012年香港与深圳的进出口额为1480.71亿美元，占深圳市进出口额比重为31.7%，2013年达到了2012~2017年的最高值1835.29亿美元，2014年至2017年香港在深圳市的对外贸易比重不断降低（2014年所占比重为28.1%，2015年为26.6%，2016年为25.3%）。美国是深圳市第二大贸易伙伴，2017年美国与深圳市进出口额达到440.97亿美元，占全市进出口额的10.4%，2014年、2015年、2016年美国始终为深圳市第二大贸易伙伴，进出口额占比分别为7.8%、8.6%和9.1%，2013年美国从深圳市第二大贸易伙伴降至第三大贸易伙伴（进出口额为413.07亿美元），占全市进出口额比重为9.2%。我国台湾地区是深圳市第三大贸易伙伴，2017 年台湾和深圳市的进出口额达到 341.15 亿美元，占深圳进出口额的比重为 8.1%，2012～2017 年台湾在深圳的进出口比重波动较大，2012 年，台湾和深圳的进出口额为 313.36 亿美元，占全市进出口额的比重为 6.7%，2013 年台湾和深圳市的进出口额达到 448.85 亿美元，占全市进出口额的比重为 10.0%（如图 18、表 8 所示）。

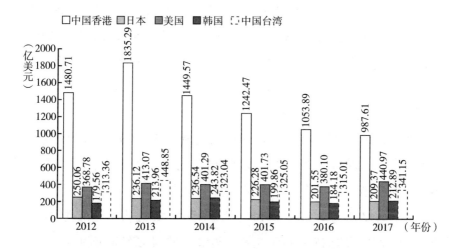

图 18　深圳市 2012～2017 年贸易伙伴进出口额变动情况

资料来源：深圳市统计信息网、深圳市海关。

表 8　深圳市 2012～2017 年对外贸易对象进出口额及占比

单位：亿美元，%

年份	中国香港		日本		美国		韩国		中国台湾	
	金额	比重	金额	比重	金额	比重	金额	比重	金额	比重
2012	1480.71	31.7	250.06	5.4	368.78	7.9	179.56	3.8	313.36	6.7
2013	1835.29	40.9	236.12	5.3	413.07	9.2	213.96	4.8	448.85	10.0
2014	1449.57	28.1	236.54	4.6	401.29	7.8	243.82	4.7	323.04	6.3
2015	1242.47	26.6	226.28	4.8	401.73	8.6	199.86	4.3	325.05	7.0
2016	1053.89	25.3	201.55	4.8	380.10	9.1	184.18	4.4	315.01	7.6
2017	987.61	23.4	209.37	5.0	440.97	10.4	212.89	5.0	341.15	8.1

资料来源：《深圳市统计年鉴》、深圳市海关。

（3）东莞市进出口贸易对象

由于 2016 年和 2017 年数据缺失，本报告仅列明东莞市 2012～2015 年的对外贸易变动情况。2015 年东莞市进出口前七大贸易伙伴分别是美国、中国香港、东盟、欧盟、日本、韩国和中国台湾，这些国家（地区）与东莞市的进出口贸易额分别为 271.56 亿美元、263.92 亿美元、195.14 亿美元、185.65 亿美元、146.98 亿美元、143.07 亿美元和 118.81 亿美元，合计占东莞市进出口额的 79%。

其中，我国香港地区和美国与东莞市外贸进出口额较为接近。2012 年，我国香港地区在东莞市进出口额中占比为 15.9%，2013 年和 2014 年占比分别为 17.4 和 16.6%，香港地区从 2012 年东莞市第二大贸易伙伴成为第一大贸易伙伴。

东盟和韩国在东莞市进出口额中占比在 2012 年较为接近，分别为 8.9% 和 9.6%，2012～2015 年，东盟在东莞市的进出口比重不断提高（2013 年为 9.5%，2014 年为 10.0%，2015 年为 11.6%），韩国则表现出下降的态势（2013 年为 9.5%，2014 年为 8.4%）。欧盟占东莞市进出口额的比重 2012～2015 年保持在 11% 左右，2012 年欧盟与东莞市的进出口额为 160.34 亿美元，占比为 11.1%，2015 年与东莞市的进出口额为 185.65 亿美元，占比为 11.1%（如图 19、表 9 所示）。

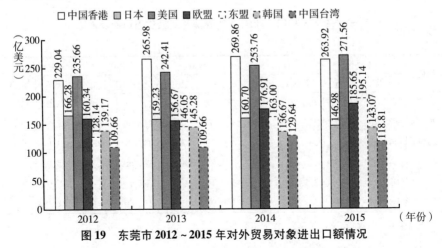

图 19　东莞市 2012～2015 年对外贸易对象进出口额情况

资料来源：东莞市统计信息网。

表9　东莞市2012~2015年对外贸易对象进出口额及占比

单位：亿美元，%

年份	中国香港		日本		美国	
	金额	比重	金额	比重	金额	比重
2012	229.04	15.9	166.28	11.5	235.66	16.3
2013	265.98	17.4	159.23	10.4	242.41	15.8
2014	269.86	16.6	160.7	9.9	253.76	15.6
2015	263.92	15.7	146.98	8.8	271.56	16.2

年份	欧盟		东盟		韩国		中国台湾	
	金额	比重	金额	比重	金额	比重	金额	比重
2012	160.34	11.1	128.14	8.9	139.17	9.6	109.66	7.6
2013	156.67	10.2	146.05	9.5	145.28	9.5	109.66	7.2
2014	176.91	10.9	163.00	10.0	136.67	8.4	129.64	8.0
2015	185.65	11.1	195.14	11.6	143.07	8.5	118.81	7.1

资料来源：东莞市统计信息网。

四　珠三角地区对外贸易方式发展趋势

（一）对外贸易方式发展趋势

珠三角地区经济具有典型的外向型特征，从20世纪90年代起，贸易方式一直以加工贸易为主。近年来，珠三角地区强调经济增长方式和对外贸易方式的转型，一般贸易得到较快发展，在对外贸易中所占比重趋于上升，甚至超过加工贸易。

具体而言，2012年珠三角地区对外贸易进出口总额达到了9490.9亿美元，其中一般贸易达到了2915.42亿美元，占珠三角地区进出口额比重为30.7%，加工贸易进出口额达到了5181.55亿美元，占珠三角地区进出口额比重为54.6%。之后作为经济增长方式和对外贸易转型的一个成果，一般贸易增长迅速，在珠三角地区进出口贸易额中所占比重有逐年上升的趋势。2013年，一般贸易在珠三角地区占比为34.2%，而加工

贸易占比则进一步下降至 53.3%；2016 年，珠三角地区一般贸易额为
3838.67 亿美元，占珠三角地区进出口额的 41.4%，加工贸易额为
3579.38 亿美元，占珠三角地区进出口额的 38.6%，一般贸易占比首次
超过加工贸易，2017 年，一般贸易进出口额达到 4323.42 亿美元，加工
贸易进出口额为 3660.25 亿美元，一般贸易进出口额继续与加工贸易拉
开差距（如表 10、图 20 所示）。

表 10　珠三角地区 2012～2017 年对外贸易方式进出口额

单位：亿美元

对外贸易方式	2012 年	2013 年	2014 年	2015 年	2016 年	2017 年
一般贸易	2915.42	3276.17	3766.87	3942.14	3838.67	4323.42
加工贸易	5181.55	5104.58	5027.63	4255.57	3579.38	3660.25

资料来源：各市统计信息网。

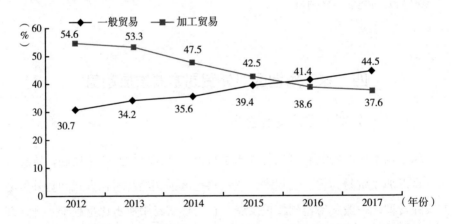

图 20　珠三角地区 2012～2017 年对外贸易方式占比

资料来源：各市统计信息网。

（二）珠三角地区部分城市对外贸易方式分析

1. 广州市对外贸易方式

2017 年，广州市加工贸易进出口额为 404.1 亿美元，同比下降 3.3%，
这已经是自 2013 年以来连续第五年下降（2013 年下降 3.9%，2014 年下降

1.3%，2015 年下降 4.4%，2016 年下降 10.4%）；一般贸易方面，2017 年广州市一般贸易进出口额达到了 647.99 亿美元，较 2016 年的 567.73 亿美元，增长 14.1%，2012 年，广州市的一般贸易进出口额为 550.44 亿美元，截至 2016 年波动较小，2013 年为 580.48 亿美元，2014 年为 591.48 亿美元，2016 年为 567.73 亿美元（如图 21、表 11 所示）。

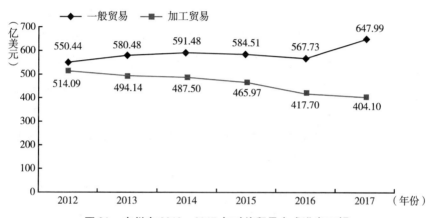

图 21　广州市 2012～2017 年对外贸易方式进出口额

资料来源：广州市统计信息网、广州市海关。

表 11　广州市 2012～2017 年对外贸易方式占比

单位：%

对外贸易方式	2012 年	2013 年	2014 年	2015 年	2016 年	2017 年
一般贸易	47.0	48.8	45.3	43.7	43.9	45.2
加工贸易	43.9	41.6	37.3	34.8	32.3	28.2

资料来源：广州市统计信息网、广州市海关。

从对外贸易方式占比来看，2017 年加工贸易进出口占广州市外贸进出口比重为 28.2%，自 2013 年连续下降；一般贸易进出口占广州市外贸进出口比重较为稳定，2012～2017 年表现为先降后升，2012 年一般贸易进出口占比为 47.0%，2015 年一般贸易进出口占比下降至 43.7%，2017 年小幅回升至 45.2%。

加工贸易疲弱的主要原因是，近年来劳动力和原材料成本居高不下，部分加工贸易企业创新发展力度不够，陆续减产或外迁，此外广州市近年来制造业加工贸易大型项目进驻较少，导致增量不足。

而广州市一般贸易受外需不振和国内经济下行的影响，一直处于低位运行的状态，但总体表现平稳，除2017年外，较少有大起大落。相比于加工贸易，一般贸易还有较大的成长空间和较好的发展前景，需要继续优化结构，做大做强，提升国际市场的竞争力。

2. 深圳市对外贸易方式

2017年深圳市加工贸易进出口额为1391.16亿美元，同比上升5.3%，这是自2013年以来深圳市加工贸易进出口额首次回升（2013年降幅为5.8%，2014年降幅为2.3%，2015年降幅为24.4%，2016年降幅为20.7%），2012年深圳市加工贸易进出口额为2394.15亿美元，至2016年达到2012~2017年的最低点1321.65亿美元。在一般贸易方面，深圳市2017年一般贸易进出口额为1980.79亿美元，同比上升11.1%，2012年至2017年，深圳市一般贸易保持稳步增长的态势（2013年增幅为12.2%，2014年增幅为18.8%，2015年增幅为4.9%，2016年降幅为3%），2015年一般贸易进出口额首次超过加工贸易，2016年受国内外整体经济环境影响，深圳市进出口贸易小幅下挫，2017年一般贸易进出口额继续增长（如图22所示）。

图22 深圳市2012~2017年对外贸易方式进出口额

资料来源：深圳市统计信息网、深圳市海关。

深圳市一般贸易进出口占比逐年提升，2012 年一般贸易进出口占比仅为 28.1%，2017 年这一数字达到了 46.9%；加工贸易则表现出逐年下降的趋势，2012 年加工贸易进出口占比为 51.3%，2017 年这一数字下降到了 32.9%。在调整经济结构、转变经济增长方式和促进经济转型升级的背景下，深圳市正在积极地促进外贸增长方式转变（如表 12 所示）。

表 12　2012～2017 年深圳市对外贸易方式变化情况

单位：亿美元，%

年份	进出口额	一般贸易		加工贸易	
		金额	比重	金额	比重
2012	4668.30	1313.66	28.1	2394.15	51.3
2013	4482.68	1473.46	32.9	2254.59	50.3
2014	5161.34	1751.15	33.9	2203.45	42.7
2015	4674.18	1837.73	39.3	1666.73	35.7
2016	4159.67	1782.47	42.9	1321.65	31.8
2017	4227.45	1980.79	46.9	1391.16	32.9

资料来源：深圳市统计信息网、深圳市海关。

3. 东莞市对外贸易方式

东莞市以加工贸易为主要特征的"东莞模式"，曾引领中国区域经济的潮流。改革开放以来，东莞加工贸易风驰电掣，一路急行，加工贸易一度成为推动东莞经济与外贸发展的主导力量。加工贸易 2017 年进出口占比为 48.0%，其在 2012 年曾达到 75.1%。近年来，东莞加快了对外贸易增长方式的转变，努力实现从"东莞制造"到"东莞创造"的转变，一般贸易规模亦随之日益壮大，在东莞对外贸易进出口额中所占的比重逐步提高。东莞市一般贸易进出口额在其外贸进出口总额中的占比自 2012 年起一路攀升，2017 年东莞市一般贸易占比为 35.4%，而 2012 年这一数字仅为 19.3%。一般贸易已成为东莞提高本土制造业水平、实现外贸盈余和提高外贸效益的重要途径。

2017 年东莞市的加工贸易进出口额为 889.02 亿美元，尽管 2014 年以来加工贸易进出口额一路下降（2014 年降幅为 4.7%，2015 年降幅为

6.4%，2016 年降幅为 9.7%，2017 年降幅为 1.5%），但仍高于一般贸易进出口额。2017 年东莞市一般贸易进出口额达 655.34 亿美元，同比增长 25.4%，连续 5 年保持增长态势（2013 年同比增长 16.4%，2014 年同比增长 32.6%，2015 年同比增长 20.8%，2016 年同比增长 0.6%）。截至 2017 年，东莞市加工贸易进出口额仍高于一般贸易，一定程度说明了东莞市对加工贸易的依赖程度（如图 23、表 13 所示）。

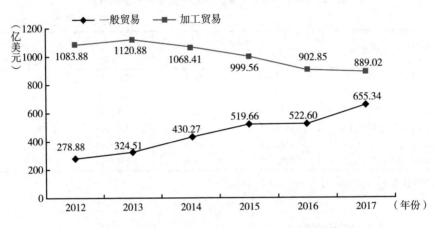

图 23　东莞市 2012 ~ 2017 年贸易方式进出口额

资料来源：东莞市统计信息网、东莞市海关。

表 13　东莞市 2012 ~ 2017 年对外贸易方式变化情况

单位：亿美元，%

年份	进出口额	一般贸易		加工贸易	
		金额	比重	金额	比重
2012	1444.20	278.88	19.3	1083.88	75.1
2013	1530.70	324.51	21.2	1120.88	73.2
2014	1625.30	430.27	26.5	1068.41	65.7
2015	1676.73	519.66	31.0	999.56	59.6
2016	1718.68	522.60	30.4	902.85	52.5
2017	1850.93	655.34	35.4	889.02	48.0

资料来源：东莞市统计信息网、东莞市海关。

4.佛山市对外贸易方式

2017 年，佛山市一般贸易进出口额达到了 339.34 亿美元，同比增长 6.7%，2012 年，佛山市一般贸易进出口额为 292.37 亿美元，除 2016 年小幅下降 10.7% 外，2012～2017 年，佛山市一般贸易进出口额一直保持稳步增长的态势（2013 年同比增长 9.1%，2014 年同比增长 4.8%，2015 年同比增长 6.5%）。加工贸易进出口额近年来波动较大，2012 年佛山市加工贸易进出口额为 249.60 亿美元，2014 年增长至 286.13 亿美元，之后开始下降，2015 年加工贸易进出口额为 229.14 亿美元，同比下降 19.9%，2017 年这一数字为 183.55 亿美元。可以看出，东莞市一般贸易进出口额一直高于加工贸易进出口额，且未来有差距逐渐拉大的趋势（如图 24 所示）。

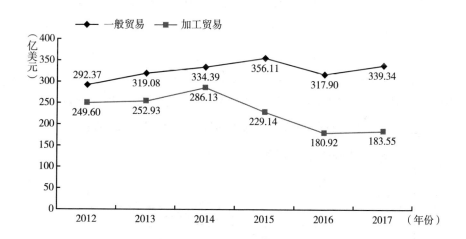

图 24　佛山市 2012～2017 年对外贸易方式进出口额

资料来源：佛山市统计信息网。

近年来，佛山市一般贸易进出口额占进出口总额比重逐步升高，2012 年占比为 47.9%，2017 年则增长至 56.7%；佛山市加工贸易占比则逐年下降，2012 年为 40.9%，2017 年为 30.6%（如表 14 所示）。

表 14　佛山市 2012～2017 年对外贸易方式变化情况

单位：亿美元，%

年份	进出口额	一般贸易		加工贸易	
		金额	比重	金额	比重
2012	610.58	292.37	47.9	249.60	40.9
2013	639.35	319.08	49.9	252.93	39.6
2014	688.18	334.39	48.6	286.13	41.6
2015	656.60	356.11	54.2	229.14	34.9
2016	621.91	317.90	51.1	180.92	29.1
2017	598.95	339.34	56.7	183.55	30.6

资料来源：佛山市统计信息网、佛山市海关。

5. 中山市对外贸易方式

2017 年中山市一般贸易进出口额为 194.06 亿美元，同比增长 22.4%，2012～2017 年一直保持稳步增长的态势（2013 年同比增长 12.3%，2014 年同比增长 11.7%，2015 年同比增长 27.1%，2016 年小幅下降 1.8%）；中山市加工贸易进出口额为 173.90 亿美元，同比增长 1.9%，在经历了 3 年的下降之后（2014 年同比下降 1.3%，2015 年同比下降 11.1%，2016 年同比下降 9.3%），2017 年加工贸易进出口额首次低于一般贸易进出口额（如图 25 所示）。

图 25　中山市 2012～2017 年对外贸易方式进出口额

资料来源：中山市统计信息网。

中山市一般贸易进出口额占中山市进出口总额的比重逐年增高，2012年为30.2%，2017年达到了49.8%；加工贸易进出口额占比则逐年降低，2012年高达61.5%，2017年已降至44.6%（如表15所示）。

表15 中山市2012～2017年对外贸易方式变化情况

单位：亿美元，%

年份	进出口额	一般贸易		加工贸易	
		金额	比重	金额	比重
2012	335.18	101.34	30.2	206.16	61.5
2013	356.29	113.80	31.9	214.42	60.2
2014	369.63	127.06	34.4	211.61	57.3
2015	356.03	161.55	45.4	188.21	52.9
2016	338.67	158.59	46.8	170.66	50.4
2017	389.60	194.06	49.8	173.90	44.6

资料来源：中山市统计信息网、《中山市统计年鉴》。

6. 珠海市对外贸易方式

2017年珠海市加工贸易进出口额为153.18亿美元，同比增长1.9%，自2013年以来加工贸易进出口额持续下降（2013年同比下降13.7%，2014年同比下降9.5%，2015年同比下降2.6%，2016年同比下降18.4%），至2017年趋于稳定。另外，2013年珠海市一般贸易进出口额首次超过加工贸易，之后经历了2014年的15.4%的增长幅度后，有所回落，至2017年一般贸易进出口额为249.91亿美元，同比增长14.3%，接近2013年一般贸易进出口额，仍高于同年加工贸易进出口额（如图26所示）。

珠海市的一般贸易进出口额占比除2015年小幅下降外，2012～2017年一直保持逐步增加的趋势，2012年一般贸易所占比重为41.9%，2017年这一数字增长至55.4%。加工贸易所占比重正在逐年下降，2012年占比达到53.0%，2017年下降至33.9%（如表16所示）。

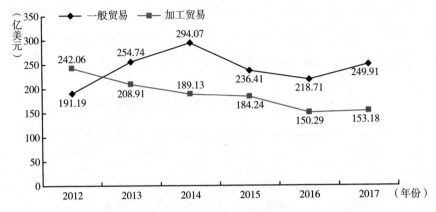

图26 珠海市2012～2017年对外贸易方式进出口额

资料来源：珠海市统计信息网。

表16 珠海市2012～2017年对外贸易方式变化情况

单位：亿美元，%

年份	进出口额	一般贸易		加工贸易	
		金额	比重	金额	比重
2012	456.69	191.19	41.9	242.06	53.0
2013	542.81	254.74	46.9	208.91	38.5
2014	549.98	294.07	53.5	189.13	34.4
2015	476.35	236.41	49.6	184.24	38.7
2016	417.16	218.71	52.4	150.29	36.0
2017	451.26	249.91	55.4	153.18	33.9

资料来源：珠海市统计信息网、《珠海市统计年鉴》。

7. 惠州市对外贸易方式

近年来，在惠州市进出口贸易中，加工贸易占据主导地位。2017年惠州市加工贸易进出口额为391.30亿美元，同比增长16.7%。在经历了2015年、2016年两次比较大的下降后（2015年同比下降12.8%，2016年同比下降21.3%），2017年加工贸易进出口额回升至接近2012年的水平。在一般贸易方面，表现出稳中有进的趋势，总体上持续增长，2017年进出口额达到120.33亿美元，未出现较大波动（如表17、图27所示）。

尽管惠州市对外贸易出口一直以加工贸易为主，但所占比重已经逐年下降，2012 年加工贸易所占比重为 82.4%，2017 年下降至 75.9%；一般贸易所占比重逐年稳步上升，2012 年占比为 16.8%，2017 年增加至 23.3%。

表 17　惠州市 2012～2017 年对外贸易方式变化情况

单位：亿美元，%

年份	进出口额	一般贸易		加工贸易	
		金额	比重	金额	比重
2012	495.00	83.89	16.8	407.33	82.4
2013	573.94	97.27	16.9	472.29	82.3
2014	594.12	100.69	16.9	488.90	82.3
2015	543.55	108.60	20.0	426.17	78.4
2016	458.39	114.24	24.9	335.44	73.2
2017	515.54	120.33	23.3	391.30	75.9

资料来源：惠州市统计信息网、《惠州市统计年鉴》。

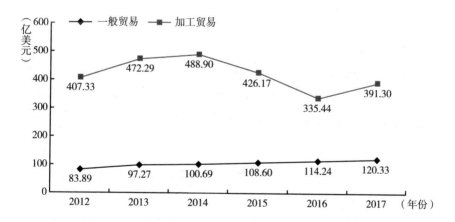

图 27　惠州市 2012～2017 年对外贸易方式进出口额

资料来源：惠州市统计信息网。

8. 江门市对外贸易方式

江门市一般贸易进出口额一直高于加工贸易。2012 年一般贸易进出口额为 74.98 亿美元，2016 年增长至 120.80 亿美元，2017 年这一数字达到 108.39 亿美元。江门市加工贸易进出口额则一直比较平稳，2012 年加工贸易进出口额为 54. 15 亿美元，2017 年加工贸易进出口额为 52. 67 亿美元（如图 28 所示）。

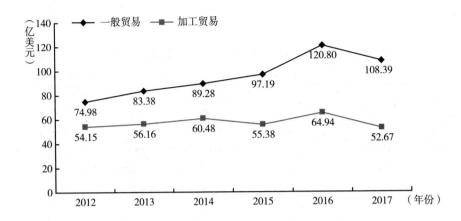

图 28　江门市 2012～2017 年对外贸易方式进出口额

资料来源：江门市统计信息网。

9. 肇庆市对外贸易方式

肇庆市近年来进出口贸易方式较为接近。2012 年一般贸易进出口额为 28. 66 亿美元，加工贸易进出口额为 30. 13 亿美元；除 2014 年外（2014 年一般贸易进出口额为 48. 48 亿美元，加工贸易进出口额为 32. 02 亿美元，相差 16. 46 亿美元），2013 年、2015 年、2016 年两种贸易方式进出口额均相差不超过 2 亿美元，2017 年一般贸易与加工贸易进出口额的差额有所增加，为 5. 9 亿美元（如图 29 所示）。

从以上各地贸易方式来看，珠三角九市都在进行贸易方式的调整。广东是改革开放的前沿，从引进外资和发展加工贸易开始，加工贸易起步早、发展快，在广东进出口贸易中占据重要地位，而且对全国的加工贸易具有重要作用。但在整个加工贸易的价值链中，珠三角企业从事的往往是零部件和原辅材料的初级加工、装配等劳动密集型环节，加工贸易技术含量不高，产品附加值较低。随着珠三角地区加工贸易的迅速发展，生活费用的不断提高，劳动力成本不断上升，劳动力优势开始逐渐削弱，调整经济结构、转变经济

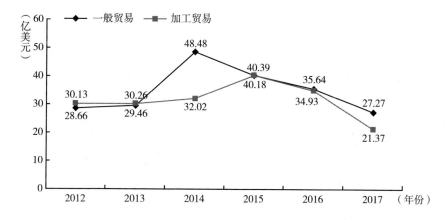

图29　肇庆市2012～2017年对外贸易方式进出口额

资料来源：肇庆市统计信息网。

增长方式、促进经济转型升级就显得势在必行。珠三角地区乡镇企业和民营经济发展比较快，一部分加工贸易通过转型升级，大力促进了一般贸易的发展，同时珠三角地区市场机制不断成熟，培育了一批自主品牌，特别是深圳高新技术产业发展快，形成了一批拥有自主知识产权的公司，珠三角地区一般贸易的发展还存在一定的扩大空间。

B.8
环渤海地区对外贸易发展形势分析

摘　要：　2017 年，环渤海经济圈对外贸易摆脱了 2015 年和 2016 年
连续两年的下降态势，实现快速增长。在稳定一般贸易的
同时，加工贸易逐步恢复；在保持民营企业活跃度的同时，
国有企业表现不俗；在大力开拓"一带一路"市场的同时，
传统欧美市场一改颓势，强劲拉升，贸易新业态成为最亮
眼的部分。2018 年，环渤海地区对外贸易仍有巨大的发展
潜力。

关键词：　环渤海经济圈　京津冀　一般贸易

一　环渤海地区对外贸易发展现状总述

环渤海地区也称为环渤海经济带，主要包括中国京津冀三省以及辽东半
岛和山东半岛，涵盖北京、天津、石家庄、大连、沈阳、青岛等多个重要城
市，环渤海区域面积约占全国国土面积的 13.3%，并包含了中国总人口的
22.2%，是中国非常重要的经济区域。

环渤海经济区在中国对外贸易中起着非常重要的作用，环渤海经济区是
中国与世界其他 160 余个国家的重要贸易通道，连接着中国北方市场与世界
各国，国际设备、资金及商品的流通都要从此区域经过，而在国内，环渤海
经济区也与国内十余个省份相联动，影响全国超过 60% 土地面积的经济，
作用非常显著。

二 环渤海地区对外贸易规模发展趋势

由于环渤海地区各省市分布较为广阔，各省市之间贸易规模发展历程与现状也存在较大差异。通过中华人民共和国海关总署统计的数据，按北京市、天津市、河北省、辽宁省和山东省分别进行分析。环渤海地区年度进出口总额见图1。

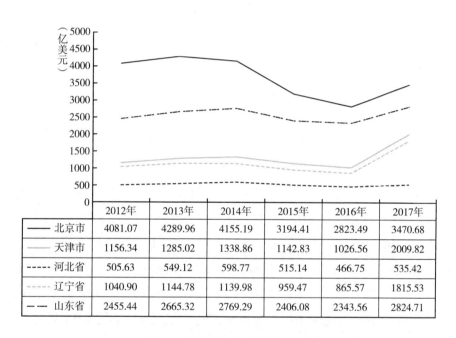

	2012年	2013年	2014年	2015年	2016年	2017年
北京市	4081.07	4289.96	4155.19	3194.41	2823.49	3470.68
天津市	1156.34	1285.02	1338.86	1142.83	1026.56	2009.82
河北省	505.63	549.12	598.77	515.14	466.75	535.42
辽宁省	1040.90	1144.78	1139.98	959.47	865.57	1815.53
山东省	2455.44	2665.32	2769.29	2406.08	2343.56	2824.71

图1　环渤海地区年度进出口总额

资料来源：中华人民共和国商务部。

（一）进出口总额变化及增长率变化

近些年来，中国环渤海地区各省市的对外贸易额基本在较为稳定的水平轻微浮动，2017年相对于2016年，环渤海各省市的对外贸易额出现了较为显著的增长。

根据图1所示，"环渤海经济圈"发展已经初具规模，并在保持稳定的前提下，逐步开拓对外贸易领域，同时由于环渤海区域地处中国东北沿海区域，依托有利的地缘优势，北京市和天津市已经形成对外贸易量巨大且稳定的规模，并逐渐进入了平稳期，但两座城市相比之下还存在较大差距；与此同时，河北省、辽宁省和山东省的跨国贸易水平则随着环渤海经济圈的发展而有了显著的提升。其中，按进出口总额计算，北京市的对外贸易总额一直列环渤海经济圈第一位，年均对外贸易总额超过2500亿美元，山东省紧随其后，2012~2017年的对外贸易总额稳定维持在2500亿美元，天津市、辽宁省分别排在第三位和第四位，两者在2012~2017年的对外贸易总额均稳定在1000亿美元之上，河北省则位于环渤海经济圈的最后，年均对外贸易总额达到500亿美元，且一直维持着稳定的发展趋势。

其中，北京市的对外贸易规模2012年为4081.07亿美元，在2013年达到了4289.96亿美元的高位，随后持续下降，在2016年小幅下降至2823.49亿美元，同比跌幅达到11.6%，但在2017年，北京市对外贸易进出口总额达到3470.68亿美元，与2016年同期相比增长22.9%。其中，进口贸易额达2852.61亿美元，与2016年同期相比增长18%；出口贸易额达627.97亿美元，与2016年同期相比增长15.5%，进出口贸易都呈现回升的趋势。其中，北京国有企业对外进出口总额达2297.04亿美元，相比2016年同期增长19.9%；外商投资企业进出口总额达到658.79亿美元，相比2016年同期增长2.3%，民营企业进出口总额达到279.59亿美元，相比2016年同期增长8.5%，相关占比情况如图2所示。

山东省对外贸易规模2012年为2455.44亿美元，2016年为2343.56亿美元，贸易规模变动不大，基本呈现稳定的趋势，2017年为2824.71亿美元，与2016年同期相比略有下降，但总体表现出稳定的趋势，其中民营企业进出口总额达到1660.08亿美元，与2016年同期相比增长21.9%；外商投资企业进出口总额达到901.18亿美元，与2016年同期相比增长4.7%；国有企业进出口总额达到255.18亿美元，与2016年同期相比增长14.5%，其各类企业进出口额占比如图3所示。

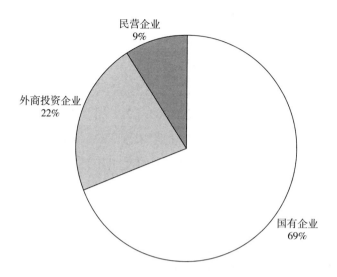

图2 2017年北京市各类企业进出口总额占比

资料来源：中华人民共和国商务部。

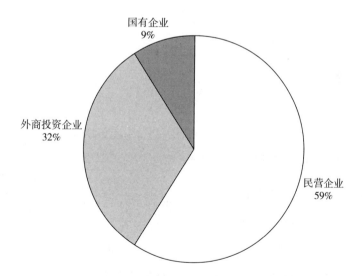

图3 2017年山东省各类企业进出口总额占比

资料来源：中华人民共和国商务部。

河北省对外贸易规模从 2012 年的 505.63 亿美元波动到 2016 年的 466.75 亿美元，和天津市一样呈现小范围内波动，并且也在 2017 年回升到 535.42 亿美元，总体呈现稳定波动的趋势。其中，民营企业 2017 年进出口贸易总额达 313.78 亿美元，与 2016 年同期相比增长 12.2%，居各类企业首位，占全省进出口总额的 59.7%；外商投资企业进出口贸易总额达 111.52 亿美元，与 2016 年同期相比下降 2.9%；而国有企业进出口贸易额达 100.51 亿美元，与 2016 年同期相比增长 18.2%。河北省各类企业进出口总额占比见图 4。

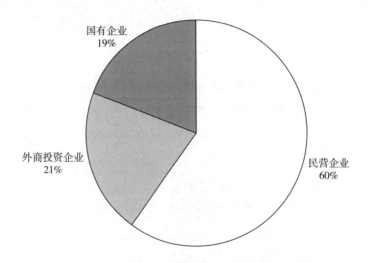

图 4　2017 年河北省各类企业进出口总额占比

资料来源：中华人民共和国商务部。

辽宁省与天津市的总体对外贸易规模较为接近，且 2012～2017 年变化趋势相似，均在 1000 亿至 2000 亿美元波动，并且在 2017 年均有一定幅度的上涨，辽宁省 2017 年对外贸易总额同比增长 10.75%。其中外商投资企业仍然占据大部分份额，如图 5 所示，外商投资企业进出口总额达 446.76 亿美元，与 2016 年同期相比增长 12.99%；国有企业进出口总额达 235.69 亿美元，与 2016 年同期相比增长 47.88%；民营企业进出口总额达 303.65 亿美元，与 2016 年同期相比增长 11.07%。

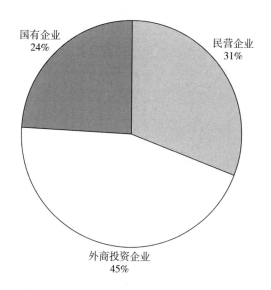

图 5　2017 年辽宁省各类企业进出口总额占比

资料来源：中华人民共和国商务部。

　　而天津市对外贸易总额同比增长 12.8%，其中国有企业进出口总额达 466.81 亿美元，与 2016 年同期相比增长 17.6%；外商投资企业进出口总额达 748.02 亿美元，与 2016 年同期相比增长 6.5%；民营企业进出口总额达 86.83 亿美元，与 2016 年同期相比增长 42.5%。天津市各类企业进出口总额占比见图 6。

　　总体来看，2017 年环渤海地区进出口总额相较于 2016 年有所增长，其中北京市的对外贸易额处于榜首，而在不同区域中，不同的企业类型也贡献着不同的贸易额。

　　如图 7 所示，地处政治中心的北京国有企业占据着其对外贸易额的大部分比重，在以民营企业为主要支柱的山东省和河北省，民营企业则贡献了半数以上的贸易额；而在沿海区域如辽宁省和天津市，由于地理位置的优势，其外商投资企业在进出口总额中占据着更为重要的地位。

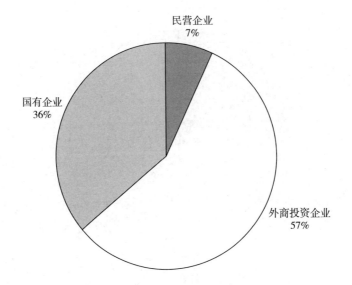

图6　2017年天津市各类企业进出口总额占比

资料来源：中华人民共和国商务部。

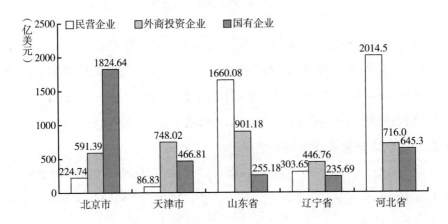

图7　环渤海地区各类企业进出口总额

资料来源：中华人民共和国商务部。

（二）出口额变化及增长率变化

环渤海地区的总体对外贸易体量巨大，其中对外贸易进口总额多于对外贸易出口总额，但 2012～2016 年区域中的进出口额都呈现稳定增长的趋势。

如图 8 所示，环渤海地区对外贸易出口额在 2012～2016 年的变化趋势和对外贸易总额的变化趋势相近，总体维持稳定，局部地区如辽宁省和北京、天津两市出口额略有下降。

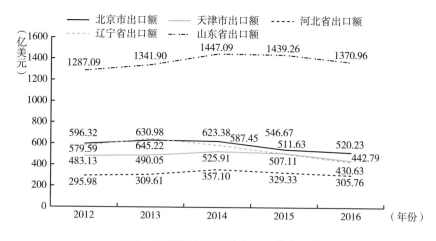

图 8　环渤海地区 2012～2016 年出口额

资料来源：中华人民共和国商务部。

其中，山东省 2012～2016 年的对外贸易出口额远高于其他地区，平均维持在 1400 亿美元，2017 年山东省对外贸易出口额达 1576.01 亿美元，相比 2016 年同期增长 10.1%。其中，民营企业出口额达 903.21 亿美元，相比 2016 年同期增长 14.8%；外商投资企业出口额达 544.46 亿美元，相比 2016 年同期增长 3.3%；而国有企业出口额只有 128.32 亿美元，相比 2016 年同期增长了 10.4%。

北京市和天津市较为接近。其中，北京市 2012～2016 年的对外贸易出口额处于区域第二，平均维持在 600 亿美元，2017 年北京市对外贸易出口额达 585.03 亿美元，相比 2016 年同期增长 12.5%。其中，民营企业出口额达 96.80 亿美元，相比 2016 年同期增长 16.2%；外商投资企业出口额达 92.08 亿美元，相比 2016 年同期增长 14.8%；而国有企业出口额达 16.05

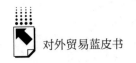

亿美元，相比 2016 年同期增长了 52.9%。

而天津市 2012~2016 年对外贸易出口额处于区域第三，平均波动也维持在 600 亿美元，2017 年天津市对外贸易出口额达 969.58 亿美元，相比 2016 年同期增长 6.2%。其中，民营企业出口额达 45.35 亿美元，相比 2016 年同期增长 59.7%；外商投资企业出口额达 304.68 亿美元，相比 2016 年同期增长 0.9%；而国有企业出口额达 205.44 亿美元，相比 2016 年同期增长 11.8%。

辽宁省 2012~2016 年的对外贸易出口额以一定的增速一直在发展，2012~2014 年相对落后于北京市和天津市，但近两年，辽宁省对外贸易逐步发展，出口贸易规模有着明显的扩大，其中外商投资企业增速最为明显。

而河北省 2012~2016 年的对外贸易出口额一直处于较为落后的地位，平均年出口额维持在 300 亿美元上下，但在 2017 年也出现了显著的增长，各类企业年出口额均有稳定的增长，其中民营企业增速较为明显。

（三）进口额变化及增长率变化

环渤海地区的总体对外贸易体量巨大，对外贸易进口总额远多于对外贸易出口总额，地区总体上在 2012~2016 年表现出稳定增长的趋势。

如图 9 所示，环渤海地区对外贸易进口额在 2012~2016 年的变化趋势和出口额的变化趋势相近，总体维持稳定，局部地区如辽宁省和北京、天津两市进口额略有下降。

其中，北京市 2012~2016 年的进口额远高于其他地区，平均维持在 3500 亿美元，2017 年北京市对外贸易进口额达 2652.18 亿美元，相比 2016 年同期增长 15.1%。其中，民营企业进口额达 1279.34 亿美元，相比 2016 年同期增长 3.4%；外商投资企业进口额达 499.31 亿美元，相比 2016 年同期增长 3.6%；国有企业进口额达到 1664.18 亿美元，相比 2016 年同期增长 22.3%，最为显著。

山东省 2012~2016 年的进口额处于区域第二，但远低于北京的平均水

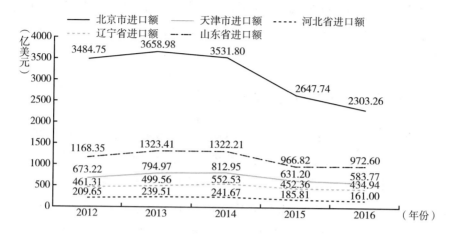

图9　环渤海地区2012～2016年进口额

资料来源：中华人民共和国商务部。

平，平均维持在1000亿美元上下，2017年山东省对外贸易进口额达1239.67亿美元，相比2016年同期增长22.2%。其中，民营企业进口额达755.49亿美元，相比2016年同期增长31.7%；外商投资企业进口额达356.23亿美元，相比2016年同期增长6.9%；而国有企业进口额达126.75亿美元，相比2016年同期增长18.9%。

天津市2012～2016年的进口额处于区域第三，平均维持在700亿美元左右，2017年天津市对外贸易进口额显著增长，达到1034.06亿美元，相比2016年同期增长19.8%。其中，民营企业进口额达330.92亿美元，相比2016年同期增长1.6%；外商投资企业进口额达442.44亿美元，相比2016年同期增长10.7%；而国有企业进口额达260.83亿美元，相比2016年同期增长22.7%。

辽宁省2012～2016年的进口额以一定增速在发展，已突破500亿美元，2012～2014年相对落后于其他区域，但近两年，辽宁省对外贸易逐步发展，进口贸易规模有了明显的扩大，其中外商投资企业的增速最为明显。

而河北省2012～2016年的对外贸易进口额一直处于较为落后的地位，

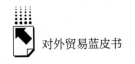
平均年对外进口额保持在 300 亿美元以下，但在 2017 年也出现了一定幅度的增长，各类企业的年对外进口额均有稳定的增长，其中民营企业增速较为明显。

（四）贸易差额趋势变化及其原因

从贸易差额来看，除了北京市和天津市表现为贸易逆差外，山东省、辽宁省和河北省均出现较大贸易顺差。其中，北京市和天津市的贸易逆差逐年递减，北京市的贸易逆差从 2012 年的 454.80 亿美元，降低至 2016 年的 280.79 亿美元，天津市的贸易逆差从 2012 年的 29.92 美元，降低至 2016 年的 22.20 亿美元；山东省的贸易顺差总体增长，2012 年贸易顺差为 18.70 亿美元，2015 年增长至 74.40 亿美元，2016 年小幅回落至 62.73 亿美元；辽宁省则从 2012 年的贸易顺差变成 2016 年的贸易逆差，2012 年贸易顺差为 18.63 亿美元，2016 年贸易逆差达到 0.68 亿美元；河北省贸易顺差稳定增长，2012 年贸易顺差为 13.54 亿美元，2016 年增长到 22.83 亿美元。据中国海关统计，北京市和天津市的贸易逆差主要来自一般贸易、保税区和自贸区转口贸易。天津市作为北方的货运和贸易中心，持续的贸易逆差伴随着当地一般贸易比重的增加，这意味着中国经济的蓬勃发展和购买力的不断增强，从内在推动了需求；虽然近年来贸易逆差有所缩小，但是总体来看，天津市对外贸易仍将保持持续性逆差。

从全球范围看，近些年全球经济波动较为剧烈，石油等大宗商品的价格也频繁波动，国际贸易格局面临一定的挑战，导致各国对外贸易都遇到了一定程度的阻碍和困难，内外因素均导致各国面临对外贸易普遍下降的困境，但和其他国家相比，中国受到的国际贸易冲击相对较小，甚至国际市场份额还在逐渐增加，这与中国对外贸易结构的综合发展和优化密切相关。从长远来看，中国外贸在面临严峻挑战的同时也面临巨大的潜力，如何保持当前的趋势并进一步扩大优势将成为接下来的重点，虽然环渤海经济圈对外贸易发展面临着外部复杂环境，但对外贸易发展状况相对较好，预计在接下来的几年外贸形势会继续有所回升。

三　环渤海地区对外贸易产品结构发展趋势

（一）出口产品结构变化

2017 年北京实现外贸正增长，出口额超过 617.17 亿美元，从主要出口产品来看，2017 年北京地区出口矿物燃料和矿物油 166.79 亿美元，同比增长 35.7%，就总体出口贸易量来看，并未出现大幅度变化，出口贸易额的变化是由燃料价格的波动导致；电机、电气设备产品出口额达 108.66 亿美元，与 2016 年同期相比增长 4.3%；核反应堆、机械器具出口额达 74.38 亿美元，与 2016 年同期相比增长 3.6%；钢铁制品出口额达 28.63 亿美元，与 2016 年同期相比增长 13.8%；光学、照相、医疗等设备及其零附件出口额达 26.83 亿美元，与 2016 年同期相比增长 14.5%；车辆及其零附件出口额达 24.40 亿美元，与 2016 年同期相比减少 9.2%；钢铁出口额达 18.92 亿美元，与 2016 年同期相比减少 3.8%。2017 年北京市出口产品占比情况见图 10。

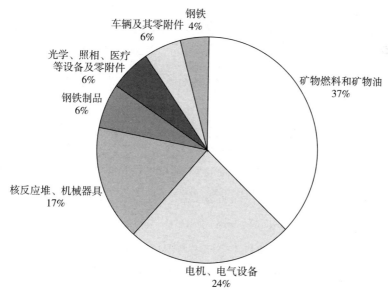

图 10　2017 年北京市主要出口产品占比情况

资料来源：中华人民共和国商务部。

2017 年辽宁省也实现了对外贸易正增长，如图 11 所示，从主要出口产品来看，成品油和服装及衣着附件出口大幅增长，其他传统大宗商品出口保持增长。其中，机电产品出口额达 179.46 亿美元，与 2016 年相比增长 5.36%；钢材出口额达 56.31 亿美元，与 2016 年相比增长 21.05%；高新技术产品出口额达 55.51 亿美元，与 2016 年相比增长 18.21%；成品油出口额达 26.13 亿美元，与 2016 年相比降低 4.36%；农产品出口额达 49.04 亿美元，与 2016 年相比增长 10.48%；服装及衣着附件出口额达 32.76 亿美元，与 2016 年相比增长 1.58%。

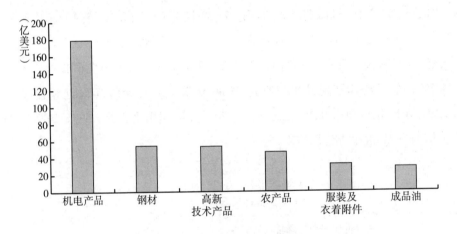

图 11　2017 年辽宁省主要出口产品

资料来源：中华人民共和国商务部。

2017 年山东省出口总额达 1225.57 亿美元，从主要出口产品来看，原油和铁矿砂出口大幅增长，其他主要出口产品份额也保持持续增长。其中，原油出口额达 286.80 亿美元，与 2016 年同期相比增长 81.5%；机电产品出口额达 274.78 亿美元，与 2016 年同期相比增长 2%；农产品出口额达 149.02 亿美元，与 2016 年同期相比增长 7.1%；高新技术产品出口额达 152.32 亿美元，与 2016 年同期相比增长 1.4%；铁矿砂出口额达 77.37 亿美元，与 2016 年同期相比增长 22.6%；粮食类产品出口额达 72.65 亿美元，与 2016 年同期相比增长 7.8%；集成电路出口额为 61.53 亿美元，与 2016 年同期相比增长 14.8%（见图 12）。

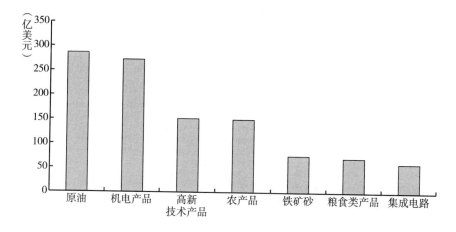

图12　2017年山东省主要出口产品情况

资料来源：中华人民共和国商务部。

河北省2017年机电产品出口额达101.27亿美元，增长19%。传统劳动密集型产品的出口总额达到83.33亿美元，同比增长17.7%，其中服装及衣着附件出口额达到44.11亿美元，同比增长16.4%，纺织品的出口额达到20.06亿美元，同比增长16.4%。钢材出口额达60.35亿美元，同比下降27.7%，其中出口量为1017万吨，减少54.5%，平均价格为每吨593.44美元，同比上涨58.8%。而高新技术产品出口额达23.05亿美元，同比增长18.1%，其中生命科学技术产品出口额达7.99亿美元，同比增长16%，电子技术产品出口额达7.91亿美元，同比增长17.9%（见图13）。

根据上述统计数据，我们可以发现，在环渤海地区，出口比重最大的商品是原油，在各地均占据出口贸易额的最大比重；除大宗商品外，机电产品的出口额在环渤海地区的出口贸易总额中占有很大的比重，在三省两市的比重均为前两名；高新技术产品的出口额排第三位，这说明高新技术产品在国内仍有较高需求，高新技术产品还需要向外部出口，其中河北省在机电产品出口和高新技术产品出口方面呈现连年下降的趋势，作为以劳动密集型企业和私人企业为主的省份，河北省对于高新技术的研发和推进速度稍慢于环渤海区域的其他省份。同时总体看来，在

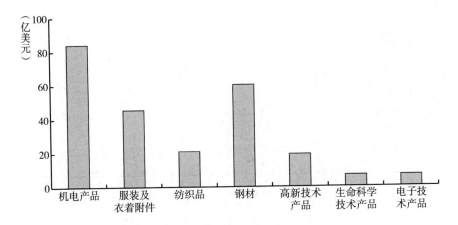

图13 2017年河北省主要出口产品情况

资料来源：中华人民共和国商务部。

高新技术引进方面，国家历来的限制较多，再加上中国进出口贸易在科技方面的资源配置不均衡，所以中国对高精尖技术引进还略显不足，环渤海地区在出口贸易的科技引进方面还有很大的提升空间。但同时环渤海地区也应注意高科技人才的培养，加大对高新技术自主研发的投入力度，促进贸易产业结构优化升级。

（二）进口产品结构变化

2017年北京实现对外贸易正增长，进出口规模超过3423.95亿美元，如图14所示，从主要进口商品来看，2017年北京地区机电产品进口额达到659.40亿美元，与2016年相比增长2.8%；高新技术产品进口额达264.92亿美元，与2016年相比增长6.2%；进口原油总额达1012.21亿美元，与2016年相比增长40.9%；汽车进口额达159.68亿美元，与2016年相比增长2.4%；农产品进口额达152.02亿美元，与2016年相比增长12.5%；天然气进口额达147.97亿美元，与2016年相比增长45.9%；铁矿砂进口额达107.88亿美元，与2016年相比增长46.3%。

2017年辽宁省也实现了外贸进口正增长，从主要进口商品来看，成品

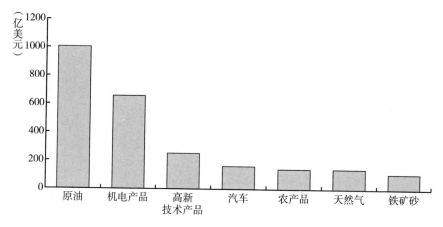

图 14 2017 年北京市主要进口产品情况

资料来源：中华人民共和国商务部。

油和服装及衣着附件进口大幅增长，其他传统大宗商品进口额保持增长。其中，机电产品进口额达 107.80 亿美元，与 2016 年同期相比增长 5.67%；高新技术产品进口额达 46.22 亿美元，与 2016 年同期相比增长 6.7%；原油进口额达 112.86 亿美元，与 2016 年同期相比增长 0.1%；农产品进口额达 43.19 亿美元，与 2016 年同期相比增长 2.11%；汽车零配件进口额达 25.40 亿美元，与 2016 年同期相比增长 15.47%（见图 15）。

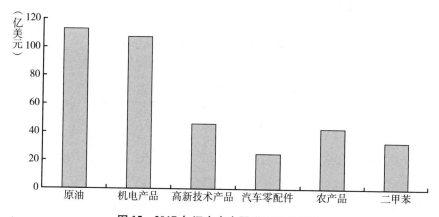

图 15 2017 年辽宁省主要进口产品情况

资料来源：中华人民共和国商务部。

2017 年山东省进口总额达 1226.85 亿美元，从主要进口商品来看，原油和铁矿砂及其精矿进口大幅增长，其他主要进口商品份额也保持持续增长。其中，原油进口额达 287.10 亿美元，与 2016 年同期相比增长 81.5%；机电产品进口额达 275.07 亿美元，与 2016 年同期相比增长 2%；高新技术产品进口额达 152.47 亿美元，与 2016 年同期相比增长 1.4%；农产品进口额达 149.18 亿美元，与 2016 年同期相比增长 7.1%；铁矿砂及其精矿进口额达 77.46 亿美元，与 2016 年同期相比增长 22.6%；粮食进口额达 72.72 亿美元，与 2016 年同期相比增长 7.8%；集成电路进口额为 61.59 亿美元，与 2016 年同期相比增长 14.8%（见图 16）。

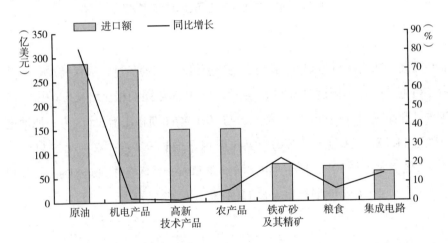

图 16　2017 年山东省主要进口产品情况

资料来源：中华人民共和国商务部。

2017 年河北省商品进口情况如下。2017 年，铁矿砂进口 10644.5 万吨，同比减少 21.3%，平均价格为每吨 77.05 美元，同比上涨 32%。煤及褐煤进口量为 516.1 万吨，同比增长 27.3%，平均价格为每吨 144.03 美元，同比上涨 77.2%。大豆进口量为 571.4 万吨，同比增长 43.6%，平均价格为每吨 445.68 美元，同比上涨 4.5%。原油进口量为 120.5 万吨，2016 年同期没有进口值，平均价格为每吨 419.37 美元。此外，如图 17 所示，农产品进口额达 36.79 亿美元，同比增长 45%，其中主要为大豆，进口额达 25.46

亿美元，同比增长 50%；机电产品进口额达 31.05 亿美元，同比增长 1.3%，包括进口电器及电子产品 8.95 亿美元，同比增长 23.6%；进口机械类设备总计 13.72 亿美元，同比下降 1.8%；运输工具进口额为 3.47 亿美元，同比下降 28%。高新技术产品进口额为 10.73 亿美元，同比下降 3.5%，包含进口计算机集成制造技术型产品 4.87 亿美元，同比下降 15.6%。

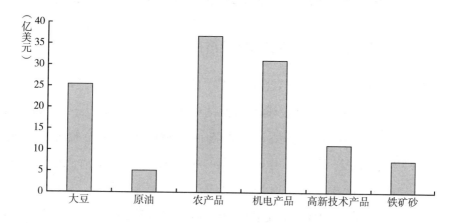

图 17　2017 年河北省主要进口产品情况

资料来源：中华人民共和国商务部。

根据上述统计数据，我们可以发现，在环渤海地区，进口比重最大的商品是原油，在各地均占据进口贸易额中的最大比重；除大宗商品外，机电产品的进口额在环渤海地区的进口总额中占有很大的比重，在三省两市的比重均达到了前两名；高新技术产品的进口排第三位，这说明高新技术产品在国内仍有较高需求，高新技术产品主要还需要从外部进口，其中河北省在机电产品进口和高新技术产品进口方面呈现连年下降的走势，正如上文所提，以私人企业和民营企业为主的河北省更多地靠劳动密集度优势打开国际贸易市场，所以对于高新技术产品的需求水平仍较低（与环渤海其他省市对于高新技术产品的需求程度相比）。同时该现象还说明在高新技术引进方面，虽然环渤海其他地区对于高新技术产品的进口额高于河北省，但是中国一直采取较为严格的审核，加上各省区市对于技术资源的配置存在不均衡，导致中国整体高新技术产品仍处于较为不发达的地位，环渤海地区应利用自身优势，进一步加强对科学技术的研发投入以及对高新技术人才的开发与培养，充分抓住机遇，将高新技术产业拓展至更广阔的空间。

四　环渤海地区对外贸易区域结构发展趋势

（一）环渤海地区对外贸易区域结构现状

环渤海地区贸易结构是随着区域对外贸易的发展而不断发展完善的。在20世纪初期，中国的贸易伙伴很少，环渤海地区的对外贸易主要分布在北美和东欧，如俄罗斯和美国等，对欧洲西部地区和非洲国家的对外贸易并不发达。同时由于当时的政策以及经济等因素的影响，中国与世界的贸易往来并不频繁，后来随着中国不断对外开放，特别是中国加入WTO，中国国际贸易开始显著发展，各方贸易结构得到了进一步优化。而近年来，随着中韩自贸区、中日自贸区和中澳自贸区的建立，环渤海地区对外贸易额也随之显著递增，在韩国、日本等国表现得更为明显。

图18是2017年环渤海地区主要产品出口市场，可以发现其中主要的出口贸易伙伴分别是美国、欧盟、日本等较为发达的经济体。

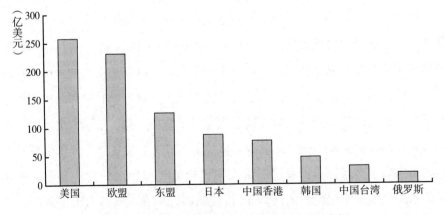

图18　2017年环渤海地区对外贸易主要出口市场

资料来源：中华人民共和国商务部。

从图 19 可以看出，从环渤海地区内部来看，天津市的主要出口市场集中在美国、日本和中国香港。2012 年天津市对美国贸易出口额为 501.59 亿美元，随后受复杂国内外贸易环境的影响有所下降，2016 年降至 446.39 亿美元，但美国仍占据天津市最大贸易出口市场的地位。天津市对欧盟的贸易出口额有小幅波动，2013 年、2014 年和 2016 年出口额分别为 362.63 亿美元、388.80 亿美元和 299.68 亿美元。东盟、日本、韩国、中国香港、中国台湾地区的出口额较为稳定，未出现较大波动。2012 年天津市对俄罗斯的出口额为 32.63 亿美元，2016 年降至 16.36 亿美元。

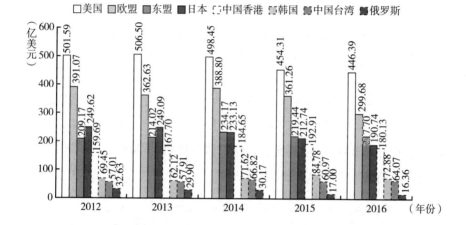

图 19　2012～2016 年天津市对外贸易出口区域结构

资料来源：中华人民共和国商务部。

从图 20 可以看出，在北京市的对外贸易出口结构中，对欧盟的出口比例明显高于美国，2012 年北京市对欧盟出口额为 505.59 亿美元，2016 年为 594.27 亿美元，增长了 17.56%；对美国贸易出口额也一直在增加，从 2012 年的 381.72 亿美元上升至 2016 年的 489.23 亿美元，增幅达 28.1%。对其他地区如日本、韩国、中国台湾等的出口额几乎保持不变。

从图 21 可以看出，山东省的主要出口市场集中于美国、欧盟、日本、东盟和中国香港，与天津市相比，山东省对我国香港地区的贸易出口比例高于日本，贸易出口额在 2012 年分别为 337.20 亿美元和 308.20 亿美元，至

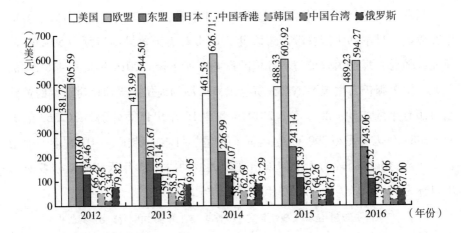

图20　2012～2016年北京市对外贸易出口区域结构

资料来源：中华人民共和国商务部。

2016年分别为270.92和258.01亿美元，下降幅度较大；对美国和东盟的出口额2012年分别为637.60亿美元和307.00亿美元，在2016年出口额为712.48亿美元和348.67亿美元，其间一直保持增长。所以，环渤海地区的出口贸易市场在这5年中是较为稳定的。

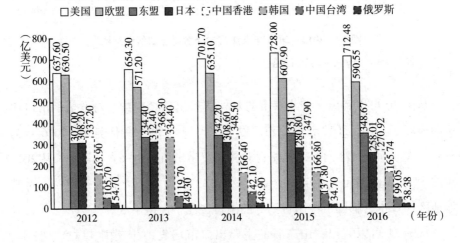

图21　2012～2016年山东省对外贸易出口区域结构

资料来源：中华人民共和国商务部。

图 22 是辽宁省 2012～2016 年对外贸易的主要进口国家和区域，与出口不同，在主要进口国家和区域中，自欧洲国家的进口比例有明显的提升，但同时如美国、日本等国也占据较大份额。辽宁省自香港的进口额一直较低，2012 年贸易进口额为 8.54 亿美元，至 2016 年有所上升，达到 40.25 亿美元。此外，自韩国、中国台湾、俄罗斯等的贸易进口额稳定，5 年间变化不大。

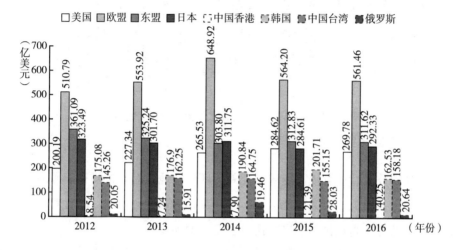

图 22　2012～2016 年辽宁省对外贸易进口区域结构

资料来源：中华人民共和国商务部。

从图 23 可以看出，河北省的主要进口贸易对象为美国、欧盟、日本、东盟、韩国和中国台湾，进口比重分布较为平均。其中，对日本的进口依赖性较大，但近几年有下降趋势，2012 年对日本进口额为 112.62 亿美元，至 2016 年为 74.80 亿美元，降幅为 33.59%。对美国、欧盟和东盟的进口额也分别有不同程度下降，但 5 年间降幅都不超过 20%，进口区域结构较为稳定。

环渤海地区对发达国家进口的依赖性较高的主要原因在于，发达国家是传统的制造业大国，具有较为先进而高效的制造实力，并且在这些年逐渐形成独立的高新技术。而环渤海地区覆盖中国重要的制造业工业省份河北省，同时还覆盖了高新技术的集中区如北京市和天津市，进而使环渤海地区对制

191

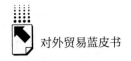

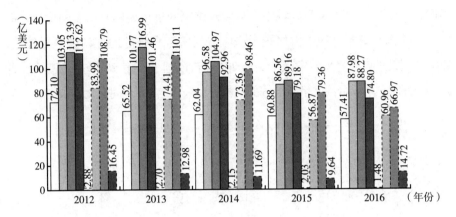

图23　2012～2016年河北省对外贸易进口区域结构

资料来源：中华人民共和国商务部。

造业和高新技术行业有较高需求。此外，环渤海地区对原材料和能源的需求也越来越大，因此，环渤海地区对初级产品的进口也会增加，同时对于澳大利亚、巴西等资源提供国的进口比重也有所增加。

（二）环渤海地区对外贸易区域结构问题

从环渤海地区的贸易市场结构发展来看，其对外贸易国家和区域的分布不均衡，主要集中在欧洲、美洲等发达国家所在区域，进而会导致环渤海地区出现潜在的两个问题：一方面，过分集中依赖少数发达国家和区域进行对外贸易可能会导致中国对外贸易产品结构过于单一和固定，不利于应对由政治或者经济政策等变化所引起的重大风险；另一方面，对外贸易市场过于集中会削弱环渤海地区对进出口产品的议价能力以及产品多元化结构的发展，会导致环渤海地区贸易条件恶化等问题发生。

五　环渤海地区对外贸易方式发展趋势

在贸易方式上，环渤海地区以一般贸易为主，加工贸易为第二主要贸易方式，如图 24 所示。北京市一般贸易出口占比从 2012 年至 2016 年维持在 83% 左右，几乎没有什么变动，在 2017 年一般贸易仍然占有 82% 的比重。而加工贸易出口在 2012 年占比约为 15%，发展到 2016 年降至 13%，2017 年占比继续下降至 9.93%；天津市 2017 年一般贸易占比达到 69.44%，加工贸易占比为 15.49%，并维持在较稳定的水平；河北省一般贸易出口占比具有明显的主体地位，2017 年其一般贸易占比已达 89.62%，而加工贸易占比只有不到 10%，并一直维持在比较稳定的水平；2017 年山东省一般贸易出口占比已达 64.81%，加工贸易占比为 26.57%；辽宁省 2017 年一般贸易占比 51.67%，相比其他省份占比较小，而加工贸易占比达到 27.19%，相对占比较大。

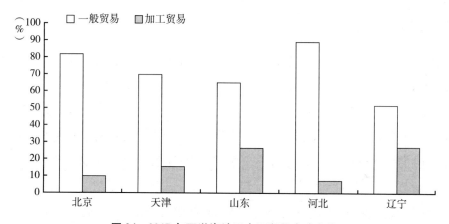

图 24　2017 年环渤海地区主要贸易方式占比

资料来源：中华人民共和国商务部。

在环渤海区域内部，其中辽宁省和山东省的对外贸易方式中加工贸易占比较大，而且从近五年来看，辽宁省和山东省加工贸易额不断波动，整体微幅增长；一般贸易每年的出口额却表现出逐年下跌的趋势，这与两省的地理位置有一定的联系，两省均属于东部沿海地区，优越的地理位置有利于其接收初级产品并进一步发展加工贸易。

从图 25 看，与山东省和辽宁省有明显的不同，一般贸易是河北省对外贸易的主要方式，占比达到 85% 以上。2017 年，河北省的一般贸易发生额达 470.38 亿美元，同比增长 6.8%，占进出口总额的 89.2%；加工贸易进出口额为 237.1 亿美元，

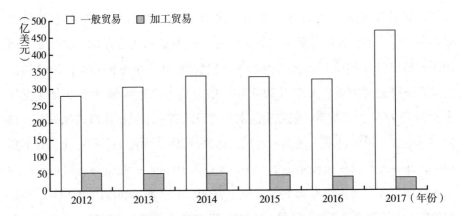

图25　2012~2017年河北省贸易方式进出口额

资料来源：中华人民共和国商务部。

增长10.7%。此外，以海关特殊监管方式进出口额为58亿美元，增长2.7倍；以对外承包工程出口货物方式进出口额为32.8亿美元，增长5.6%。

近年来，一般贸易一直是环渤海地区对外贸易方式的重要组成部分，这是由于环渤海地区的产品竞争力在不断提高，以小微企业和民营企业为主的生产型企业的海外开拓市场的能力也在不断增强。但是随着环渤海地区充分发挥制造业优势、劳动力优势以及区位优势，并且借助自贸区等便利条件，加工贸易得到了飞速的发展。此外随着招商引资系列政策的出台，外资企业逐渐打开中国市场并占据重要位置，也在一定程度上推进了环渤海地区对外贸易的发展。

在贸易方式上，山东省、北京市一般贸易进口所占比重比较大，但仍低于河北省89%以上的一般贸易进口占比。在加工贸易方面，山东省进口占比则明显高于北京市和河北省。

六　环渤海地区对外贸易发展总结及启示

（一）环渤海地区对外贸易存在的问题

环渤海地区在中国的对外贸易中起到了举足轻重的作用，但从总体上看，环渤海经济圈对外贸易还存在以下问题。

从对外贸易商品结构来看，首先，以一般贸易为主的出口商品仍处于主导地位，但制成品出口仍然还存在较为严重的质量问题。虽然目前环渤海区域已经拥有众多跨国企业，但是这些跨国企业在国际价值链中所处的地位仍然较低，无法利用真正的核心技术和比较优势进行进一步发展，缺乏长期发展的动力。

其次，对外贸易商品结构发展不均衡。理想状态的贸易结构优化的标准，应以初级产品为主，以保持国内资源的可持续性。同时应以高新技术产品为导向，引进先进的技术来提高劳动生产率。但从环渤海区域的现状来看，重工业产品和大宗商品占据很大的比重，这说明环渤海地区仍然处于对外贸易较为初级的时期，主要靠一级产业和二级产业来带动对外贸易，而高端的制造能力提升和高科技产品产业体系的完善还需要依托进口才能完成。

从环渤海地区的贸易市场结构发展来看，其对外贸易国家和区域的分布不均衡，主要集中在欧洲、美洲等发达国家所在区域，进而会导致环渤海区域出现潜在的两个问题：一方面，过分集中依赖少数发达国家和区域进行对外贸易可能会导致中国对外贸易产品结构过于单一和固定，不利于应对由政治或者经济政策等变化所引起的重大风险；另一方面，过于集中的对外贸易伙伴会削弱环渤海地区对于进出口产品的议价能力以及产品多元化结构的发展，会导致环渤海地区贸易条件恶化等问题的发生。

从对外贸易方式来看，加工贸易可能会挤压一般贸易。中国对加工贸易的进出口免征关税，也不退还增值税，而一般贸易的退税额却低于需要多缴纳的增值税。环渤海地区的很多企业为了减少额外成本，选择将一般贸易转化为加工贸易，进而导致资源配置失衡。

而且还有许多长期影响增长的潜在问题，如外贸增长速度和规模低于全国及周边省份，居全国位置下降；外贸不平衡度依然偏高；利用外资水平有待提高；综合保税区等海关特殊监管区效能发挥仍有较大空间；市场采购贸

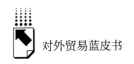

易、中欧班列发展与其他省份依然有较大差距，仍需后续发力；产品结构有待进一步拓展，对钢材、铁矿砂等大宗商品依然依赖较大，机电产品、高新技术产品出口国际竞争力依然较弱等。

（二）环渤海地区对外贸易发展对策

通过对环渤海地区"三省两市"对外贸易基本情况的分析可以发现，环渤海地区对外贸易在全国的地位不断提升，规模快速扩大。但是从贸易结构、商品结构、贸易主体及环境来看，环渤海地区对外贸易仍处在较为落后的阶段且各地差异性较大，只有逐步优化外贸结构，改善国际贸易环境，才能长远地为环渤海地区的对外贸易发展提供动力。

2017年，国际市场较强回暖，国内经济回稳向好，各级政府接连出台外贸稳增长促发展各项政策，优化营商环境，各相关部门大力支持落实，各企业积极努力配合，环渤海经济圈外贸摆脱了2015年和2016年连续两年的下降态势，实现快速增长。在稳定一般贸易进出口的同时，加工贸易进出口逐步恢复，在保持民营企业活跃度的同时，国有企业表现不俗，在大力开拓"一带一路"市场的同时，传统欧美市场一改颓势。随着自贸区和保税区的不断发展和不断摸索，环渤海经济区在2017年11月、12月崭露头角，后劲十足，同时供给侧结构性改革成效显著，大量落后产能被淘汰出市场，市场供需矛盾明显改善，钢材市场价格稳步上涨，企业利润率显著提升，出口依存度大幅下降，产品结构向价值链上游转移，国产加速替代进口，改革措施推动钢铁行业去芜存菁、由大转强。进出口商品结构不断改善，电子类、生命科学技术、光电技术、计算机与通信技术等高附加值产品进出口呈两位数增长，大宗商品进口快速增长，原油进口不断增加，中国原油进口资质逐渐放开后少数几家民营原油进口企业，打破了原油进口中石油、中石化等国有企业的垄断，民营炼油企业营商、生存环境改善，利润大幅提升。但是与此同时，外贸发展仍然存在一些差距。2018年，国际环境仍然严峻复杂，国内经济回稳向好的基础仍不牢固，影响外贸发展的不确定、不稳定因素仍然很多，但 2018 年中国迎来改革开放 40 周年，河北省又处于"一带一路"建设、京津冀协同发展、雄安新区规划建设、北京第二机场临空经济规划建设、张家口冬奥会筹办等一系列重大机遇交会叠加期，河北省切实积极融入其中，必将拓展发掘外贸新的增长点，为其外贸发展带来新引擎。

接下来环渤海地区的主要努力方向是探索新型贸易方式，优化出口商品结构。只有出口商品的技术含量提高了，才能增加产品的竞争力。现阶段，环渤海地区已经处于一、二级产业发展的中期，基本具备从工业化向资本和技术密集型产业转移的条件，环渤海区域应大力推进和鼓励研发高新技术产品，同时配合实行人才引进和人才培养，全面大力发展科技产业，实现经济转型，因为科学技术的持续不断提高才是发展的关键所在。

就环渤海地区目前的现实状况来看，要想持续保持地区经济的快速增长，引入外资也是重要的手段。环渤海区域不仅要加大力度吸引外资的进入，还要通过系统科学的方法，高效地利用外资，既要学习资本管理的理论和方法，又要懂得将外资管理理论与实践相结合，全方位多角度地利用外资对区域发展进行建设。

环渤海经济圈应增强创新开拓的能力，努力开拓新型外贸格局。中国正在创建创新型国家，大力提倡自主创新。而技术创新又是外贸企业转型升级的关键因素之一。因此，政府应该给予政策和资金上的支持，鼓励企业自主创新，从而推动对外贸易的发展。

同时进出口主体要避开单一集中的分布，尽量多元化布局。环渤海"三省两市"各有出口主体，江苏、上海以外资企业为主体，浙江以私营企业为主。虽然外资企业的发展有助于扩大出口规模，优化出口结构，但只有进一步推行出口主体多元化，才能提高地区外贸发展柔韧度，实施市场多元化战略。环渤海地区必须把握世界贸易的大方向，积极拓宽市场，全面开展战略开发合作，改变之前较为单一的市场结构，弥补不足，实现资源共享、风险共担，最终实现快速发展。

专栏

潍坊综合保税区成为中国首个"一区两片"的综合保税区

2017年7月27日，经国务院批复，潍坊综合保税区向北扩大，成立潍坊综合保税区北区，潍坊综合保税区成为中国首个转型升级后再度扩容的综合保税区，也是全国首个获批"一区两片"的综合保税区。

潍坊综合保税区于2011年1月获得国务院批准设立，目前全区已有注册企业1000多家，服务于社会企业1500多家，2016年进出口总额达到73.8亿元，增长幅度达到29.5%，位于全市及全省第一，充分发挥了保税区的作用。

新建的潍坊综合保税区北区由之前的2.12平方公里扩张到涉及潍坊港口周边，北部沿海地区土地资源丰裕，基础产业齐全，港口优势显著，具有巨大的发展潜力。该保税新区的设立不仅仅是单纯的规划布局，还为海关总署特殊监管区域提供了优化整合新思路，这将有助于实现潍坊港的联动发展，对于进一步发展国际贸易，发展国际物流，承接产业转移，全面打造东北亚国际贸易新地位，具有非常重要的战略意义。

同时北区与南区互补融合，与潍坊港联动发展，利用综合保税区保税加工、货物贸易等功能及进境保税、入区退税等优惠政策，进一步推动建设区域性国际物流中心，完善环渤海湾南畔对外开放功能，提升开放发展层次，搭建连接沿海、内陆及面向东北亚、西北欧的对外贸易通道，助推"一带一路"的实施与山东自贸试验区的申报建设。

B.9
其他地区对外贸易发展形势分析

摘　要：　2017年，广西和新疆的对外贸易也实现了较高速的增长，作为"一带一路"建设中的重要支点，广西和新疆的对外贸易还有着巨大的潜力和重要的战略意义。

关键词：　广西　北部湾　新疆

一　广西及北部湾地区对外贸易发展形势分析

北部湾地区位于中国南海的西北部，东临雷州半岛和海南岛，北临广西壮族自治区，与琼州海峡和中国南海相连。临岸的广西壮族自治区的玉林、崇左、钦州、防城港、南宁以及北海组成北部湾经济合作区。

北部湾经济合作区在中国对外贸易中起着非常重要的作用，北部湾经济合作区自2006年3月建立以来，在经济建设与对外贸易方面取得了显著的成就，2017年北部湾经济合作区的生产总值达到10007.3亿元，同比增长8.3%，对广西经济增长的贡献率高达49%，同时区域经济结构调整完善，深入实施开放带动战略，力推融入"一带一路"建设。

（一）主要贸易额发展趋势

2017年，广西14个市中除贺州外，13个市进出口额呈增长态势。其中，进出口额排前三位的是崇左、防城港、南宁，其进出口额分别为1338.8亿元、768.5亿元和607.1亿元，分别增长9.9%、32.4%和48.8%

（见图1）。同期，北部湾经济区6市进出口额为3319.4亿元，增长21.6%，占85.9%；西江经济带7市（与北部湾经济区有重合）进出口额为2398.4亿元，增长21.9%。

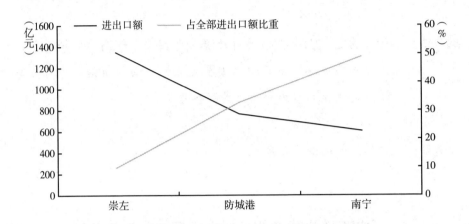

图1　2017年北部湾部分地区货物进出口额及占比情况

资料来源：中华人民共和国海关总署。

进口方面，广西着力壮大优势产业，重点培育集群产业、强优企业，力促粮油加工、钢铁、有色金属等支柱产业发展。行业龙头企业产能不断扩大，对进口原材料的需求旺盛，加之国际大宗商品价格持续上涨，2017年，广西一般贸易方式进口大宗商品量价齐增。其中，大豆、铜矿砂及铁矿砂进口量分别增加75.7%、18.8%和28.4%，进口均价分别上涨4.1%、36%和34.4%（见图2），上述3者进口额合计525.7亿元，增长73.6%，对广西外贸进出口总额增长贡献率为31.3%。

出口方面，得益于广西产业竞争力在国际市场上逐步增强，产品知名度的提升带动出口增加，以一般贸易出口增势尤为显著。2017年，一般贸易出口额为539.4亿元，增长73%。其中，机电产品和传统劳动密集型产品出口额分别为218.8亿元和97.5亿元，分别增长98.1%和2.8倍，上述两者出口额合计对广西外贸进出口总额增长的贡献率为25.3%。

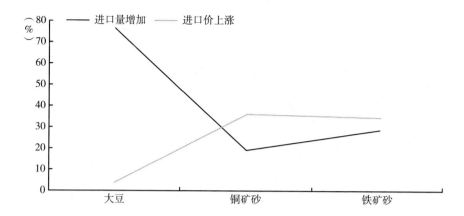

图2　2017年北部湾地区部分货物进口量及价格变化

资料来源：中华人民共和国海关总署。

（二）主要贸易方式发展趋势

2017年广西主要贸易方式保持增长态势，但在海关特殊监管方面有所回落。2017年，广西边境贸易（边境小额贸易、边民互市贸易）进出口额合计1469.8亿元，同比增长0.9%，占同期广西外贸总额的38%。其中，边境小额贸易进出口额为836.3亿元，同比增长5.8%，占比为21.6%；边民互市贸易进出口额为633.5亿元，同比下降5%，占比为16.4%。一般贸易进出口额为1423.6亿元，同比增长70.4%，占比为36.8%。加工贸易进出口额为804.3亿元，同比增长25.5%，占比为20.8%；海关特殊监管方式进出口额为157.8亿元，同比下降26%，占比为4.1%（见图3）。

一般贸易占比明显提高，成为拉动外贸增长的重要引擎。2017年，广西一般贸易进出口额结束了连续3年不断下降的低迷态势，增势迅猛，对外贸的拉动作用日益明显。2017年，广西一般贸易进出口额为1423.6亿元，增幅高达70.4%，成为增速最快的贸易方式，所占比重由2016年的26.5%上升至36.8%。

广西与越南两地的主要产品在结构上虽存在互补性，然而都是附加值较

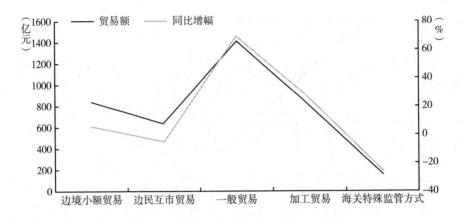

图3 2017年北部湾地区不同贸易方式的贸易额及同比增长情况

资料来源：中华人民共和国海关总署。

低的产品，两地存在相互竞争性。此外，广西边境贸易多为通道型经济，很少落地加工，缺乏产业链支撑，对地方经济拉动作用有限。受此影响，低迷的态势一直延续到2017年上半年。2017年5月以来，边境小额贸易虽逐渐回暖，但受前期降幅较大的影响，2017年，广西边境小额贸易进出口额为836.3亿元，增幅仅为5.8%。与此同时，在经历过2016年增幅高达88.7%的高速增长阶段后，2017年广西边民互市贸易增长动力明显不足。2017年，广西边民互市贸易进出口额为633.5亿元，下降5%。且2017年广西外贸发展对边境贸易的依赖明显降低，边境贸易所占比重为38%，较2016年下降8.2个百分点。

（三）对外贸易企业性质发展趋势

在2017年广西对外进出口贸易中，民营企业仍然占据主导地位，但与此同时，外商投资企业与国有企业进出口额在明显增加，民营企业进出口总额达1651.4亿元，同比增长24.2%，占全部进出口总额的42.7%，外商投资企业和国有企业进出口额分别为956.9亿元和624.4亿元，相比2016年同期增长了48.8%和21.1%。2017年北部湾地区不同企业形式的贸易额占比见图4。

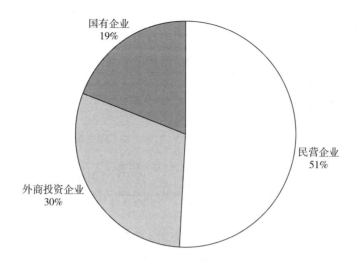

图4 2017年北部湾地区不同企业形式的贸易额占比

资料来源：中华人民共和国海关总署。

2017年，民营企业进出口额对广西外贸进出口总额增长的贡献率为45.5%。民营企业作为广西外贸发展的主力军，有力支撑外贸发展，内生动力显著增强。与此同时，广西大力实施开放带动战略，加强吸引外资工作，积极利用外资，使得外商投资企业为广西外贸发展注入较强的活力。2017年，广西外商投资企业进出口额为956.9亿元，增长48.8%，对广西外贸进出口总额增长的贡献率为44%。

（四）对外贸易区域发展趋势

2017年，广西对东盟、美国、中国香港等主要市场贸易增长态势良好。广西对东盟进出口额为1893.9亿元，增长3.7%，占49%，其中对越南进出口额为1626.3亿元，增长2.1%。对美国、中国香港、巴西和欧盟进出口额分别为285.9亿元、261.3亿元、200.3亿元和143.6亿元，分别增长54.5%、43.1%、70.7%和49%。此外，对"一带一路"沿线国家进出口额为2100.2亿元，增长5.2%，占54.3%（见图5）。

2017年，广西加大对美国、中国香港和欧盟的进出口力度，分别增长

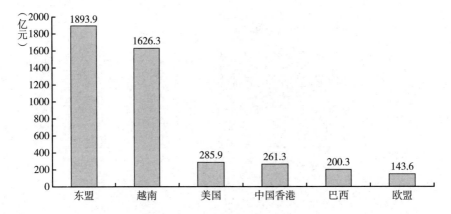

图5 2017年北部湾地区对不同区域的出口额

资料来源：中华人民共和国海关总署。

54.5%、43.1%和49%，上述3者进出口额合计690.8亿元，增长48.9%，对广西外贸进出口总额增长贡献率为31.8%。同期，广西积极开拓拉丁美洲、大洋洲和非洲等新兴市场，上述3大市场进出口额分别增长67.6%、42.8%和1.2倍，进出口额合计707.5亿元，增长69%，对广西外贸进出口总额增长贡献率为40.5%。

（五）对外贸易产品结构发展趋势

机电产品、高新技术产品和传统劳动密集型产品出口快速增长。2017年，广西机电产品出口额为793.9亿元，增长31.8%；高新技术产品（与机电产品有重合）出口额为315.3亿元，增长37.4%；传统劳动密集型产品出口额为504.3亿元，增长26.9%；农产品出口额为135.5亿元，增长4.3%；文化产品出口额为80.1亿元，增长161.8倍。此外，成品油出口额为61.4亿元，下降9.6%；陶瓷产品出口额为53.8亿元，增长16%。

机电产品和主要大宗商品进口增长显著，2017年广西农产品进口额为389.9亿元，增长55%，其中大豆进口额为275.3亿元，增长63.5%；机电产品进口额为353.6亿元，增长10%；铜矿砂、铁矿砂进口额分别为183.8

亿元和 103.9 亿元，分别增长 63.6% 和 64%；此外，原油进口额为 76.3 亿元，下降 16.4%；锰矿砂进口额为 27.5 亿元，增长 56.6%（以上商品不含边民互市贸易商品）。

供给侧结构性改革推动广西产业结构升级，新的外贸发展优势正逐渐显现。在巩固传统产业的基础上，广西加大对高新技术企业的培育力度，重点发展计算机通信产业，利用自有优势推进产业集群的构建，为出口提供更多高附加值、高效益的产品，提高产品的国际竞争力。2017 年，广西机电产品和高新技术产品出口快速增长，出口额分别增长 31.8% 和 37.4%，均高于广西外贸出口整体增速。与此同时，上述两者在广西外贸出口总额中所占比重分别较 2016 年提高 3.1 个百分点和 1.9 个百分点。出口商品结构的不断优化有效促进了广西外贸提质增效。

（六）对外贸易所面临的挑战

2017 年以来，广西进口铁矿砂均价逐季回落，第四季度进口均价较第一季度下跌了 30.7%。此外，第四季度煤炭和大豆的进口均价较第一季度分别下跌了 10.1% 和 6.6%。

2017 年下半年以来，广西外贸出口回暖迹象较为明显，同时也面临更加激烈的市场竞争。一方面，主要发达经济体"再工业化"，新兴高端制造业进一步兴起，尤其是美国税改促进制造业回流；另一方面，新兴经济体利用劳动力低成本等优势吸引制造业投资，中低端制造业快速崛起。国际市场的双重挤压加之国内生产成本的上升，使得出口方面压力不减。

此外，新兴贸易业态发展仍显薄弱。2017 年 6 月，广西跨境电子商务直购进口虽实现了从无到有的突破，但由于起步较晚，体量仍然偏小。2017 年，广西跨境电子商务进出口额为 1897 万元，几乎全部为进口额，出口额不足万元。与此同时，外贸综合服务体进出口发展迟缓，进出口额为 9.5 亿元，下降 9.7%。

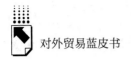

二 新疆地区对外贸易发展形势分析

据海关统计，2017 年前三季度，新疆口岸边境小额贸易进出口额为 718.8 亿元人民币，与 2016 年同期相比（简称"同比"，下同）增长 46.8%。其中，出口贸易额为 705.3 亿元，增长 47.7%；进口贸易额为 13.5 亿元，增长 8.8%。贸易顺差为 691.7 亿元人民币，扩大 48.8%。

（一）新疆对外贸易发展特点

1. 出口同比增幅显著，进口低位震荡调整

2017 年以来，新疆口岸边境小额贸易进出口贸易额较 2016 年同期实现全面增长，月度同比平均增幅近五成。月度出口贸易额震荡走高，同比增势明显。

9 月当月，边境小额贸易进出口贸易额为 121.2 亿元，同比增长 35.7%，环比增长 6.1%。其中，出口贸易额为 119.9 亿元，同比增长 36.1%，环比增长 6.3%；进口贸易额为 1.3 亿元，同比增长 5.3%，环比下降 12.3%。

2. 民营企业继续保持活力，国有企业进口小幅下滑

2017 年前三季度，民营企业作为新疆边境小额贸易主力军，进出口额为 676.8 亿元，增长 47.6%，占同期新疆口岸边境小额贸易进出口总额的 94.2%；其中，出口额为 665 亿元，增长 48.4%，占出口总额的 94.3%，进口额为 11.8 亿元，增长 13.7%，占进口总额的 87.3%。同期，国有企业进出口额为 42 亿元，增长 34.7%，占进出口总额的 5.8%；其中，出口额为 40.3 亿元，增长 38.3%，占出口总额的 5.7%，进口额为 1.7 亿元，下降 16.2%，占进口总额的 12.7%。2017 年新疆不同企业的出口贸易额及增速见图 6。

3. 哈萨克斯坦和吉尔吉斯斯坦仍为主要贸易伙伴国

2017 年前三季度，哈萨克斯坦仍保持最大贸易伙伴国地位，进出口贸

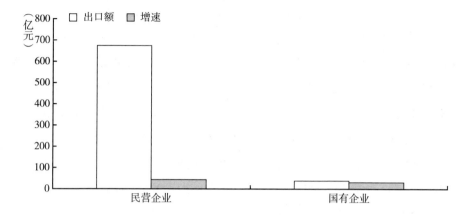

图6 2017年新疆不同企业的出口额及增速

资料来源：中华人民共和国海关总署。

易额为366.4亿元，增长61.3%，占进出口总额的51%；吉尔吉斯斯坦紧随其后，进出口额为243.3亿元，增长51.1%，占比33.9%。同期，对塔吉克斯坦进出口额为48.1亿元，增长9.4%；对俄罗斯进出口额为47.1亿元，略微下降1.9%，上述二者合计占进出口总额的13.3%。此外，在边境小额贸易中，新疆口岸与巴基斯坦、阿富汗、蒙古、伊朗、美国等均有贸易往来。2017年新疆对外贸易不同区域的进出口额及增速见图7。

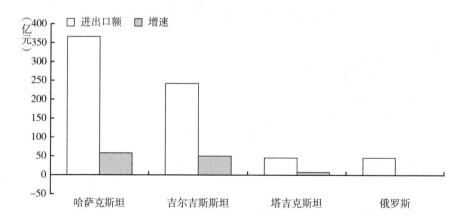

图7 2017年新疆对外贸易不同区域的进出口额及增速

资料来源：中华人民共和国海关总署。

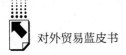

4. 吐尔尕特口岸和都拉塔口岸等为主要进出口岸，同比增势明显

2017 年前三季度，吐尔尕特口岸、都拉塔口岸、伊尔克什坦口岸及霍尔果斯口岸并驾齐驱，同比均实现两位数的增长。其中，吐尔尕特口岸为新疆边境小额贸易第一大进出口岸，贸易额为 146 亿元，增长 55.6%，占进出口总额的 20.3%；都拉塔口岸为第二大进出口岸，贸易额为 136.3 亿元，增长 23.2%，占总额的 19%；伊尔克什坦口岸和霍尔果斯口岸紧随其后，贸易额分别为 129.6 亿元、125.6 亿元，同比分别增长 65.9%、32.7%，分别占同期进出口总额的 18%、17.5%。上述四者合计占进出口总额的 74.8%。

5. 服装、鞋类和机电产品为主要出口商品，农产品、锯材及天然气等为主要进口商品

2017 年前三季度，新疆口岸以边境小额贸易方式出口服装 258.1 亿元，增长 54.9%；出口鞋类 137.5 亿元，增长 37.2%；出口机电产品 127.6 亿元，增长 35.5%；出口纺织物品 58.5 亿元，增长 42.2%。上述 4 者合计占同期新疆口岸边境小额贸易出口总额的八成。同期，新疆口岸以边境小额贸易方式进口农产品 3 亿元，与 2016 年同期基本持平；进口锯材 3 亿元，增长 61.8%；进口天然气 2.8 亿元，增长 5.5%；进口牛皮革及马皮革 1.6 亿元，下降 10.1%。上述 4 者合计占同期新疆口岸边境小额贸易进口总额的 77.4%。2017 年新疆对不同产品的出口额见图 8。2017 年新疆对不同产品的进口额见图 9。

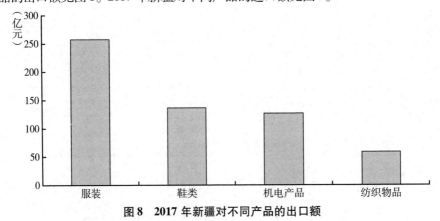

图 8　2017 年新疆对不同产品的出口额

资料来源：中华人民共和国海关总署。

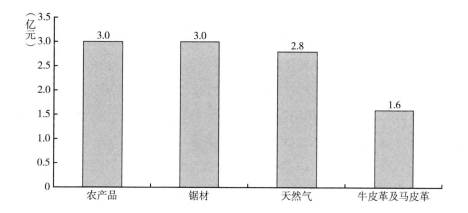

图9　2017年新疆对不同产品的进口额

资料来源：中华人民共和国海关总署。

（二）新疆口岸边境小额贸易值得关注的问题

首先，"一带一路"倡议推动中欧班列运行常态化，助力新疆外贸发展。中欧班列是指按照固定车次、班期、线路和全程运行时刻开行，来往于中国与欧洲以及"一带一路"沿线国家的集装箱国际铁路联运班列。目前依托新欧亚大陆桥和西伯利亚大陆桥，已形成东、中、西三条铁路运输通道。其中，受中国"一带一路"倡议与哈萨克斯坦"光明大道"计划相对接的因素影响，哈萨克斯坦境内线路已经成为中欧班列最重要的运输通道。自2011年3月19日中欧班列首趟列车开出以来，由中国经哈萨克斯坦至欧洲的中欧班列，至今已突破5000列。在此之前，国际货运主要方式有海运和空运。海上运输费用便宜但耗时较长，而空中运输虽然能快速到达但费用昂贵，而中欧班列的出现，使得运行时间从初期的15天缩短到目前最快10天就可抵达欧洲，极大地节约了时间成本。随着中欧班列开行密度不断加大，多数线路实现了常态化运行。新疆作为"丝绸之路经济带"核心区，应把握机遇，顺势而为，借助中欧班列推动外贸亮点行业，增强发展持续性，并进一步发掘更多新的外贸增长点，提高对外开放的深度和广度。

其次，中国经济稳中有增，仍为欧亚经济联盟最大贸易伙伴。据欧亚经济联盟官网，2017 年 1 月至 7 月，欧亚经济联盟与中国进出口贸易额达到 3474.72 亿元，与 2016 年相比增长 35.3%。其中，联盟向中国出口 1560.55 亿元，与 2016 年相比增长 37.7%；自中国进口 1913.53 亿元，与 2016 年相比增长 33.4%。联盟与中国进出口贸易增幅远远高于联盟与世界所有国家进出口贸易增幅。2017 年 1 月至 7 月，联盟与世界所有国家进出口贸易、出口和进口增幅分别为 26.2%、26.7% 和 25.5%。此外，中国与欧亚经济联盟对外贸易额在其进出口贸易总额中的占比达到 15.90%，成为联盟最大的贸易伙伴。

主要贸易伙伴的海关执法政策调整也非常值得关注。哈萨克斯坦财政部表示，哈海关在通关过程中将实行"单一窗口"，自 2017 年 7 月 1 日起开始试行新的电子申报系统，为实行"单一窗口"做好准备。该系统包括自行注册、预先申报、转关过境、货物清关、风险管理和个人账户等部分，从 2018 年 1 月 1 日起正式实施。进出口业务"单一窗口"机制将对企业从货物申报到放行和后续稽查的全过程进行跟踪，哈海关执法的信息化水平显著提高。此外，自 2017 年开始，俄罗斯海关在俄境内各铁路、公路货运站、各大港口，以及在主要公路枢纽都加强了针对 EAC 标识（俄白哈海关联盟 CU－TR 认证）的执法力度。目前，俄罗斯执法部门已经针对全俄连锁商店、自由市场等渠道开始了执法检查，不符合标准的企业均将遭受处罚。鉴于此，新疆边境小额贸易企业应持续关注贸易伙伴海关执法政策的调整情况，减少不必要的损失。

国际合作水平显著提升。塔吉克斯坦谋求加入四方过境运输协议（QTTA）将为中亚国家通过中巴经济走廊提供更大的优惠和便利。同时，目前吉尔吉斯斯坦经济稳定发展，有 4 个自由经济特区，包括中国企业在内的外资企业入驻将享受一系列的优惠政策。中国企业投资主要分布在石油化工、加工制造、金融中介和保险、教育、公共电力等领域，随着两国贸易合作的不断深化，吉尔吉斯斯坦部分规模较大的市场，均有销售来自中国的小商品。随着"一带一路"倡议的不断深入推进，中国与沿线国家贸易规模将进一步扩大，为新疆边境小额贸易的发展释放利好信号。

最后，新疆企业"走出去"步伐加快。新疆企业为谋求长远发展，利用"一带一路"倡议的有利契机，通过分析周边国家农业生产等方面的发展潜力，采用日光温室等先进技术及跨境电子商务平台发展现代化特色农业，有效克服了农业产业化经营中的不利因素，减少了生产的盲目性，降低交易成本，提高生产效率，打破区域和时间的限制，实现农资、农产品等流通规模化。在保持中亚国家传统市场份额的同时，积极拓展巴基斯坦等周边国家市场，让现代化农业产品走出国门，进一步扩大了新疆农产品的出口规模，也使更多贸易伙伴享受到中国"一带一路"倡议的惠利。此外，现代设施农业作为技术密集型产业和劳动力密集型产业，有机蔬菜、特色林果种植及现代化育苗工程吸引大量城乡富余劳动力转移就业，促进多元增收，实现了经济效益和社会效益的双赢局面。

专 题 篇

Special Topics

B.10

不平衡的中美贸易

摘　要：　近年来，中美双边贸易关系稳定发展。就美国而言，中国在
其进出口贸易中的地位不断上升。2015年，中国首次超越加
拿大，在美国贸易伙伴中排名第一，是其第一大进口来源地
和第三大出口市场（不包括欧盟在内的经济组织），出口规
模紧随墨西哥和加拿大，在美国现有出口市场中增速最快，
在2008年金融危机之后，美国对华出口增长速度超过任何一
个国家。美国是中国的第一大贸易国、第二大贸易伙伴、第
四大进口来源地和第一大出口市场（最大的单边出口市场）。
中美贸易关系摩擦不断，成为2018年影响世界经济发展的最
重要不确定因素之一。

关键词：　中美贸易　贸易失衡　贸易摩擦

一　美国对外贸易现状

当前，美国是全球经济实力最强的国家，对外贸易在美国经济中具有战略性地位，是经济增长的重要助推器。根据统计数据，2016 年，美国对外贸易总额达 49209.4 亿美元，其货物、服务贸易额分别为 36639.2 亿美元和 12570.2 亿美元。2017 年，美国对外贸易额超过 52316 亿美元，同比增长 6.31%，贸易逆差由 2016 年的 5047.9 亿美元上升至 5684.4 亿美元，逆差增长 636.5 亿美元，即同比增长 12.6%。可以看出，美国近期的对外贸易呈增长趋势。

（一）美国货物贸易出口情况

2016 年，美国货物贸易出口额为 14557.1 亿美元。2017 年，其出口额达到 15507.2 亿美元，较 2016 年同期增长 6.5%。

1. 主要出口贸易伙伴

在美国出口贸易伙伴中，欧盟居首位，紧随其后的是加拿大和墨西哥。2017 年，美国对这三个贸易伙伴的货物出口额由 2016 年的 2710.8 亿美元、2673.0 亿美元及 2298.8 亿美元分别上升至 2847.1 亿美元、2829.7 亿美元及 2434.5 亿美元，同比增长 5.03%、5.86% 和 5.91%，分别占美国货物贸易出口总额的 18.36%、18.25% 和 15.70%。中国内地是美国第四大货物出口目的地，2017 年，美国向中国内地出口货物的数额高达 1308.00 亿美元，占比虽然只有 8.43%，但远超过位居其后的日本（687.10 亿美元，4.43%），其同比增长率 12.76% 也在美国对其他主要贸易伙伴的出口增长率中遥遥领先，若将美国对我国港台地区的出口额（672.1 亿美元）计算在内，则美国对中国的出口额约为 1980 亿美元，占美国出口总额的 12.77%（见图 1）。此外，韩国、巴西和新加坡等国家也是美国重要的货物出口目的地。

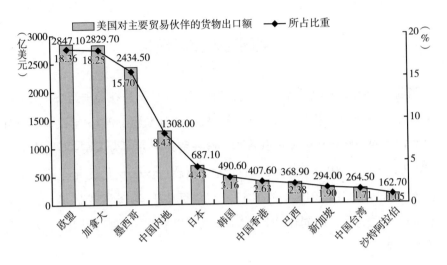

图1 2017年美国对主要贸易伙伴的货物出口额及占比情况

资料来源：美国经济分析局。

2. 主要出口产品

以产品的最终用途作为分类标准，美国出口产品主要集中在资本密集型产品、工业制品和消费品领域（见表1）。从美国经济分析局的统计数据中可以看出，2017年美国这三类商品出口额分别为5328.3亿美元、4628.5亿美元和1977.9亿美元，同比增长2.55%、16.75%和2.04%，分别占美国货物贸易出口额的34.36%、29.85%和12.75%（见图2），其中，工业制品的出口增长率较高，远超过其他商品。此外，相关运输设备（汽车、车辆）及饮食类产品（食品、饲料和饮料）也是美国重要的出口产品，二者出口额平均为1452.6亿美元，占其货物出口额的比重分别为10.16%和8.57%。

表1 美国主要进出口货物情况

单位：亿美元，%

指标	2016年		2017年		同比增长	
	出口额	进口额	出口额	进口额	出口额	进口额
资本密集型产品	5195.8	5899.7	5328.3	6406.5	2.55	8.59
工业制品	3964.4	4433.1	4628.5	5076.0	16.75	14.50

续表

指标	2016 年		2017 年		同比增长	
	出口额	进口额	出口额	进口额	出口额	进口额
消费品	1938.4	5835.6	1977.9	6022.0	2.04	3.19
汽车、车辆	1503.1	3501.2	1575.6	3590.2	4.82	2.54
食品、饲料和饮料	1305.6	1300.5	1329.6	1378.4	1.85	5.99
其他	602.9	908.0	627.7	956.1	4.12	5.30

资料来源：美国经济分析局。

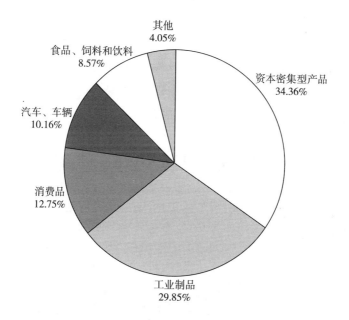

图 2　2017 年美国主要出口商品占比状况

资料来源：美国经济分析局。

（二）美国货物贸易进口情况

2016 年，美国货物贸易进口额为 22082.1 亿美元。2017 年，美国货物贸易进口额达到 23619.3 亿美元，较 2016 年同期增长 6.96%。

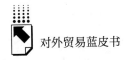

1. 主要进口贸易伙伴

在美国主要进口贸易伙伴中，居前五位的分别是中国内地、欧盟、墨西哥、加拿大和日本。根据表2、图3所示，2017年，美国对欧盟、墨西哥、加拿大和日本这四个贸易伙伴的货物进口额由2016年的4190.9亿美元、3004.0亿美元、2835.7亿美元及1341.8亿美元分别上升至4377.1亿美元、3197.0亿美元、3061.3亿美元及1384.3亿美元，分别同比增长4.44%、6.42%、7.95%和3.17%，占美国货物贸易进口总额的18.53%、13.54%、12.96%和5.86%。中国内地在美国主要进口贸易伙伴中位居第一，2017年美国对中国内地货物进口额达5064.7亿美元，同比增长接近10%，占美国进口总额的比重超过1/5。若将美国自我国港澳台地区的进口额（505.2亿美元）计算在内，则美国对中国的进口额高达5569.9亿美元，占美国进口总额的23.58%。此外，印度、韩国和新加坡等亚洲国家也是美国重要的货物进口来源地。

表2　2016~2017年美国自主要贸易对象的货物进口状况

单位：亿美元，%

国家和地区	2016年	2017年	同比增长
中国内地	4632.9	5064.7	9.32
欧盟	4190.9	4377.1	4.44
墨西哥	3004.0	3197.0	6.42
加拿大	2835.7	3061.3	7.95
日本	1341.8	1384.3	3.17
韩国	703.8	716.2	1.76
印度	461.3	487.4	5.66
中国台湾	392.5	425.4	8.38
巴西	246.2	277.5	12.72
新加坡	177.9	193.6	8.85
中国香港	77.8	79.8	2.57

资料来源：美国经济分析局。

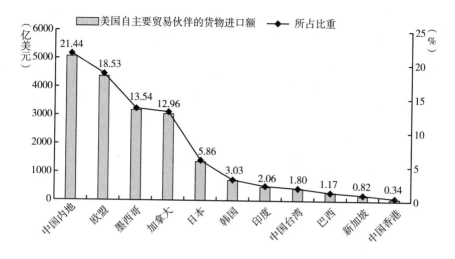

图3 2017年美国自主要贸易伙伴的货物进口额及占比情况

资料来源：美国经济分析局。

2. 主要进口产品

以产品的最终用途作为分类标准，美国进口产品主要集中在资本密集型产品、消费品和工业制品等领域。数据统计显示，2017年美国对上述三类商品的进口额分别为6406.5亿美元、6022亿美元和5076亿美元，同比增长8.59%、3.19%和16.75%，分别占美国货物贸易进口总额的27.12%、25.50%和21.49%（见图4）。其中，工业制品的进口增长最快。此外，相关运输设备（汽车和车辆）及饮食类产品在美国主要进口产品中也占有一席之地，两类产品的进口额分别为3590.2亿美元和1378.4亿美元，分别占美国商品进口总额的15.20%和5.84%。

（三）美国货物贸易平衡状况

多年来，美国对外货物贸易已形成逆差常态化，且逆差数额不断扩大。据美国经济分析局统计，2007~2016年，美国对外货物贸易逆差平均高达7262亿美元，除2009~2010年外，货物贸易逆差有所减缓，其他阶段均维持较高水平。2017年货物贸易逆差突破8100亿美元，同比增长7.64%，达

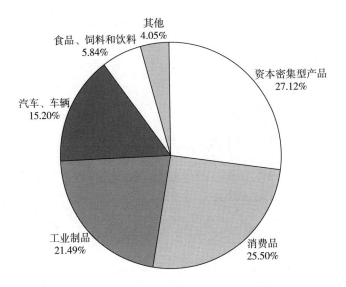

图4 2017 年美国主要进口商品占比状况

资料来源：美国经济分析局。

到 2010 年以来美国对外货物贸易逆差的巅峰（见表 3、图 5）。可以看出，美国对外贸易处于极度不平衡的状态。

表 3 2007~2017 年美国货物贸易平衡状况

单位：亿美元

年份	货物出口额	货物进口额	货物贸易差额
2007	11651.5	19863.5	-8212.0
2008	13088.0	21412.9	-8324.9
2009	10703.3	15800.3	-5096.9
2010	12902.7	19389.5	-6486.8
2011	14992.4	22398.9	-7406.5
2012	15625.8	23037.5	-7411.7
2013	15920.0	22942.5	-7022.5
2014	16339.9	23854.8	-7514.9
2015	15107.6	22726.1	-7618.6
2016	14557.0	22082.1	-7525.1
2017	15514.3	23614.6	-8100.2

资料来源：美国经济分析局。

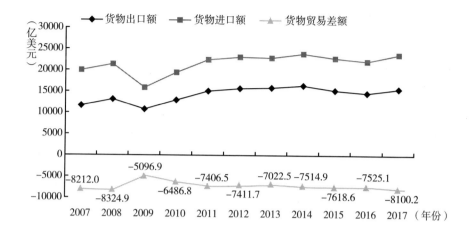

图5 2007～2017年美国货物贸易进出口额及差额

资料来源：美国经济分析局。

1. 货物贸易逆差主要来源地

在美国的货物贸易逆差主要来源地中，中国长期居于首位，且逆差增长幅度相比美国其他贸易伙伴较快。根据图6所示，2017年美国对中国存在高达3756.7亿美元的货物贸易逆差，较2016年增加约284亿美元，同比增长8.17%，占美国货物贸易逆差总额的比重接近1/2。同时，美国对欧盟、墨西哥、日本的货物贸易逆差额分居第二、第三和第四位，分别为1530.0亿美元、762.5亿美元和697.2亿美元，分别占美国货物贸易逆差总额的18.89%、9.41%和8.61%。其中，美国对欧盟、墨西哥的逆差额分别比2016年增长50亿美元（3.38%）和57.2亿美元（8.11%），对二者的逆差额增长超过100亿美元。此外，印度、加拿大也是美国较为重要的货物贸易逆差来源地，对上述两国的逆差额分别为235.9亿美元和231.6亿美元。

2. 货物贸易主要逆差类产品

以产品的最终用途作为分类标准，美国对外贸易中的多类产品均存在逆差，且数额不等，分布不均，但消费品，汽车、车辆和资本密集型产品最为突出。图7数据显示，2017年上述三类产品的贸易逆差平均额约为2379亿美元，共占美国货物贸易逆差总额的比重约为90%，其中，消费品成为美

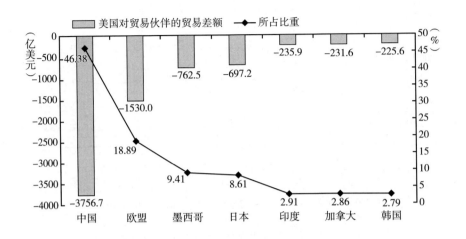

图6 2017年美国货物贸易主要逆差来源地及占比状况

资料来源：美国经济分析局。

国最大的逆差类商品，逆差额高达4044.1亿美元，占比接近1/2，远超过美国对其他类型产品的逆差规模。

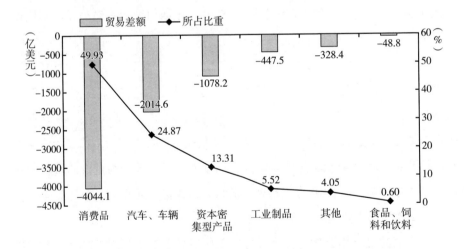

图7 2017年美国货物贸易主要逆差类商品数额及占比状况

资料来源：美国经济分析局。

（四）美国的服务贸易情况

美国服务贸易的发展情况与货物贸易截然不同，相比货物贸易的巨额逆差，其服务贸易对外长期保持较大规模的顺差。按照美国经济分析局相关数据统计（见表4、图8），2007～2016年，美国对外服务贸易顺差额平均达1926.6亿美元，除2016年其顺差额有所回落外，其余年份均保持高速增长。2017年美国对外服务贸易出口额为7778.8亿美元，进口额为5338.8亿美元，顺差额达到2439.9亿美元，较2016年减少37.2亿美元，同比下降1.5%。美国服务贸易顺差主要来自金融服务、知识产权使用以及旅行服务。根据表5数据所示，2017年这三项进出口服务的顺差数额分别是766亿美元、749.8亿美元和697.5亿美元。从美国服务贸易主要对象来看，其贸易对象以发达国家为主。此外，中国、墨西哥等发展中国家也与美国有着较为密切的服务贸易往来。总体而言，美国在服务贸易方面的顺差在一定程度上缓解了在货物贸易上的逆差，但美国整体对外贸易仍存在较大的逆差。

表4　2007～2017年美国服务贸易平衡状况

单位：亿美元

年份	服务出口额	服务进口额	服务贸易差额
2007	4884.0	3725.8	1158.2
2008	5328.2	4090.5	1237.7
2009	5127.2	3868.0	1259.2
2010	5633.3	4093.1	1540.2
2011	6277.8	4357.6	1920.2
2012	6564.1	4520.1	2044.0
2013	7014.6	4610.9	2403.7
2014	7419.2	4807.6	2611.6
2015	7531.5	4917.4	2614.1
2016	7523.7	5046.5	2477.1
2017	7778.8	5338.8	2439.9

资料来源：美国经济分析局。

图8　2007～2017年美国服务贸易进出口额及差额

资料来源：美国经济分析局。

表5　2017年美国主要进出口服务

单位：亿美元

项目	出口额	进口额	贸易差额
旅行服务	2050.8	1353.3	697.5
其他各种服务	1555.5	1009.0	546.5
知识产权使用	1243.0	493.1	749.8
金融服务	1041.7	275.8	766.0
运输服务	859.9	1008.7	-148.8
通信、信息服务	386.4	399.0	-12.6
维修、保修服务	272.1	89.8	182.2
保险服务	173.2	489.0	-315.9

资料来源：美国经济分析局。

二　中美贸易现状

近年来，中美双边贸易关系保持稳定发展。就美国而言，中国在其进出口贸易中的地位均不断强化。2015 年，中国首次超越加拿大，在美国贸易伙伴中排名第一。目前，中国不仅是美国最大的贸易伙伴，还是其第一大进口来源地和第三大出口市场（不包括欧盟在内的经济组织），出口规模紧随墨西哥和加拿大之后，在美国现有对外贸易出口市场中增速最快，在 2008年金融危机之后，美国对华出口增长速度超过任何一个国家。美国则是中国的第一大贸易国、第二大贸易伙伴、第四大进口来源地和第一大出口市场（最大的单边出口市场）。

（一）双边货物贸易平稳增长

从贸易总额来看（见图 9），中美双边贸易额长期以来迅速增长，近年来更进入持续稳定增长的阶段。2007～2016 年中国与美国之间的经贸交往不断增强，平均每年的贸易额在 4000 亿美元以上，年均实现了 7.7% 的快速增长。国际金融危机以来，中国对美国出口年均增长 6.4%。从统计数据来看（见图 10），中美货物贸易额在 2009 年受全球金融危机影响下降了10.63%，在 2016 年，由于受全球经济形势和贸易环境影响，中美货物贸易额出现了 5.89% 的下降，其他年份基本上都保持了高速增长。自 20 世纪 70 年代末改革开放以来，中国对美国出口始终保持了较高水平。在2017 年，中国对美国出口额达到 4331.5 亿美元，较 2016 年增加了约 440亿美元，增长率为 11.32%，占中国对外货物贸易出口总额的 1/5 左右。同时，中国从美国进口也呈现不断增长的态势，2017 年中国自美国进口额为 1551.8 亿美元，同比增长额为 200.6 亿美元，增长率高达 14.84%，占中国对外货物贸易进口总额的比重约 8%。双边货物贸易总额达到 5883.2亿美元，同比增长 12.22%，占中国对外贸易进出口总额的 14.33%。可以看出，未来几年，中美双边贸易将保持平稳增长，两者贸易关系将保持长期稳定发展。

从两国货物贸易的平衡状态来看（见表 6），中国对美国有较大的贸易顺差，且该状态已持续多年。目前，中国对美国的货物出口已很难再遭受金融危机的影响，2017 年顺差总额约为 2780 亿美元。可以看出，中国对美国货物贸易的高顺差、不平衡状态在短期内难以彻底改变。

图9 2007～2017年中国对美国货物贸易进出口状况

资料来源：《中国统计年鉴》、CEIC数据库。

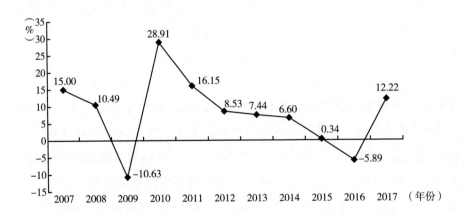

图10 2007～2017年中美货物贸易总额的增速

资料来源：《中国统计年鉴》、CEIC数据库。

表6　2007～2017年中国对美国货物贸易情况

单位：亿美元，%

年份	贸易顺差	贸易总额	出口额	进口额	同比		
					贸易总额	出口	进口
2007	1632.9	3020.7	2326.8	693.9	15.00	14.37	17.19
2008	1710.2	3337.4	2523.8	813.6	10.49	8.47	17.25
2009	1433.4	2982.6	2208.0	774.6	-10.63	-12.51	-4.79
2010	1802.9	3844.9	2823.9	1021.0	28.91	27.89	31.81
2011	2023.2	4465.8	3244.5	1221.3	16.15	14.90	19.62
2012	2188.8	4846.7	3517.8	1329.0	8.53	8.42	8.82
2013	2160.6	5207.5	3684.1	1523.4	7.44	4.73	14.63
2014	2370.0	5551.2	3960.6	1590.6	6.60	7.51	4.41
2015	2614.1	5570.2	4092.1	1478.1	0.34	3.32	-7.07
2016	2539.9	5242.4	3891.1	1351.2	-5.89	-4.91	-8.58
2017	2779.7	5883.2	4331.5	1551.8	12.22	11.32	14.84

资料来源：《中国统计年鉴》、CEIC数据库。

（二）双边贸易互补性强

中国与美国的经济贸易涉及的商品种类繁多，但综合来分析，具有较为明显的结构性差异。

中国对美国出口商品中，初级产品出口比重有所降低，开始由以劳动密集型产品为主向以资本和技术密集型产品为主的出口方式过渡，但以资本、技术为主导的工业制成品占比仍然很低，较劳动密集型产品而言，仍缺乏一定程度的比较优势。从2014～2017年中国对美主要商品出口数据统计中可以看出，中国主要向美国出口机电产品、杂项制品、纺织品及原料和贱金属及制品四类产品，且上述产品的出口额就占对美出口总额的70%以上（见表7）。2017年最新数据显示（见图11），中国对美国机电产品出口额就达到1985.4亿美元，占对美出口总额的45.84%，远超过对后三类商品的出口额之和。接着是杂项制品、纺织品及原料和贱金属及制品，分别出口510.3亿美元、424.5亿美元、225.1亿美元，占出口总额的比例达到11.78%、9.79%、5.19%。

表7　中国对美国进出口商品类章金额表

单位：百万美元

类章	2014 年		2015 年		2016 年		2017 年	
	出口	进口	出口	进口	出口	进口	出口	进口
第 1 类	2212.4	2919.4	2102.8	2031.9	2006.6	2782.3	2006.9	3056.4
第 2 类	1360.3	19422.5	1442.2	16466.8	1579.5	16649.7	1593.9	16961.9
第 3 类	93.6	247.9	86.5	67.6	75.9	149.4	84.4	138.6
第 4 类	3617.8	3170.1	3585.6	3642.2	3572.5	2624.3	3828.0	1767.9
第 5 类	1743.8	4751.9	1336.2	4625.5	1593.1	3840.5	1622.8	9045.4
第 6 类	12793.7	12855.9	12554.7	12650.5	11889.4	12529.9	13946.5	14577.1
第 7 类	17935.9	8076.7	18015.9	7443.5	16683.7	7153.2	18535.3	8147.0
第 8 类	6923.1	1825.2	7941.5	1671.1	6628.8	1285.0	6823.8	1257.6
第 9 类	3883.2	2867.6	4103.5	2220.0	4122.9	2515.8	3986.8	3069.8
第 10 类	3603.0	5348.8	4575.1	5308.6	3901.6	5063.6	4138.9	5742.2
第 11 类	41884.3	2529.0	44788.0	1981.9	42424.4	1277.3	42445.9	1841.4
第 12 类	17377.1	92.1	18531.3	114.1	16002.7	125.6	15963.4	116.4
第 13 类	6024.4	1539.0	8524.4	1166.7	6964.7	1289.4	7338.1	1253.5
第 14 类	4392.1	353.0	4210.3	5994.6	3803.7	2694.2	3587.1	5289.4
第 15 类	22177.4	7094.9	23194.5	5770.1	20253.2	4593.0	22510.6	5470.7
第 16 类	182859.8	38299.7	179890.4	35672.8	172869.2	30359.6	198539.1	33876.8
第 17 类	16986.4	29846.6	16960.2	30945.1	16858.4	27345.3	19683.8	29279.5
第 18 类	10389.1	11401.1	10998.3	11344.5	10958.4	11172.9	10640.1	11757.2
第 19 类	90.7	0.5	108.5	0.1	89.0	1.0	82.0	1.4
第 20 类	39715.1	489.0	47069.2	605.6	46316.6	563.6	51033.8	537.2
第 21 类	69.9	35.1	120.3	15.5	178.8	20.0	39.6	10.6
第 22 类	14.4	6021.5	5.7	42.1	339.2	366.9	1323.8	744.7

资料来源：中华人民共和国海关总署。

中国对美国的进口商品则以资本与技术密集型产品为主。从 2014 ~ 2017 年中国自美国主要商品进口数据统计中可以看出，中国从美国进口的产品主要是机电产品、运输设备、植物产品和化工产品等，其总额占自美国进口总额的 60% 以上（见表7）。2017 年最新数据显示（见图12），中国自美国进口的机电产品、运输设备、植物产品和化工产品数额分别达到 338.8 亿美元、292.8 亿美元、169.6 亿美元以及 145.8 亿美元，分别占自美国进口总额的

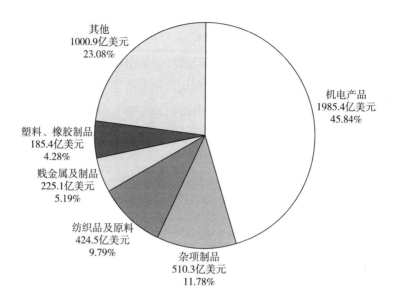

图11　2017年中国出口美国商品构成

资料来源：中华人民共和国海关总署。

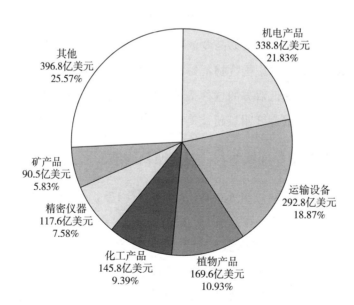

图12　2017年中国进口美国商品构成

资料来源：中华人民共和国海关总署。

21.83%、18.87%、10.93%和9.39%。此外，精密仪器和矿产品也是中国进口美国的重要商品，2017年，二者的进口数额不低于200亿美元。从中国自美国进口的商品情况可以得出，美国对中国出口的产品具有更高的附加值，资本和技术密集型产品在其出口商品结构中的主导地位愈发稳固，在机械设备和运输装备方面，具有较强的出口比较优势，但美国对中国高新技术产品的输出量仍旧较低，非中美贸易主要交易产品，体现了美国在对华开放高新技术产品方面仍存在较多顾虑。

总体而言，中美贸易上具有极强的互补性特征。随着中国经济转型和贸易结构的升级，中美双方进出口商品结构上的差异将逐渐缩小。

（三）贸易依存度反差大

2017年，中国与美国之间的货物贸易存在数额为2779.7亿美元的贸易顺差，占中国对外贸易顺差总额的65.79%，可以看出，较美国而言，中国的外贸发展更加依赖美国。而美国对中国货物贸易的依存度虽然有所上升，但过程较为缓慢，且整体依赖程度相对较低。由于中国不断推进对外贸易多元化的进程，中国对美国贸易高度依赖的状态将被打破，贸易依存度会逐步降低。相反，在美国对中国货物贸易依存度方面，尤其是出口依存度会有一定增幅，将极大地降低双方的这种不对称程度。但是，从数值的绝对意义上看，中国对美出口依存度明显超过美国对华出口依存度，总体上亦是如此。

（四）服务贸易连续增长，对美逆差逐渐加大

总体上看，中美双边服务贸易呈连年上升趋势。美国经济分析局的数据显示（见表8），2017年两国服务贸易总额达735.9亿美元，同比增长4.69%，其中，中国对美国服务贸易出口额为175.5亿美元，进口额为560.4亿美元。美国服务业高度发达，中国自其进口额和进口增速都明显高于美国对中国进口额和进口增速，中国对其服务贸易长期保持逆差。根据图13所示，2014年以来，中国对美国的服务贸易逆差额持续增长，截至2017年底，逆差额已经超过1400亿美元。虽然2017年两国服务贸易差额高达

384.9 亿美元，但同比增长率仅为 1.24%，成为有史以来中国对美国服务贸易逆差增长最为缓慢的一年，可以看出，中国正努力致力于改变双方服务贸易不平衡的状态。

表8　2007~2017 年中国对美国服务贸易情况

单位：亿美元，%

年份	贸易总额	贸易差额	出口额	进口额	同比		
					贸易差额	出口额	进口额
2007	249.4	-13.4	118.0	131.4	205.02	16.37	24.18
2008	267.7	-49.2	109.2	158.5	268.34	-7.42	20.62
2009	266.2	-75.0	95.6	170.6	52.43	-12.49	7.67
2010	331.1	-118.9	106.1	225.0	58.53	10.97	31.88
2011	402.2	-166.5	117.8	284.4	40.06	11.05	26.38
2012	460.8	-200.0	130.4	330.4	20.09	10.69	16.19
2013	514.3	-236.2	139.1	375.2	18.08	6.66	13.57
2014	583.0	-302.6	140.2	442.8	28.15	0.78	18.01
2015	636.0	-334.7	150.6	485.4	10.61	7.47	9.61
2016	703.0	-380.2	161.4	541.6	13.58	7.14	11.58
2017	735.9	-384.9	175.5	560.4	1.24	8.74	3.48

注：忽略两国服务贸易统计的偏差。
资料来源：美国经济分析局。

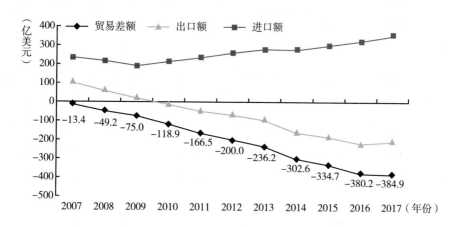

图13　2007~2017 年中国对美国服务贸易进出口状况

资料来源：美国经济分析局。

此外，中国自美国的服务贸易进口主要来自旅游、教育、运输、知识产权和金融部门等领域。其中，旅游部门为中国自其服务进口的最主要部门，其进口额占对美服务进口总额的 1/2 以上。据中国商务部估测，2017 年中国游客在美人均花费不低于 1.3 万美元，远超其他国家游客在美花费。而中国对美国的服务贸易出口则大多集中在运输、旅游和其他商业服务上，共占出口总额的 80% 以上。

三 中美贸易问题的分析

（一）中美贸易不平衡

1. 中美贸易不平衡概况

长期以来，中美之间存有巨大的贸易差额，在中国贸易顺差来源国中美国常居首位。中美贸易长期处于不平衡的状态，但这种贸易的失衡，只是货物贸易的失衡，中国对美国的服务贸易则表现为长期逆差。根据国家统计局的统计（见表 6、图 14），2008～2009 年，受金融危机影响，中国对美国的出口额从 2523.8 亿美元降至 2208 亿美元，对美国的贸易差额也由 1710.2 亿美元下降至 1433.4 亿美元。至 2010 年末，随着全球经济的缓慢复苏，中国对美国贸易顺差止跌回升，中国对美国出口较 2009 年增长 27.89%，同期中国对美国的贸易顺差在中国对外贸易顺差占比也从 73.25% 升至 98.46%，增长 25.21 个百分点。在 2016 年，中国对美国贸易顺差额虽有少幅度的下降，但其贸易顺差绝对额仍比较大。根据最新数据，2017 年中国对美国出口额达到 4331.5 亿美元，相比 2016 年增加 440.3 亿美元，对美国的贸易顺差额为 2779.7 亿美元，同比增长 9.44%，在中国对外贸易顺差所占的比重为 65.8%。从长期来看，中美贸易将持续这种不平衡状态，且不会在短期内有很大改变。对中国来说，中美之间巨大的贸易差额成为美国加大对中国采取贸易保护力度的理由，加剧了中美贸易摩擦。

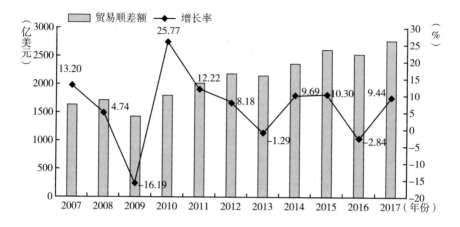

图 14　2007～2017 年中国对美国的贸易顺差额及增速状况

资料来源：《中国统计年鉴》、CEIC 数据库。

2. 中美贸易不平衡的原因

（1）统计误差

从表 9 的统计数据可以看出，中美两国统计的双边贸易差额悬殊，由美国经济分析局公布的美对中贸易逆差额要远高于中国国家统计局公布的中对美贸易顺差额。因此，中美之间的贸易差额被美国单方面高估，双方存在一定的统计误差。主要表现在以下几方面。

①价格表示方面：中国出口的产品通常使用离岸价表示，报价不包含相应的运费和保险费；而美国出口产品一般采用到岸价表示，报价中含有必要的运费或保险费用。在此情况下，由于两国出口价格表示不同，双方报价存在一定的差距，因此，在贸易实践中，美国对中国的进口额实际被低估，而出口额被高估。

②转口贸易方面：美国在其进口官方统计中，通常做法是将中国内地产品经香港特别行政区转至美国的贸易额归入自中国进口的贸易额；但其对中国出口进行统计时，将美国实质上输出到中国香港又转口至内地的贸易额归入对中国香港的出口额，而不是对中国的出口贸易额。因此，美国统计的对中国贸易逆差额应适当下调。

③服务贸易方面：在中国对美国开展的进口贸易中，进口产品有部分比例属于美国的第三产业。这些数据涉及服务行业，在统计上，通常会出现遗漏，进而导致数据的不精确性，因此，中美双方在贸易数据的统计上出现了一定的不对称性。

④直接投资方面：美国在统计对中国的贸易数据时，忽略了其部分企业在中国的直接投资额。这些企业之前是通过直接出口的方式占据中国的市场份额，而现在，随着这类企业的规模不断扩大及全球战略的实施，它们更倾向于在中国境内成立子公司，直接面对消费者销售产品，且涉及的交易额巨大，这在一定程度上降低了中国自美国的进口额。

表9 2010～2017年中美两国货物贸易差额统计状况

单位：亿美元

年份	中国统计的对美国贸易数据			美国统计的对中国贸易数据		
	贸易顺差额	出口额	进口额	贸易逆差额	进口额	出口额
2010	1802.9	2823.9	1021.0	2730.7	3661.3	930.6
2011	2023.2	3244.5	1221.3	2951.9	4006.3	1054.5
2012	2188.8	3517.8	1329.0	3149.4	4267.9	1118.6
2013	2160.6	3684.1	1523.4	3187.6	4416.2	1228.5
2014	2370.0	3960.6	1590.6	3449.3	4696.6	1247.3
2015	2614.1	4092.1	1478.1	3675.0	4840.6	1165.6
2016	2539.9	3891.1	1351.2	3472.9	4632.9	1160.0
2017	2779.7	4331.46	1551.77	3756.7	5064.7	1308.0

资料来源：中国统计局、美国经济分析局。

（2）美国宏观经济结构

美国自身的经济失衡是中美贸易不平衡的根本原因。在美国，提前消费理念普遍，该国具有十分完善的金融市场体系，金融创新不断，各种金融衍生工具应用广泛，为国内居民提供了足够灵活的资金进行周转。并且，高度完善的社保体系进一步促进了美国居民高消费、低储蓄的生活消费习惯。自牙买加体系成立以来，美元虽然仍旧作为国际储备货币，但美元与黄金不再挂钩，不受黄金兑换的约束。美元通过美国的对外消费而大量流出，其贸易伙伴将所获得的美元储备通过投资美国的债券市场而使其重新流入美国境内，在美国贸易逆差方面提供了无限循环的融资，进一步提升了美国居民的消费欲望。美国国内的高消费率和低储蓄率，导致经济整体的投资与产出不足，需要从其他国家进口商品以平抑国内的物价上涨。而中国的文化历来则有节俭传统，居民储蓄率普遍较高，国内储蓄盈余较多。储蓄率的差异以至于两国总需求与总供给之间的差异是影响中美贸易差额的重要因素。

此外，美国政府为了刺激经济发展，不断降低银行基准利率和扩大基础工程的支出，使其财政入不敷出，出现大量赤字，这在一定程度上扩大了美国的贸易逆差规模。一国经济在不断开放的前提下，首先要保证内外部经济的均衡。外部经济的变化具有一定的调节功能，可以调节内部经济失衡，从而使经济整体达到均衡状态。巨额的资本在国内和国际市场上流动，必然导致巨大的贸易逆差。

（3）美国出口管制

美国的出口产品具有较高的附加值，高技术产品尤为突出。因而，该类产品一直保持出口顺差的状态。但由于恐怖袭击事件的发生，美国加大了高科技产品的出口管控力度，在美国出口方面产生了严重的阻碍作用。

就中美贸易来看，美国对华高科技产品出口进行限制，2016 年，美对华高科技出口产品占中国同类产品进口的比例低于 10%，为 8.2%。针对单一商品而言，中国进口量最多的是集成电路，其数额约为 2270 亿美元，但其中只有不超过 5% 的份额是来自美国。2017 年美国就高新产品对外出口额高达 3538.8 亿美元，但对中国的出口额仅有 356.5 亿美元，仅占美国高新产品出口总额的 10.07%。同时，美国全面禁止军械设备对中国输出，军民相关物资的出口也要经过严格复杂的批复流程，对中美之间的贸易带来了极大的阻力。

就中国而言，高技术产品的进口来源地主要涉及东南亚地区，包括韩国、日本等，美国排名相对靠后。再者，美国对中国出口采取的限制性政策，均导致美国对中国的出口增长缓慢。但中国对美国的高科技含量产品在

短期内仍保持很高的市场诉求，如果美国能扩大该类产品对中国的出口，那么中美贸易严重失衡的问题就会有所缓和。

（4）国际分工的差异

由于产品生命周期的不同，当前的国际分工迥然不同，分工更加专业化和高效率。目前，欧美等发达国家由于技术先进、资金充足，在国际产业链中处于上游地位，主要从事附加值较高的资本技术密集型产业，具有低消耗、高收益的特征。而中国等发展中国家由于工业化起步较晚，在国际产业链中处于中下游地位，主要从事附加值较低的劳动密集型产业，高污染和低产出是其主要特征。

中国劳动力资源丰富，在劳动密集型产业的发展上占有一定的比较优势，是一个巨大的生产加工基地，能够承接大量外来产品的加工需求，这些产品主要来自美日韩等，经加工包装后再部分输出至美国，这样无形中便促进了中国对美国的出口，使中美贸易更加不平衡。

（二）中美贸易摩擦问题

1. 中美贸易摩擦概况

在中美贸易关系发展中，并不一定是一帆风顺的，双方时常有贸易摩擦，主要集中在投资并购、补贴倾销等方面。相关数据显示，2016 年美国对中国进行的反倾销、反补贴调查共 20 起，涉及产品主要为轮胎和不锈钢板等，相关金额不低于 37 亿美元，同比增长高达 131%。而 2017 年以来，中美之间的贸易摩擦更是不断升级。通过对中美贸易摩擦历程的回顾和现状的审视可以看出，两国间的贸易摩擦今后的发展趋势，可能表现在以下各方面。第一，政治特征更加突出。中美贸易摩擦已经从经济领域扩展至政治层面，美国总统特朗普自就任以来，对中国的贸易政策风晴不定，更在 2018 年 3 月单方面挑起贸易战，也从侧面反映了其对中国的政治态度。第二，摩擦形式更加多元。美国之前主要采用反倾销手段对中国进行制裁，如今增加了技术性贸易壁垒的使用频率，设置了更为严格的技术标准，阻碍中国产品进入该国市场，以维护其经济利益。第三，摩擦领域不断扩展。中美贸易摩擦不会仅限于贸易领域，将扩展到汇率领域、服务领域等更广泛的范围。第四，合作与摩擦并存。虽然中美之间贸易摩擦不断，但彼此互为对方重要的贸易伙伴，合作仍是双方发展对外贸易的主旋律。

2. 贸易摩擦的原因

（1）贸易保护盛行

近十年来，在中国"市场经济国家"地位未被承认之前，美国多次以此为由，对中国出口到美国的产品实施多种贸易保护措施。尤其是2008年的金融危机之后，美国对华的贸易态度愈加保守，颁布的涉及贸易保护的法令不断，对华反倾销立案数量越来越多。例如，2017年11月28日，美国对中国进口的通用铝合金板自主发起反倾销、反补贴调查（"双反调查"）。这是近年来，美国单方面首次自主开展的贸易救济调查，该做法具有强烈的贸易保护倾向。目前，特朗普政府的贸易政策有四大施政要点：积极保护贸易政策的国家主权，严格执行贸易法律法规，可以打开国外市场，以及重新对贸易协定展开谈判。同时，美国总统特朗普对华更是采取强硬的贸易政策，从2018年3月起，陆续宣布对中国价值1500亿美元的进口商品征收附加关税，涉及通信技术、机械、钢铁等多个行业。可以看出，美国政府的贸易政策具有十分明显的贸易保护主义倾向。

（2）拒绝承认中国市场经济地位

美国对华的贸易政策不仅强硬，还十分具有歧视性。2017年10月30日，美国商务部公布了其在铝箔反倾销调查中开展的"中国市场经济地位"问题调查结果，仍将中国视为"非市场经济国家"，在对华反倾销调查中继续使用"替代国"做法。美方无视中国市场经济建设取得的巨大成就，继续认定中国为"非市场经济国家"，是对中国实际情况的严重扭曲。美国的这种做法致使中国外贸企业在应对反倾销诉讼中遭受多重不公平待遇，以致胜诉率低下，为中美贸易关系的正常发展蒙上了一层阴霾，带来了一系列不可避免的贸易争端。"非市场经济地位"问题已经成为目前中国对美国开展对外贸易的最大障碍之一。

（三）中美知识产权争端问题

1. 中美知识产权争端概况

在中美贸易问题中，知识产权保护是两国长期争议不断的话题。美国认为中国对知识产权保护的重视程度较低，尤其是在立法和执法上有较大缺陷。对此美国一般采用以下两种方式进行调查，分别是"特别 301 条款"和"337 条款"。近年来，美国一方面继续使用"特别 301 条款"对中国进行观察，在其年报所列明的重点观察名单中，中国总是位列其中；另一方面加大"337 条款"的实际使用频率，对中国进口产品设置多重障碍，达到限制其进口的目的。对中国进行调查和威胁，已经成为知识产权壁垒的一种体现。中美知识产权争端，按时间可以划分为两个阶段：2001 年以前，中美知识产权争端较为激烈，美国多次采取单方面报复性措施；2001 年以后，美国更多寻求通过世贸组织来解决双方的贸易争端，由制裁向督查方向转换，主要督查中国知识产权保护是否符合 WTO 相关规定。

2. 知识产权争端的原因

（1）双方法律的差异性

两国由于法律制度的发展存在差异，使双方在知识产权保护问题上难以达成一致意见。美国关于知识产权的法律较为完善，来源于英美法系。其《专利法》经过不断改革和完善，尤其在立法和执法力度上能够充分保护国内的知识产权不受到侵害，最大限度地保护企业的核心利益。而中国关于知识产权保护的法律体系虽然初具雏形，但与美国仍有较大差距。例如，商业秘密的保护在中国立法上仍是空白。在执法方面，执法不严、透明度低等仍是中国亟待解决的问题。

（2）中美贸易逆差的存在

中美知识产权争端的本质原因在于中美之间巨大的贸易逆差。知识产权多涉及高科技产品，其他国家对此需求极大。美国知识产权产业在美国出口总额的比重就超过 1/2，对其经济增长的贡献率为 40% 左右。但知识产权侵权严重损害了美国国内相关行业的利益，也进一步加剧了双方的贸易逆差。

因此，美国多次要求中国加大知识产权的重视程度和保护力度，其目的在于缩小彼此间的贸易差额。

四　中美贸易问题的解决对策及发展趋势

（一）解决对策

1. 改进统计机制

贸易信息的失真多数情况下来自统计方法的不完善，这种情况也使中美双方对其贸易失衡存有不同认知。因此，对中美双方而言，可以采用新的附加值统计体系，把贸易附加值作为基础进行统计。传统贸易统计体系忽略了价值链上各部分的附加值，终端国家承担了消费品的所有价值增值，致使衡量国家间贸易情况的数据实质上存在一定偏差，进而形成政策上的误导。附加值贸易统计作为一种新兴的贸易统计方法，一方面能够客观地反映各国之间贸易顺差和逆差，减少对不同经济体之间贸易差额的高估。尤其是在国际分工日益专业化的情况下，同一种产品需要多国共同完成，这也更加需要附加值贸易体系来进行真实衡量贸易情况。另一方面使各国对全球贸易态势有整体的把握，进而进行贸易战略的调整。将附加值作为贸易统计口径，避免了中间产品的重复计算，从价值增值来源的角度确定出口额，充分考虑到加工贸易以及对外直接投资对中美贸易顺差的高估，由此，中美贸易顺差将大幅度降低。

2. 完善出口贸易结构

中美贸易逆差主要集中在原材料及制品、机械设备等附加值较低的产品上。当前，中国制造业的成本优势逐渐丧失，原有的大型加工工厂已有向东南亚地区转移的趋势。因此，寻求新的竞争优势是中国发展对外贸易的迫切需求。

（1）加快产品经济结构转型。政府应给予财政支持、政策优惠，促进企业不断创新，加快转型；同时，也应对中国高耗能、高消耗出口行业给予取缔，以提高企业环保性能，社会形象以及企业知名度。对出口企业而言，要提高产品的科技含量，将价格竞争转为质量竞争，并且，高度关注中间产品贸易，增强自我配套能力；注重品牌建立，不断推广和优化，走出国门，立于国际。

（2）大力发展服务贸易。扩大服务贸易范围，融入投资、外包等要素，服务于全球，进行跨越式发展；在通关方面要不断加强管理，还可在合理的条件下对服务出口减免税率，为开展服务贸易促进活动提供便利和支持；着力引导和扶持重点领域，注重科技型服务业发展，着重发展新兴服务贸易，包括咨询、通信等。

（3）推动产业升级，提高国际分工水平。在中美贸易中，中国出口以低附加值产品为主，进口主要是高附加值产品，尤其是技术类产品。鉴于此，推动产业升级能够提高中国贸易的附加值，从而起到改善中美贸易结构的作用。具体而言，国家应加大统筹规划的力度，卓有成效地推动重大技术改革，积极推进重要产业创新发展项目；不断健全和完善市场准入规则，实施严格有效的产品标准评价体系。

（4）注重知识产权的保护。中美双边贸易快速发展，尤其是知识产权贸易增速飞快。因此，中国要加大知识产权的保护力度，完善相关的法律法规，从立法和执法两个方面同时抓起。只有这样，才能促进中国企业掌握关键技术，拥有自主知识产权，夺取高新产业发展的制高点，才能促进中国经济平稳健康发展。

3. 转变经济发展方式，并扩大内需

长期以来，中国就以出口作为主要的拉动经济发展的做法，虽然在一定程度上使得中国的国家经济飞快发展，但也使得中国过分地依赖对外贸易，数据显示，近年来中国的对外贸易依存度依旧较高，2017年中国的对外贸易依存度达33.61%，如表10所示。中美贸易顺差就体现了中国对美国极高的贸易依存度。美国对中国有很大的进口需求，一旦美国国内的经济受损，也会影响中国的出口，进而影响中国的经济发展。所以我们要转变拉动经济发展的方式，从出口拉动转向国内消费拉动，扩大国内的消费，刺激国内需求。要将扩大内需作为确保中国经济可持续增长的长期发展战略。运用货币政策和财政政策，采用不同的政策组合方式，刺激国内消费需求的增长，例如优化收入水平结构，提高低收入群众的收入水平；出台鼓励的政策法规，给创业者提供优惠便利的条件。

表10　2011～2017年中国对外贸易依存度状况

单位：亿元，%

年份	进出口总额	国内GDP	对外贸易依存度
2011	236402.0	471564.0	50.13
2012	244160.2	519322.0	47.02
2013	258168.9	588018.8	43.90
2014	264241.8	636138.7	41.54
2015	245502.9	676708.0	36.28
2016	243386.5	744127.0	32.71
2017	277995.9	827121.7	33.61

资料来源：中经网统计数据库。

4. 完善中美自由贸易机制

中国要致力于完善中美双边自由贸易机制，增强中美两国的战略互信，使美国同中国共同互惠互利地发展。2017年4月，中美双方就经济合作"百日计划"达成10项共识，中美"百日计划"在解决双方贸易失衡问题上，就产生了积极的作用。同时，美国欢迎中国自美国进口液化天然气（LNG），两国政府同意加强LNG贸易合作，中国将参与美国不断增长的LNG出口行业。这意味着在未来美国LNG出口项目中，中国将占有重要一席。随着中国天然气消费量和进口量的不断增加，未来中美两国LNG贸易规模将不断扩大，有助于实现中美两国间的贸易平衡。2017年11月8日，美国总统特朗普对中国进行国事访问，双方达成丰硕的经贸合作成果。两国企业共签署合作项目34个，金额达2535亿美元。其中，贸易项目不仅包括货物贸易，还包括服务贸易，涉及领域广泛，能源、环保、医药和基础设施等均有涉及。双方达成的经贸成果，有利于推动彼此间的贸易健康发展，缓

和双方的贸易摩擦，促进相关产业发展和就业率的增加。

5. 加大对外直接投资

通过对外直接投资是企业应对贸易摩擦的方法之一。政府应出台相应的法律政策，为中国企业在海外进行投资提供保障和支持。中国企业还可以"走出去"，通过国际直接投资来减小贸易摩擦所造成的损失，积极进行海外投资，创新对外投资方式，扩展海外市场，比如通过并购的方式进入美国市场、建立研发机构、建立销售分公司、承包国外的项目和工程或者进行项目合作等。同时，在企业"走出去"的过程中，不仅要注重对国内人才培养，还要大胆地招纳国外的人才，充分利用人力资源优势。

（二）中美贸易未来发展趋势

中美两国在世界经济发展中都占有重要地位，双方的经贸关系对全球经济的正常平稳运行有着至关重要的作用。

随着中国制造业的低成本优势的逐渐丧失，以及人民币的国际化进程不断推进，中国在进行对美国的出口贸易中，将逐渐不再具有之前的价格竞争优势；另外，随着中国对知识产权保护的力度不断加大，以及中美双方不断加强对话，平等协商，美对华的技术出口管制规模最终将逐渐缩小，中美贸易不平衡的状态将有所改善，但这是一个长期的过程，在短期内，中美贸易失衡仍是制约双方经贸合作的阻碍之一。

同时，中国政府、企业、行业协会间将加强沟通协调，政府和企业也会积极应对反倾销、反补贴等贸易调查和相关诉讼。中美之间仍旧是合作与竞争并存，合作是永恒的主题，摩擦也会相随而至。中美间的贸易摩擦虽在短期内不会完全根除，但随着时间的推进，必将趋向平缓。

专栏

中美贸易再现波折　贸易战已然打响

2018 年 3 月 8 日，美国总统特朗普签署公告，认定进口钢铁和铝产品威胁美国国家安全，决定对进口钢铁和铝产品加征关税（即 232 措施），3 月 22 日，特朗普政府宣布因知识产权侵权问题，对中国价值高达 500 亿美元的商品征收惩罚性关税。然而，这份巨额"罚单"仅是个开始，4 月 3 日，特朗普发布声明称对中国 1000 亿美元进口商品征收附加关税。在美国《特别 301 报告》中，中国再次被列入"优先观察名单"，并在"306 条款监管国家"之中。鉴于美国单方面挑起贸易战以及咄咄逼人的态度，中国于 4 月出台相应措施进行同等力度和规模的回击，大豆、汽车、飞机等中国自美国主要进口产品相继被列入反制清单。其中，有着"工业黄金"之称的稀土进入这次贸易摩擦所涉及的商品清单中，意味着贸易争端的再度扩大。

从美国对中国的进口情况来看，通信技术、机械、钢铁等行业首当其冲。4 月 16 日，美国商务部宣布，禁止美国企业向中兴通讯出售任何电子技术、通信元件，禁令为期 7 年。中美贸易战持续升温发酵，战事焦点也从中兴扩展到中国其他企业，例如，华为、海康等通信科技型企业。可以看出，首先，美国此次发动贸易战的目的直指"中国制造 2025"，迫于中国通信技术的强势崛起，以及对美国地位的进一步挑战，美国此举意图减缓中国高新制造业的发展步伐，持续保持其竞争优势，创造更多的就业机会。其次，美国实行贸易保护主义的深层原因在于美国长期对中国保持巨额贸易逆差。截至 2018 年 4 月底，中国对美国货物贸易逆差额高达 795.7 亿美元，同比增长 13.5%. 美方认为对华贸易逆差持续扩张将挤占本国市场，损害其本土低端制造业就业与发展。面对美国制造业空心化的情况，特朗普始终试图推进制造业回流，重建美国制造业全产业链。并且，美国经济长期增长内生动力不足也是其大打贸易战的主要原因，国内高消费率和低储蓄率成为其一大特征。

就宏观层面而言，中国政府要积极制定反制措施，变被动为主动，维护国家经济利益；同时促进与美国平等对话，在谈判的基础上就中美贸易摩擦问题进行磋商。就微观层面而言，外贸企业，尤其是涉及高新技术产业的企业，如机械设备、生物医药、通信技术等领域，要做好预

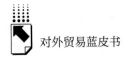
防和应对措施，充分了解美国对外贸易的政策变化，特别是对美国的征税措施及时做出反应，减少利益损失。若在合同签署前，可以转变贸易对象，与新的贸易伙伴进行经贸合作；若双方合同已经签署并执行，也应该与对方积极沟通，就关税等不确定因素进行重新谈判与协商，以降低风险。

随着美国财政部部长姆努钦率领的贸易代表团在5月4日与中国官员为期两天的贸易磋商的结束，就首轮谈判结果可以看出，中美在短期内不可能达成协议，中美经贸关系的紧张趋势或无法得到缓解。但双方高层之间的对话都为将来彼此的妥协做好了铺垫，中美之间的贸易摩擦问题势必要在谈判桌上得以解决。

B.11

稳定发展的中欧贸易

摘　要：　2017年，欧盟保持中国第一大贸易伙伴和第一大进口市场的地位，同时也是中国第一大技术来源地、第四大外资来源地。中国在欧盟的主要贸易伙伴中位居第二，是其最大的进口来源地和第二大出口目的地。中国经济发展迅速，中国与欧盟的经贸合作对欧盟经济发展产生了极大的促进作用。中欧双边贸易往来也为中国发展经济、增加就业注入了活力，双方的合作空间逐步扩大。欧盟各国对华贸易所占比重差异较大，中欧之间的贸易互补性与竞争性并存，2018年，中国将继续发掘对欧贸易潜力。

关键词：　欧盟　中欧班列　贸易摩擦

一　欧盟对外贸易现状

自建立以来，作为世界上最大的区域及经济集团，欧盟经济社会现代化程度高，总体经济实力强，在对外贸易方面表现出相当大的影响力。根据统计数据，2016年，欧盟对外货物贸易总额达38273.7亿美元，其出口、进口贸易额分别为19312.7亿美元和18961亿美元。2017年，欧盟对外货物贸易额为42231.9亿美元，同比增长约10%，贸易差额由2016年的351.7亿美元下降至254.5亿美元，顺差减少97.2亿美元，即同比减少27.64%。从贸易总额中可以看出，欧盟在近期的对外货物贸易呈增长趋势。

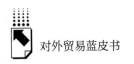

（一）欧盟对外贸易出口情况

2016 年，欧盟对外贸易出口额为 19312.7 亿美元。2017 年，其出口额达到 21243.2 亿美元，同比增长 10%。

1. 主要出口对象国家或地区

在欧盟主要出口对象国/地区中，美国居首位。表 1 和图 1 数据所示，2016 年，欧盟对美国的货物出口额为 4000.3 亿美元。2017 年，欧盟对其出口额则高达 4247 亿美元，同比增长 6.17%，占欧盟货物出口总额的 1/5 左右。中国是欧盟第二大出口国，2017 年欧盟对中国货物出口额达 2239.7 亿美元，虽然只占欧盟出口总额的 10.54%，远低于欧盟对美国的出口水平，但其同比增长率——19.96% 也明显超过欧盟对其他主要贸易伙伴（除俄罗斯外）的增长速度。此外，瑞士、土耳其和俄罗斯也是欧盟重要的货物出口目的地。2017 年欧盟对上述贸易对象的贸易出口额为 1704.2 亿美元、954.7 亿美元和 973.9 亿美元，分别占欧盟出口总额的 8.02%、4.49% 和 4.58%，同比分别增长 8.9%、11.37% 和 22.23%。

表 1　2016～2017 年欧盟对主要贸易伙伴的贸易出口状况

单位：亿美元，%

国家	2016 年	2017 年	同比
美　国	4000.3	4247.0	6.17
中　国	1867.0	2239.7	19.96
瑞　士	1564.9	1704.2	8.9
土耳其	857.2	954.7	11.37
俄罗斯	796.8	973.9	22.23
日　本	638.3	683.5	7.08
挪　威	531.9	572.9	7.71
韩　国	485.3	562.9	15.99
阿联酋	504.0	481.6	-4.44
印　度	415.6	471.4	13.43
墨西哥	372.6	428.7	15.06

注：2016 年欧元/美元的平均汇率为 1.10 左右，而 2017 年为 1.13。

资料来源：欧盟统计局。

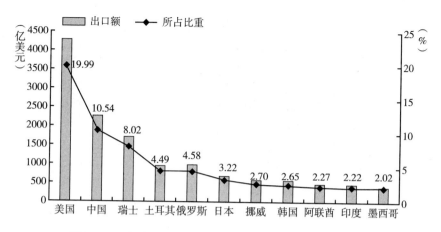

图1 2017年欧盟对主要贸易伙伴的货物出口额及占比情况

资料来源：欧盟统计局。

2. 主要出口商品

根据国际贸易标准分类（SITC），欧盟出口商品以机器及运输设备、其他工业制成品和化学及相关产品为主。从表2和图2的统计数据中，可以看出，2017年欧盟这三类商品出口额分别为8942亿美元、4786.5亿美元和3756.1亿美元，同比增长率均超过8%，分别占欧盟货物出口总额的42.09%、22.53%和17.68%。其中，机器及运输设备的出口额远超过其他种类的商品出口额。此外，食品、饮料和烟草出口也较多，其出口额为1373.1亿美元，占欧盟贸易出口总额的比重为6.46%。

表2 欧盟主要进出口货物

单位：亿美元，%

项目	2016年		2017年		同比增长	
	出口额	进口额	出口额	进口额	出口额	进口额
机器及运输设备	8245.7	6143.8	8942.0	6690.8	8.44	8.90
其他工业制成品	4379.0	4982.7	4786.5	5374.7	9.31	7.87
化学及相关产品	3467.8	2051.3	3756.1	2195.2	8.31	7.02
食品、饮料和烟草	1283.4	1207.7	1373.1	1263.1	6.99	4.59
原材料	412.8	654.4	500.6	758.4	21.27	15.89
其他	1524.0	3921.1	1884.9	4706.5	23.68	20.03

资料来源：CEIC数据库。

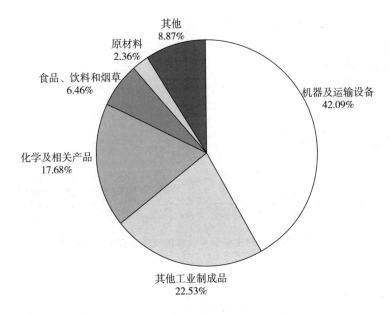

图2　2017年欧盟主要出口商品占比状况

资料来源：CEIC 数据库。

（二）欧盟对外贸易进口情况

2016 年，欧盟货物进口额为 18961 亿美元。2017 年，其进口额达到 20988.7 亿美元，同比增长 10.69%。

1. 主要进口对象国家或地区

中国、美国、俄罗斯、瑞士和挪威等国是欧盟主要的货物进口来源地。根据表 3 和图 3 所示，2016 年，欧盟对美国、俄罗斯、瑞士和挪威这四个贸易伙伴的商品进口额分别为 2755.3 亿美元、1307.9 亿美元、1339 亿美元及 696.7 亿美元。2017 年，欧盟自美国、俄罗斯和挪威的货物进口额分别上升至 2894.8 亿美元、1639.6 亿美元及 875 亿美元，同比增长 5.06%、25.36% 和 25.59%，分别占欧盟进口总额的 13.79%、7.81% 和 4.17%。唯独对瑞士的进口额有所下降，同比下降 6.83%，减少至 1247.6 亿美元。中国在欧盟主要进口贸易伙伴中位居第一，2017 年，欧盟对中国货物进口额达 4235.5 亿美元，较 2016 年增长 11.59%，占欧盟货物进口总额的比重为 1/5 左右。此外，土耳其、日本、韩国、印度以及巴西也是欧盟较为重要的进口对象，2017 年欧盟自上述五国进口额平均为 600 亿美元左右。

表 3　2016~2017 年欧盟自主要贸易伙伴的贸易进口状况

单位：亿美元，%

国家	2016 年	2017 年	同比增长
中国	3795.6	4235.5	11.59
美国	2755.3	2894.8	5.06
俄罗斯	1307.9	1639.6	25.36
瑞士	1339.0	1247.6	-6.83
挪威	696.7	875.0	25.59
土耳其	734.4	788.3	7.34
日本	733.3	778.3	6.14
韩国	458.2	565.2	23.35
印度	432.7	499.3	15.38
巴西	326.3	352.0	7.90

资料来源：欧盟统计局。

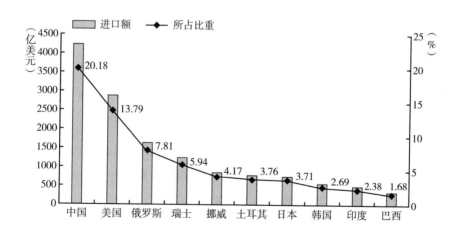

图 3　2017 年欧盟自主要贸易伙伴的货物进口额及占比情况

资料来源：欧盟统计局。

2. 主要进口商品

根据国际贸易标准分类（SITC），欧盟进口商品同样以机器及运输设备、其他工业制成品和化学及相关产品为主。根据表2和图4的相关数据，2017年欧盟这三类商品进口额分别为6690.8亿美元、5374.7亿美元和2195.2亿美元，分别占欧盟货物进口总额的31.88%、25.61%和10.46%，同比增长率平均接近8%。其中，就化学及相关产品、机器及运输设备而言，其进口额远低于出口额，可见，上述两类商品在出口方面更具优势。而对其他工业制成品而言，进口额远超过出口额，相差588.2亿美元，所以该类商品在进口方面相对具备比较优势。此外，食品、饮料和烟草及原材料也是欧盟较为重要的进口商品，在2017年，其进口额分别为1263.1亿美元和758.4亿美元，较2016年均有所增长，两者占欧盟货物进口总额的比重近1/10，分别为6.02%和3.61%。

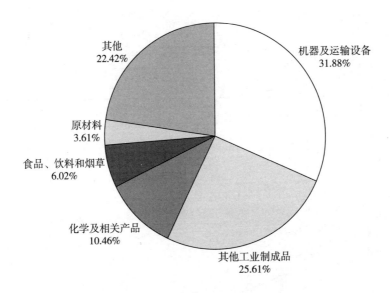

图4　2017年欧盟主要进口商品占比状况

资料来源：CEIC数据库。

（三）欧盟对外贸易平衡情况

近年来，欧盟对外货物贸易存在顺差。根据表4和图5所示，可以看出，以 2013 年作为分界点，在此之前，欧盟长期存在贸易逆差。2007~2012 年，其贸易逆差额平均高达 2539 亿美元。2013 年后，欧盟对外贸易均保持顺差，且年度数值波动较大。2016 年，欧盟贸易顺差 351.7 亿美元，同比下降 46.42%。据欧盟统计局数据统计，2017 年 1~11 月，其商品贸易顺差由 2016 年同期的 127.9 亿美元增长至 145.5 亿美元，同比增长率为 13.73%。整体而言，欧盟商品贸易较为平衡，且贸易顺差将成为其对外贸易发展的长期趋势。

表 4　2007~2017 年欧盟对外贸易平衡状况

单位：亿美元

年份	出口额	进口额	贸易差额
2007	16899.3	19862.3	−2963.1
2008	19157.4	23200.4	−4043.0
2009	15208.4	17183.4	−1975.0
2010	17944.0	20295.7	−2351.7
2011	21619.2	24059.5	−2440.3
2012	21662.0	23125.5	−1463.4
2013	23062.1	22414.0	648.1
2014	22606.7	22460.0	146.7
2015	19865.3	19199.9	665.4
2016	19312.7	18961.0	351.7
2017	21243.2	20988.7	254.5

资料来源：CEIC 数据库。

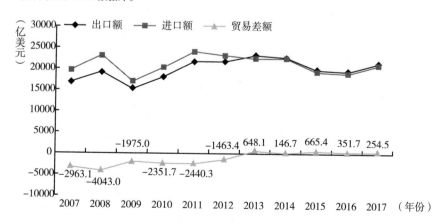

图 5　2007~2017 年欧盟货物贸易进出口额及差额

资料来源：CEIC 数据库。

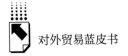

1. 贸易差额主要来源地

长期以来，美国都是欧盟最重要的贸易顺差来源地。根据表5所示，2017年欧盟对美国货物贸易顺差额高达1352.3亿美元，同比增长8.62%，是欧盟对外贸易顺差总额的5倍左右。此外，阿联酋、瑞士、中国香港及澳大利亚也是欧盟主要的货物贸易顺差地，欧盟对上述四个地区的贸易顺差总额达1359.2亿美元，与欧盟对美贸易顺差额相近。其中，与2016年相比，瑞士增长幅度最大，超过55%，中国香港和澳大利亚也实现了不同程度的增长。

表5　2017年欧盟对外贸易差额主要来源

单位：亿美元，%

项目	2016 年	2017 年	同比增长
主要顺差来源	—	—	—
美国	1245.0	1352.3	8.62
阿联酋	403.0	368.2	−8.64
瑞士	225.8	456.6	102.21
中国香港	186.0	289.8	55.81
澳大利亚	212.4	244.6	15.16
土耳其	122.9	166.4	35.39
墨西哥	153.4	159.3	3.85
新加坡	132.0	147.2	11.52
沙特阿拉伯	163.7	126.8	−22.54
加拿大	66.7	71.3	6.9
阿尔及利亚	42.9	3.2	−92.54
主要逆差来源	—	—	—
中国内地	−1928.5	−1995.8	3.49
俄罗斯	−511.0	−665.7	30.27
挪威	−164.9	−302.1	83.20
日本	−95.0	−94.8	−0.21
尼日利亚	−20.7	−57.6	178.26
印度	−17.2	−27.8	61.63

资料来源：欧盟统计局。

在欧盟的主要货物贸易逆差来源地中，中国居首位。2017 年欧盟对中国货物贸易逆差达 1995.8 亿美元，与 2016 年几乎持平。同时，俄罗斯、挪威、日本以及尼日利亚也是欧盟主要逆差来源地，2017 年其逆差额分别为 665.7 亿美元、302.1 亿美元、94.8 亿美元和 57.6 亿美元，除日本以外，其余三国同比均实现正增长，且增长幅度较大。

2. 主要商品贸易顺/逆差类商品

根据国际贸易标准分类（SITC），欧盟对外贸易顺差类商品主要为机器及运输设备，化学及相关产品及食品、饮料和烟草。根据图 6 数据，2017 年这三大类商品的贸易顺差分别达 2251.2 亿美元、1560.9 亿美元及 110 亿美元。可以看出，机器及运输设备是欧盟对外贸易最主要的顺差类商品，甚至远超过其他类商品的顺差额。而逆差类商品较为突出的是其他工业制成品和原材料，其逆差额分别为 588.2 亿美元和 257.8 亿美元。

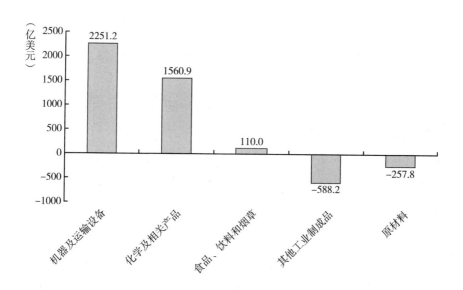

图 6 2017 年欧盟对外贸易主要商品差额

资料来源：CEIC 数据库。

二 中欧贸易现状分析

（一）双边贸易关系稳定发展

目前，欧盟保持中国第一大贸易伙伴和第一大进口市场的地位，同时也是中国第一大技术来源地、第四大外资来源地。中国在欧盟主要贸易伙伴中位居第二，是其最大的进口来源地和第二大出口目的地。中国经济发展迅速，经济总量仅次于美国，在与欧盟的经贸合作中，对欧盟经济的发展产生了极大的促进作用。同时，中欧双边贸易往来也为中国发展经济、增加就业注入了活力，双方的合作空间逐步扩大。

从贸易总额来看（见表6、图7），2007～2017年中国与欧盟各成员国之间的经贸交往不断增强，平均每年的贸易额在5000亿美元以上，年均实现了8.76%的快速增长。2009年，中欧贸易总额受到全球金融危机的严重影响下降不低于14%，在2012年又由于欧债危机的全面深化，下降约4%。2015～2016年由于欧洲局部动荡，均出现了不同程度的下降。其他年份都体现为高速增长的态势。

2015年中欧双边贸易额在世界贸易总额中的占比为1/5左右，超过中美之间的贸易规模，至此，欧盟成为中国第一大贸易伙伴。2016年，中国与欧盟贸易额达5516.2亿美元，占中国与"一带一路"沿线国家贸易总额的1/2以上。2017年中欧贸易总额高达6196.7亿美元，其中中国向欧盟出口3744.4亿美元，自欧盟进口2452.2亿美元，整体较2016年增长12.34%，占中国对外贸易总额的15.1%。可以看出，未来几年，中欧双边贸易将保持平稳增长，两者贸易关系将保持长期稳定发展。

从中国对欧盟的贸易差额来看，中国对欧盟有较大的贸易顺差，且该状态已持续多年。2017年，顺差总额约为1292亿美元，较2016年有所下降。从整体趋势来看，中国对欧盟货物贸易的顺差状态将长期存在。

表6　2007～2017年中国对欧盟货物贸易情况

单位：亿美元，%

年份	贸易顺差	贸易总额	出口额	进口额	同比增长		
					贸易总额	出口额	进口额
2007	1341.9	3562.7	2452.3	1110.4	30.85	34.80	22.90
2008	1600.7	4258.4	2929.6	1328.9	19.53	19.46	19.67
2009	1084.5	3642.4	2363.5	1279.0	-14.47	-19.32	-3.75
2010	1428.6	4798.3	3113.4	1684.8	31.73	31.73	31.73
2011	1448.6	5673.3	3561.0	2112.3	18.24	14.37	25.37
2012	1215.9	5466.4	3341.1	2125.3	-3.65	-6.17	0.61
2013	1182.1	5583.4	3382.8	2200.6	2.14	1.25	3.55
2014	1265.9	6154.0	3709.9	2444.1	10.22	9.67	11.06
2015	1469.8	5657.6	3563.7	2093.9	-8.07	-3.94	-14.33
2016	1348.9	5516.2	3432.5	2083.7	-2.50	-3.68	-0.49
2017	1292.2	6196.7	3744.4	2452.2	12.34	9.09	17.69

资料来源：CEIC 数据库。

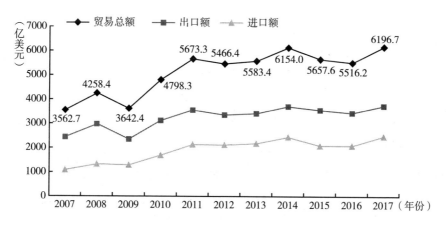

图7　2007～2017年中国对欧盟贸易进出口状况

资料来源：CEIC 数据库。

（二）双边贸易互补性与竞争性共存

中国与美国的经济贸易涉及的商品种类繁多，但综合来分析，具有较为明显的结构性差异。中欧贸易以劳动密集型产品和资本、技术密集型产品为主，其中，初级产品比重有所降低。

中国对欧盟的出口以机械类加工和劳动密集型商品为主。从2014～2017年中国对欧盟主要商品出口数据统计中，可以看出，中国主要向欧盟出口机电产品、纺织品及原料、杂项制品和贱金属制品四类产品，且上述产品的出口额占中国对欧盟出口总额的比重超过70%（见表7）。2017年最新数据显示，中国对欧盟机电产品出口就达到1585.7亿美元，占出口总额的42.35%，远超过对后三类商品的出口额之和。纺织品及原料、杂项制品以及贱金属制品分别出口472.7亿美元、352.8亿美元、232.0亿美元，占出口总额的比重分别为12.62%、9.42%以及6.20%（见图8）。但其中，加工贸易的比重较大，中国承接外来产品的加工需求，这部分产品经过加工组装后再返销到包括欧盟在内的海外市场，这在一定程度上提高了中国的就业率，但处于产业链的中下游地位。因此，中国在劳动密集型产品上具有比较优势。

中国对欧盟的进口以资本与技术密集型产品为主。从2014～2017年中国自欧盟主要商品进口数据统计中可以看出，中国从欧盟进口的产品主要是机电产品、运输设备、化学产品与精密仪器等，其总额占自欧盟进口总额的70%以上。2017年最新数据显示（见图9），中国自欧盟进口的机电产品、运输设备、化学产品与精密仪器数额分别达到716.9亿美元、514.2亿美元、338.8亿美元以及178.0亿美元，分别占自欧盟进口总额的29.23%、20.97%、13.81%和7.26%。可以看出，欧盟对中国出口的产品具有更高的附加值，在机械设备和高新技术产品方面，具有较强的出口比较优势。

总体而言，中欧贸易上具有互补性特征。随着中国经济转型和贸易结构的升级，中欧双方进出口商品结构上的差异将逐渐缩小。但双方贸易也存在局部的竞争性。

由于中国经济实力不断增强，中欧双边的经贸关系将从互补性逐渐向部分产品竞争方向转移。

在全球市场上，中国高科技产品占据的市场份额逐渐增多，比较优势开始显现。例如，中国的华为和中兴电信设备在欧洲电信市场的接受率越来越高，其本土企业受到了较大的冲击。此外，中国新能源、基建等行业都开始积极走出国门，这将与欧盟的相关行业展开竞争。所以，就目前而言，中欧双边贸易互补性与竞争性共存，但中欧贸易格局互补程度仍然大于竞争程度。

表7　中国对欧盟进出口商品类章金额

单位：亿美元

类章	2014 年		2015 年		2016 年		2017 年	
	出口额	进口额	出口额	进口额	出口额	进口额	出口额	进口额
第 1 类	28.27	31.04	26.64	32.91	27.18	49.45	29.56	43.26
第 2 类	23.39	7.82	23.09	17.21	23.56	6.88	23.20	6.69
第 3 类	1.25	3.01	1.33	3.21	1.18	3.03	2.88	3.10
第 4 类	28.11	46.30	27.11	57.48	26.89	63.16	28.17	77.14
第 5 类	20.36	56.26	15.71	39.59	15.12	61.19	20.28	91.50
第 6 类	169.52	260.19	162.43	264.71	156.97	279.24	184.19	338.77
第 7 类	132.29	114.29	125.33	98.39	121.27	94.96	137.00	104.70
第 8 类	71.90	35.80	71.87	35.02	66.76	29.81	70.21	33.29
第 9 类	31.25	13.87	30.26	12.46	29.25	13.35	29.39	19.29
第 10 类	29.44	45.15	31.22	43.08	27.97	43.61	29.40	51.39
第 11 类	568.45	42.78	514.19	39.72	473.85	38.81	472.68	42.41
第 12 类	146.77	7.79	139.25	7.35	127.55	7.17	131.66	7.73
第 13 类	64.63	16.98	72.77	14.80	57.93	15.79	63.25	17.96
第 14 类	14.22	24.51	13.59	21.53	10.89	18.72	8.76	16.97
第 15 类	250.12	169.41	241.76	134.10	211.17	117.40	232.00	152.05
第 16 类	1548.82	759.94	1461.21	647.54	1417.76	608.95	1585.70	716.89
第 17 类	149.54	616.98	137.53	447.60	136.83	445.65	172.05	514.18
第 18 类	119.09	164.38	127.18	150.87	133.41	160.09	139.32	178.01
第 19 类	0.21	0.05	0.22	0.06	0.22	0.11	0.20	0.05
第 20 类	310.10	20.56	335.17	19.70	321.12	20.48	352.82	26.02
第 21 类	0.72	0.64	0.86	1.37	0.49	0.59	0.30	0.28
第 22 类	0.15	4.81	0.02	0.10	3.12	1.27	7.43	7.04

资料来源：中华人民共和国海关总署。

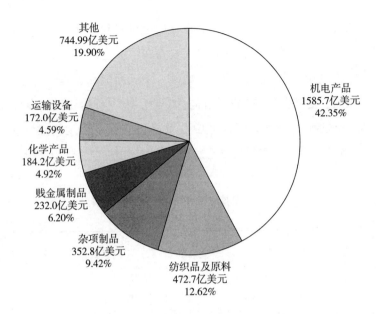

图8　2017年中国出口欧盟商品构成

资料来源：中华人民共和国海关总署。

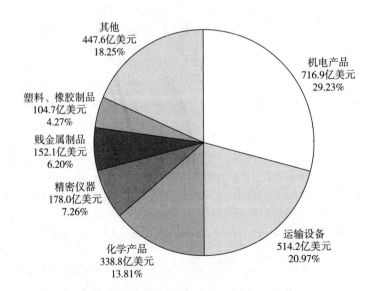

图9　2017年中国进口欧盟商品构成

资料来源：中华人民共和国海关总署。

（三）中欧贸易存在明显的国别差异

欧盟各成员国之间由于在经济发展水平上存在巨大的差异，在对华贸易上也表现出明显的国别差异。

1. 贸易额方面的差异

根据 2013～2017 年中国对欧盟部分国家贸易额，可以看出，中国与欧盟的贸易主要集中于德国、英国（脱欧之前）、荷兰、法国、意大利。2013～2017 年，中国与上述五国的进出口贸易总额达到 20439.3 亿美元，在中欧双边贸易总额中占比超过 70%，分别是 28.02%、13.15%、12.31%、8.89% 以及 7.86%（见表 8、图 10、图 11）。上述五国作为欧盟的老牌成员国，是欧盟中具有较高工业化水平的国家代表，也是中国与欧盟双边贸易发展的重要基础。德国作为欧盟的生产和出口大国，得益于在欧盟地理与经济方面的核心地位，长期以来都是中国在欧盟最大的贸易伙伴，而与此同时，中国也是德国在亚洲最大、世界第三大贸易合作伙伴。中国与德国的贸易额在中国对欧盟的贸易总额中的占比接近 30%。英国及荷兰位列中国在欧盟的第二大和第三大贸易伙伴，在中国对欧盟贸易总额中占比合计超过 1/4。2017 年，中德贸易额为 1681 亿美元，中国已成为德国第四大出口市场与第一大进口来源国。中英、中荷贸易额分别为 790.3 亿美元、783.8 亿美元，中法、中意之间的贸易额均不低于 400 亿美元。

表 8　2013～2017 年中国对欧盟部分国家贸易额

单位：亿美元

国家	2013 年	2014 年	2015 年	2016 年	2017 年
德　国	1615.5	1777.5	1567.8	1512.9	1681.0
英　国	700.4	808.7	785.2	743.4	790.3
荷　兰	701.5	742.8	682.6	672.4	783.8
法　国	498.3	558.0	514.1	471.3	544.6
意大利	433.3	480.4	446.9	430.6	496.0

国家	2013 年	2014 年	2015 年	2016 年	2017 年
西班牙	249.1	277.1	274.6	274.4	309.4
比利时	254.3	272.8	232.2	216.1	232.8
爱尔兰	66.7	65.3	71.1	80.7	110.6
希 腊	36.5	45.3	39.5	44.8	51.8
卢森堡	20.6	22.5	26.3	15.6	10.1
葡萄牙	39.1	48.0	43.6	55.8	55.8

资料来源：中华人民共和国商务部欧洲司。

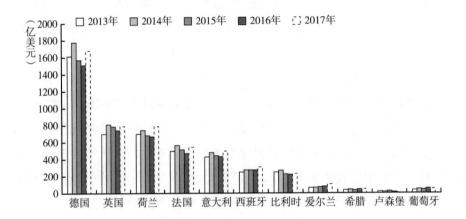

图 10　2013～2017 年中国对欧盟部分国家进出口额

资料来源：中华人民共和国商务部欧洲司。

另外，希腊、爱尔兰、卢森堡及葡萄牙则更多地集中于欧盟内部贸易，与中国的贸易往来相对较少。2013～2017 年，中国与前述四国的进出口贸易总额为 950 亿美元，仅占同期中国与德国进出口贸易总额的约 11.6%。2017 年中国与上述四国的贸易均额仅约为 228 亿美元。因此，中欧贸易存在明显的国别差异。

2. 产品行业竞争方面的差异

中欧贸易虽然存在较大的互补性，但中国与欧盟部分国家或其某些行业存在一定的竞争关系。中国对德国机械设备的依赖度最大，对汽车及其配件

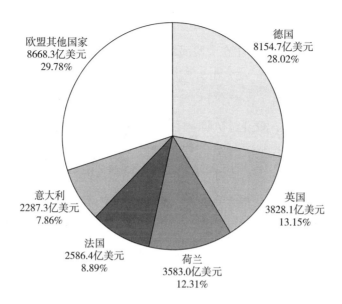

图 11　2013～2017 年中国对欧盟主要贸易国家贸易额及占比情况

资料来源：中华人民共和国商务部欧洲司。

的依赖度排在其后，这充分体现了德国制造业的核心竞争力。而近年来，随着中国产业结构的不断优化升级，产品由劳动密集型向技术和资金密集型转变，中国在运输设备、燃料和机器三个产业的发展速度较快，与德国的差距不断缩小，因此，两国在这三个行业的竞争愈发激烈。可以看出，中德两国之间的制造业竞争尤为突出。两国出口产品逐步趋同化，即两国出口产品和涉及行业具有极高的相似度，贸易竞争性较强。

除此之外，大部分东欧国家与中国经济发展水平和产业结构相似，未来，它们将在欧洲劳动密集型产品市场占有重要地位，这会直接阻碍中国对欧盟的出口贸易。

（四）中欧班列建设快速发展

自 2011 年中欧班列首次运营以来，该项目获得了快速发展，累计开行超6000 列，其中 2016 年开行量突破 1000 列关口，更是在 2017 年取得飞跃性发展，开行量实现成倍增长，截至 2017 年底共开行 3673 列，较 2016 年同期增长 115.8%，超过过去 6 年的总和（如图 12 所示）。服务覆盖面更加广泛。国内开行城市 38 个，主要集中在中西部地区及部分东部沿海城市，目的地涵盖欧洲 13 个国家 36 个城市，较 2016 年新增 5 个国家 23 个城市，运行线路多达 61 条；运行效率不断提高，新增中欧班列专用运行线，时速高达 120 公里，极大地缩短了全程运行时间，较开行初期少耗时一周以上，使得整体运行成本不断下降；货源品类深入居民生活多方面，不仅涉及手机、电脑等 IT 产品，还涵盖服装配饰、汽车及配件、食品原料等众多品类。虽然在运营过程中，中欧班列仍存在货源分散、费用较高和通关效率低等问题，但不容忽视的是，中欧班列完善了国际物流运输体系，加快了中欧之间的贸易往来，同时也促进了中国区域经济的发展。因此，追求高质量发展仍会是中欧班列的发展趋势。

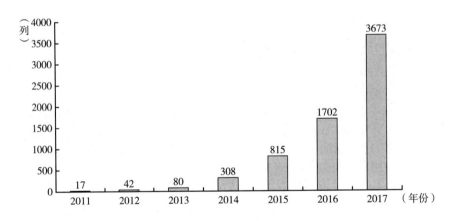

图 12 2011～2017 年中欧班列开行数量

资料来源：根据相关网页内容整理而成。

三 中欧贸易问题的分析

（一）中欧贸易不平衡问题

1. 中欧贸易不平衡概况

中欧贸易涉及的商品种类多样，不仅有劳动密集型产品，资本和技术密集型产品也占据较大比重，双方发展外贸的互补性较强。按理说，中欧双边贸易应相对平衡。事实上，自 2001 年以来，欧盟对中国长期保持贸易逆差，在中国贸易顺差来源地中位居第三。在 2009 年，由于金融危机的爆发，中国对欧盟的出口额降至 2363.5 亿美元，对欧盟的贸易差额也由 1600.7 亿美元下降至 1084.5 亿美元，同比下降约为 20%，对欧盟的贸易差额也下降至 1084.5 亿美元，较 2008 年减少 516.2 亿美元（见图 13）。至 2010 年末，由于欧盟经济有所回升，中欧之间的贸易差额又有所上升，同期中国对欧盟的贸易顺差在中国对外贸易顺差占比也从 55.4% 升至 77.9%，增长 22.5 个百分点。2015 年，由于欧盟内需大幅增加，中国对欧盟的贸易顺差不低于 1470 亿美元，较 2014 年增长 16%。自 2015 年后，中国对欧盟贸易顺差额虽有小幅度的下降，主要是由于欧盟部分国家对华贸易表现为顺差状态，例如德国、瑞典等，在一定程度上使中欧双边贸易的失衡有所缓解，但中国对欧盟的贸易顺差在中国对外贸易顺差占比持续增加。根据最新数据，2017 年，中国对欧盟出口额达到 3744.4 亿美元，相比 2016 年同期增长 311.8 亿美元，对欧盟的贸易顺差额为 1292.2 亿美元，同比下降 4%，在中国对外贸易顺差所占的比例为 30.6%。在短期内，中欧贸易这种不平衡状态不会彻底被打破，该状态更多受结构性因素影响，双方需要在长期中不断调整和通过优化经济结构来解决此问题。

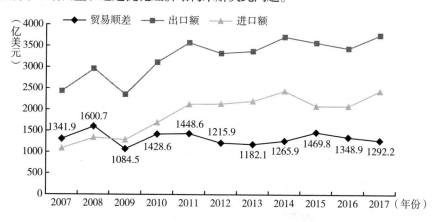

图 13　2007～2017 年中国对欧盟贸易顺差情况

资料来源：CEIC 数据库。

因此，贸易失衡问题使欧盟在对华贸易上更加敏感，欧盟迫切希望中国可以采取一些针对性措施以维护中欧贸易平衡。中国也试图从多方面采取措施，并通过加大实施力度来缓和贸易不平衡的状态。当前，中欧贸易失衡问题在双方经贸对弈中已成为不可忽略的重点话题。对中国而言，来自欧盟的贸易顺差有利于保障中国外汇储备充足和促进国内相关产业的发展，但这也成为中欧贸易摩擦产生的原因之一。

2. 贸易不平衡原因

（1）欧盟对华高科技产品和技术的限制

欧盟长期以来对华管制较为严格，对中国实施的出口管制政策从未间断过。包括 1996 年的《瓦森纳协定》、2000 年的 "1334 号法令"，以及其他相关的法律规定，且多由欧盟内部成员国自行实施。这严重阻碍了中欧高新技术贸易的发展，使高新技术产业对外贸的贡献率较低。中国对欧盟高技术产品的进口需求极大，但由于欧盟在该行业的出口限制，双方在高新技术产品贸易上产生了巨大的贸易差额。对于中国目前发展中迫切需要的节能环保、新材料、传感与激光、船舶与海事设备等方面的高新技术，欧盟对中国出口都有特殊限制。2017 年 4 月，欧盟召开例会，其最终的决定依旧是禁止向中国输出敏感技术和武器装备。当然，相较于美国，欧盟由于成员国众多，且发展水平存在差异性，其部分成员国对华出口管制的程度也不完全相同。

欧盟对华的出口管制容易使其失去中国巨大的市场，阻碍了双方的深入合作，也增加了贸易流量的不平衡。欧盟是中国高新技术产品的主要进口市场，位列第五，同时，中国吸收的外来先进技术也绝大部分来自欧盟。可见，高新技术贸易合作在推进双边贸易整体发展中具有不可磨灭的积极作用。因此，适当扩大高新技术产品对华出口和减少出口限制力度对于中欧贸易长远发展具有重大意义。

（2）欧盟内部贸易削弱中欧贸易发展空间

欧盟内部贸易在其整体贸易中同样占有较大份额。据官方数据统计，2012 年之后，欧盟内部贸易额已超过其外部贸易额，占贸易总额的比重平均超过 1/2。而欧盟各成员国在其内部贸易中的地位也略有不同。首先，若以环形对欧盟内部贸易结构进行划分，德国则是其核心国家，具有领头羊的作用，其地位举足轻重，在欧盟内部贸易中所占比重不低于20%，能够产生较强的贸易辐射，在欧盟对外贸易流向中发挥主导作用。其次，处于第二层次的国家主要包括英国、法国、荷兰、意大利和比利时五国。包括德国在内的上述所有国家在欧盟内部贸易交易额中的占比为60%左右，其贸易导向能够直接影响欧盟其他成员国，也间接减少了中欧贸易的发展机会。相关数据表明，欧盟内部贸易的转移量与欧盟对中国的输出量成反比，前者每增加1%，则后者相应减少3%，因此，欧盟内部贸易也是中国对欧盟贸易的严重不平衡的重要原因之一。

（二）中欧贸易摩擦问题

1. 中欧贸易摩擦概况

在中国主要贸易伙伴中，欧盟采取的贸易救济措施最多。尤其是欧债危机爆发后，欧盟内部的贸易保护主义有所抬头，针对从中国进口的产品频繁发起贸易救济调查。近年来，欧盟对中国频繁发起"双反"调查，并征收"反倾销"及"反补贴"税。更在2011年3月，对中国输入欧盟的同一种商品首次采取以下三种方式同时进行调查，即反倾销、反补贴及保障措施。2013年以来，欧盟共对中国发起26起"双反"调查，其中反倾销调查居多，二者均居被调查的各国产品首位（如表9所示）。尽管案件总量比此前5年有所下降，但从涉案产品和涉案金额看，欧盟对华贸易救济调查的负面影响正不断增大。结合双方近年来贸易摩擦的案例，可以看出中欧双边贸易摩擦具备以下新的特征。

从贸易摩擦手段比较，在金融危机之前，欧盟主要采取反倾销手段处理双方的贸易纠纷，但由于频繁使用该手段，反倾销的效力逐渐下降，而反补贴的运用次数逐年增加。同时，欧盟更是采用反倾销、反补贴和保障措施并驾齐驱的政策，三种手段同时进行，充分体现了欧盟对中国贸易救济措施的不理性运用。

从涉及产品种类比较，2009年之前，中欧贸易纠纷案涉及金额虽高，但多属于传统行业,以具有低附加值的制造业产品为主。在此之后,涉及的资本、技术密集型产品逐渐增多。高新技术产品成为双方关注的焦点。此外,贸易纠纷技术性壁垒更加突出。以严格的技术标准为依托,同时结合知识产权,使中国产品更加难以进入欧洲市场,阻碍了双方贸易的有效展开,也不能及时缓解贸易不平衡的问题。同时,中国也开始加强对于欧洲的贸易投诉,双方贸易纠纷的影响也在不断扩大。

表9　近年来中欧贸易争端典型案例

时间	案件	具体事项
2004年4月	纺织品纠纷	欧盟通过建立监管体系等措施,来进一步阻止中国纺织品进入欧洲市场
2009年1月	紧固件纠纷	欧盟向中国对其出口紧固件产品的外贸企业征收惩罚性关税
2010年6月	数据卡纠纷	欧委会对进口中国的无线数据卡同时发起反倾销、反补贴以及保障措施调查
2012年9月	光伏产品纠纷	欧委会对中国输出的光伏产品发起"双反"调查
2013年5月	电信贸易纠纷	欧委会决定对产自中国的无线通信网络关键设备展开反倾销、反补贴调查
2016年10月	厚钢板纠纷	欧委会对来源于中国的厚钢板在进行反倾销调查之后,做出了肯定性初裁
2017年10月	电动自行车纠纷	欧委会对原产于中国的电动自行车产品发起反倾销调查

资料来源:根据中华人民共和国商务部相关资料整理而成。

2. 贸易摩擦产生原因

(1) 有关"完全市场经济地位"的分歧仍然存在

欧盟对中国实施的非市场经济政策是一项典型的贸易保护主义措施。由于欧盟仍将中国视为"非市场经济国家",这为其对中国商品发起"双反"调查提供了便利。在对华反倾销调查中继续使用"替代国"做法,致使中国外贸企业的出口成本优势骤降,应对反倾销诉讼中遭受多重不公平待遇。再者,由于欧盟掌握选择第三国的主导权,在很大程度上可以随意决定正常价值的认定依据,中国出口企业胜诉率低下,为中欧贸易关系的正常发展蒙上了一层阴霾，带来了一系列不可避免的贸易争端。对中国"完全市场经济地位"的承认问题已经成为目前中欧双边贸易中的最大障碍之一。所以，如果欧盟一直试图避免承认中国的"完全市场经济地位"，那么会严重阻碍双方经贸合作空间的提升。

（2）不合理的贸易保护

欧盟成员众多，各国经济发展水平虽然相近，但也存在一定的差异性，这使得欧盟内部组织上缺乏有效的协调性，而欧盟内部固有缺陷使其受到金融危机的严重影响，在此之后，欧盟经济变得极为脆弱，且面临巨大的挑战。例如，2010 年出现的希腊债务危机、2015 年的难民危机以及 2016 年英国脱欧事件，都成为欧盟经济恢复中的极大不确定因素，因此，欧盟各成员国政府为了恢复本国经济活力和提高政府声望，对贸易保护采取默认态度，以此来保护国内相关行业的发展，降低失业率。在中欧贸易上，一方面，欧盟通过增加反倾销调查次数来阻碍中国产品进入其市场；另一方面，设置多重非关税壁垒，提高其市场准入门槛，尤其是以环境保护为由，对中国征收较高的环境进口税，以减少中国产品在其市场中的份额，达到地方保护的目的。尤其是近年来，欧盟各国以及欧盟委员会纷纷出台相关文件来实施绿色政策。作为低碳经济发展的先驱，欧盟一直致力于低碳减排，先行提出要对高碳进口商品征收"碳关税"。欧盟是中国重要的出口市场，地位举足轻重，"碳关税"的征收势必会为中国的出口贸易带来消极影响，使中国的对外贸易在一定时间内出现下滑，加剧了中欧贸易摩擦。

（3）中国自身的问题

首先是产品质量问题。近年来，欧洲贸易保护派以中国部分产品的质量问题为由，大力主张限制进口中国产品。中欧之间技术悬殊，中国出口到欧盟的个别类型产品较难达到标准水平，无形中为中国出口企业构筑了一道技术壁垒，增加了进入欧盟市场的难度。其次是双方标准的差异性。欧盟的科技水平先进且产品指标完善，相比而言，中国的国家标准都与其有着较大差距。中国的外贸企业在对欧进行产品输出时往往没有关注欧盟的具体标准从而导致产品不合格而蒙受损失。同时，中国缺乏对知识产权的重视。中国加工贸易发达，能够承接大量外来产品加工需求，但也存在对知识产权保护力度不足的问题。目前，世界各国都在呼吁知识产权保护，而中国国内的现行状况尚未满足时代需求。但近年来，随着中国产业结构不断优化升级，出口产品更加多元化，与欧盟成员国之间的竞争不断加大，使得中欧贸易摩擦也有所加剧。

（三）货币汇率变动带来的影响

实践表明，货币汇率变动会对一国的对外贸易产生影响，具体表现在货币贬值对商品出口起促进作用，升值则情况相反。根据图14，2008年之前，欧元对人民币的币值保持平稳上升，在此情况下，人民币相对贬值，对欧盟的出口量增多。从2002年100欧元兑换800.58元人民币上升到了2007年100欧元兑换1041.75元人民币。2008年金融危机爆发后，欧元对人民币大幅贬值，由2008年的10.22贬至2009年的9.53。在欧元对人民币汇率曲线上，尤其是在2011年欧债危机的全面深化之后，欧元对人民币持续贬值。而截至2015年，欧元对人民币汇率已贬至6.91，贬值幅度为27%之多。随后，由于欧洲经济逐渐恢复，以及中国采取各项措施保持人民币汇率稳定，

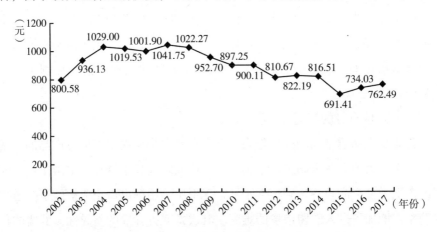

图14 2002～2017年欧元对人民币汇率（年平均价）

资料来源：《中国统计年鉴2016》、国家外汇管理局。

欧元对人民币汇率开始有所升值，人民币则有小幅贬值。到 2017 年，欧元对人民币的汇率已达到 7.62。

所以，总体而言，欧元相比人民币，前者处于较为弱势的地位，而较为弱势的欧元会持续影响中国对欧盟的进出口贸易。在出口方面，中国出口到欧洲市场的商品价格相对提高，市场需求会相应有所减少，因而导致对欧盟出口规模的减小。又由于货币贬值所具有的时滞效应，例如信息不对称等，中国对欧盟进行产品输出的企业将面临更大的损失，这也有可能使中欧贸易争议不断。

（四）中国劳动力价格上升影响了出口贸易

中国出口贸易以附加值较低的制造业产品为主，在传统行业上具有出口优势且优势较为单一。随着中国劳动力成本不断上升，最低工资保障力度的逐年加大，中国劳动力价格优势将逐渐转移到东南亚等国家。图 15 的数据所示，中国年平均工资由 2000 年的 9333 元增长到 2016 年的 67569 元，年平均增长率约为 13%。而老挝、越南、泰国以及印度等劳动要素丰裕的东南亚国家，工资波动较小且工资水平普遍偏低。相比之下，中国劳动力的廉价优势在逐渐被侵蚀消磨。2018 年以来，欧盟企业开始调整全球生产布局，特别是调整对生产成本敏感的劳动密集型产业布局，加大对劳动力成本较低的国家的投资。由于外商直接投资规模不断扩大以及外来产品加工需求的急剧上升，这些国家能够吸收大量资本促进其经济发展，并进一步提高了其生产技术水平，其传统制造业的出口规模有所扩大，导致中国在该行业对欧盟的出口订单量骤减。例如，当前，耐克、阿迪达斯等大型跨国公司出于其全球战略的考虑，选择将在中国国内开设的工厂转移至越南和老挝等劳动力成本较低的国家，也使国内一部分订单有所减少。虽然产业升级所带来的订单对外转移是当前国际分工的必然趋势，但中国中高端产业的发展仍需要长期推进，劳动密集型产品依旧在中国出口中占据较大比重。因此，中国劳动薪酬的上涨在一定程度上影响了对欧盟的出口贸易。

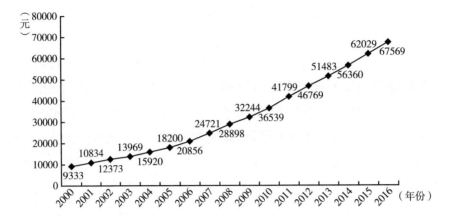

图15　2000～2016年中国年平均工资状况

资料来源：CEIC数据库。

四　中欧贸易问题的解决对策和发展趋势

（一）解决对策

1. 加速中欧自贸区建设

针对贸易壁垒的威胁，各国通常采用构建自贸区、加强区域合作等方式来解决。近年来，欧盟与亚洲国家的经贸往来不断加深，使该地区国家加速了自由贸易协定谈判的进程。目前，与欧盟签订了自贸协定的主要是新加坡、印度等东南亚国家。为了减少其他国家与欧盟建立自贸区给中欧贸易带来的消极影响，中欧自贸区的建设势在必行。中国应积极主动地与欧盟进行谈判协商，尽可能地在自贸区建设谈判中占据主导地位，充分考虑双方的共同利益，以推动中欧贸易快速增长为主要目的。长期以来，欧盟寻求里斯本－符拉迪沃斯托克自贸区的建设推进，中国完全可以借鉴上述双方的战略实施，来进一步推进中欧双方在自贸区建设方面更广泛的合作。

2. 进行出口产品升级，优化中欧贸易结构

中国在对欧盟进行的出口贸易中，主要涉及的产品为劳动密集型产品，该类产品劳动力成本低下，具有低附加值的特点，但这在很大程度上致使中欧贸易摩擦的产生。目前，中国与欧盟中的一部分东欧国家出现了同类产品竞争的问题，这些工业制成品的科技含量虽然较低，但在中国出口总额中占比极高。因此，在中欧贸易中，中国应不断优化进出口贸易结构，增加通信、环保、医药等新兴产业在出口中的比例。同时，中国企业可以通过技术合作等方式，积极开拓中欧贸易在新领域的合作，包括新能源开发利用、知识产权共同维护等，进而提高企业的自主创新能力，占据更多的国际市场份额。针对中国市场，在欧盟进入时，中国可以适当降低市场准入门槛，从而吸收更多的资本和更先进的技术，以更好地服务于产业结构升级。

3. 注意协调合作关系，妥善处理贸易摩擦

一方面，中国要时刻关注外部贸易环境的变化，做出防范措施，减少对方对中国实施贸易制裁的理由和机会；另一方面，对于现有的贸易争端，中国要积极借鉴其他国家有效的处理经验或者应用 WTO 贸易争端解决机制，来妥善化解矛盾。具体可以采取以下措施。

（1）完善贸易摩擦应对机制

首先，与相关贸易伙伴建立贸易摩擦的预警机制，尤其关注出口目的地和行业协会，利用该机制搜集各类有价值的信息，确保信息真实可靠，尽可能地从源头上减少贸易摩擦的产生。其次，推进中国的贸易救济体制的完善。不仅要明确细化涉及非关税壁垒的各项法规，还要积极推广宣传，使开展对外贸易的企业能够及时了解贸易政策的变动，并在此基础上采取相应的措施。最后，应积极地行使 WTO 成员应有的权利。中国在参与制定各项贸易规定的同时，在面对争端时，也要勇于使用 WTO 赋予的各项权利来解决贸易争端，避免相关贸易态势的恶化。近年来，许多中欧贸易争端案件都在运用 WTO 的争端机制的基础上得以成功解决，因此，中国应经常利用该机制解决贸易问题。

（2）积极沟通和协商，获得完全市场经济地位

为维护中欧经贸合作大局，中国始终坚持通过平等对话和友好协商来处理中欧贸易摩擦，经过艰苦谈判，妥善解决了光伏案、无线通信案等重大案

件，积极协助企业参与应诉，促使欧盟撤销了对不锈钢管、焊件、铝箔、人造石等 5 起反倾销调查，以及自行车和冷轧钢板反补贴调查。同时，中欧双方积极推进新战略伙伴关系的建立，并寻求更广的经贸合作谈判。在今后的谈判中，就完全市场经济地位的问题，中国应努力得到欧盟的认可，并以此为前提，与欧盟展开其他领域的合作，如环境保护、食品安全、知识产权保护等领域，在适当情况下，可以做出相应的让步，以谋求双方更长远的经贸合作。

4. 对欧盟成员国可实行"差异化"的贸易政策

中国可以调整贸易战略，对欧盟不同类型国家实行不同的贸易政策，从而保证中欧贸易的平稳健康发展。在中欧双边贸易中，不存在绝对的优劣势，彼此间互有优势和劣势，中国在某些程度上具有较强的优势，而欧盟各成员国经济发展水平不尽相同，与中国发展对外贸易的态度也有差异。因此，按照与欧盟各成员国贸易的发展现状，中国可以制定"差异化"的贸易政策，建立不同且多层次的对谈机制，尤其是要与有贸易保护倾向的成员国进行沟通协商，努力消除双方的贸易隔阂，以共赢为目的，在此基础上，实现利益的最大化。同时，要密切与欧盟贸易往来较少的国家的贸易伙伴关系，扩大与欧盟的贸易规模。

5. 扩大企业对欧盟直接投资

通过对外直接投资是企业应对贸易摩擦的方法之一。政府应出台相应的法律政策，为中国企业在海外进行投资提供保障和支持。中国企业还可以"走出去"，通过国际直接投资来减小贸易摩擦所造成的损失，积极进行海外投资，创新对外投资方式，扩展海外市场，比如通过并购的方式进入欧盟市场、建立研发机构、建立销售分公司、承包国外的项目和工程或者进行项目合作等。同时，在企业"走出去"的过程中，不仅要注重对国内人才培养，还要大胆招纳国外的人才，充分利用人力资源优势。

（二）中欧贸易未来的发展趋势

中欧经贸关系随着双方多年的用心经营，一直处于平稳中持续发展的态势。当前，中欧双方是"你中有我，我中有你"的关系，双方互为对方重要的贸易伙伴，在彼此的对外贸易发展中占据不可或缺的位置。然而，合作并不是中欧双方唯一的关系表现，在两者的经贸发展中，总会存在一些争议和摩擦，且这些摩擦发生的频率可能会逐渐增加。中欧之间贸易摩擦最主要的原因依旧在于双方贸易的不平衡，且这种贸易不平衡的状态会随着中欧贸易的不断加深和规模扩大而有所缓解，但不会对减轻双方贸易摩擦带来实质性的突破。除此之外，中国市场经济地位问题在近期内仍不能得到有效解决，需要双方在合作交往中不断磨合。总而言之，中欧贸易将在合作与摩擦中不断擦出新的火花，成为世界贸易中不可忽视的中流砥柱。

专栏

新兴贸易通道——北极航道　为中欧贸易带来新的增长点

目前，欧盟是中国最大的贸易伙伴，同时也是中国第一大出口目的地。2017年，中欧贸易总额达到6196.7亿美元，同比增长12.3%。在中欧贸易中，高达90%的贸易量是由海运完成的，海运是双方发展对外贸易最主要的运输方式。中欧之间的海运主要走两条航线，分别是苏伊士运河航线和好望角航线，其中，苏伊士运河航线是中欧贸易最重要的一条航线。而北冰洋可以直接连接亚欧，且航线最短，长期以来，由于海冰问题尚未得到很好解决，该航线未被开发利用，但是近年来全球气候不断变暖，北极海冰的融化速度加快，北极航线将可能全面开通。

北极航道连接北美、东亚和西欧三大经济中心，横穿北冰洋，在距离上最短地连接了北太平洋和北大西洋两个海域，包括东北、西北和中央三个航道。目前在北极地区的商船航行主要集中在东北航道上，该航道由西向东，起点为北欧北部海域，终点为符拉迪沃斯托克，锻造了中欧贸易新通道，被誉为"冰上丝绸之路"。2009年7月，德国两艘货船从韩国出发，向北穿越北冰洋东北航道，顺利抵达荷兰鹿特丹港，完成了贯穿整个东北航道的全部航程。就中国而言，北极东北航道的常态化运营正在探索中。2012年8月，中国极地科考船"雪龙号"首次成功穿越东北航道。自 2013 年起，中国商船多次穿越北方航道。2015 年 7 月，中远航运"永盛"号货轮完成了经东北航道的往返通行。截至 2016 年，"永盛"号货轮已经完成了 3 次东北航道的商业航行。

东北航道开通对中欧贸易将产生巨大的影响。相比横跨亚洲，北上苏伊士运河，最后抵达欧洲的传统航线来说，中国商船经东北航道到达北欧、西欧、波罗的海沿岸国家，在航程上将缩短 25%~55%，时间也会缩短两周左右，由此带来国际贸易海运成本的缩减，据估计，每年可节省 533 亿~1274 亿美元。同时，北极圈的地理环境十分特殊，遭遇海盗侵袭的概率较低，很大程度上提高了航行安全系数。由于航程、成本和安全优势的存在，中国对欧盟及其他欧洲国家的贸易出口量将大大增加，极大地推动和便利了欧盟与东亚之间的海运贸易。虽然目前北欧国家与中国的贸易规模较小，与其他欧洲国家存在较大的差距，但可以预测，一旦北极航道正式投入使用，芬兰、挪威、英国等北欧、西欧国家由于地理区位的优越性以及与中国进行对外贸易固有的互补性，在中欧贸易中，所占分量将不可小觑。

由于北极航道全面开通的概率越来越大，中国应与俄罗斯等国积极推动共建经北冰洋连接欧洲的蓝色经济通道，加强对话沟通，参与开发研究，使北极航道能够有效地拓展"丝绸之路经济带"和"21 世纪海上丝绸之路"，进而加快中国对外贸易的发展和外部环境的改善。

B.12
竞争合作的中日韩贸易

摘　要： 中日韩作为经济总量占亚洲70%、人口总数占世界20%，经济实力极其雄厚的三个国家，由于地理位置毗邻，经济优势的互补性较强，双边贸易发达。据统计，三国合计对外贸易额和经济总量占世界贸易总额和经济总量的比例均为20%。未来，中日韩三国需要进一步深化经济和贸易合作，这不仅有利于三国自身经济增长，还有利于东亚乃至世界经济稳定与繁荣。

关键词： 日本　韩国　贸易逆差

一　中日韩贸易现状

（一）日本对外贸易现状

1. 从贸易总量来看，对外贸易量稳中上升，但上升幅度较小

据日本海关统计，如图1、图2所示，2017年日本的对外贸易贸易总额是13698.0亿美元，比2016年相比，增长9.4%。其中，出口额是6983.7亿美元，同比增长8.3%；进口额是6714.3亿美元，同比增长10.6%。2016年日本货物贸易进出口总额为12521.4亿美元，比2015年下降2.1%。其中，出口额为6450.9亿美元，同比增长2.8%；进口额为6070.5亿美元，同比下降6.8%。2012~2017年日本的对外贸易呈现进出口额稳步攀升的趋势。

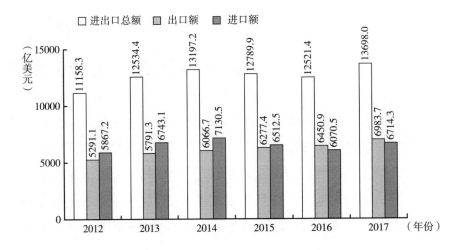

图1　2012～2017年日本进出口贸易概况

资料来源：中华人民共和国商务部、日本海关。

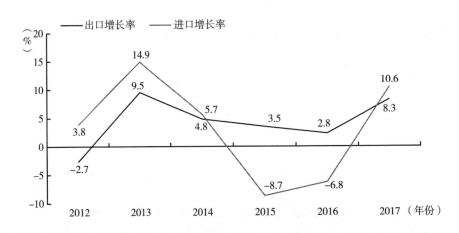

图2　2012～2017年日本进出口贸易增长率情况

资料来源：中华人民共和国商务部、日本海关。

2. 从贸易市场分布来看，中国、美国、韩国等是其主要的进出口市场

日本的主要出口市场，分地区看，集中在美、中、韩、澳等。如表1、表2所示，2017年1～9月和2016年，日本的前三大出口贸易伙伴分别是美国、中国内地和韩国，2017年1～9月，对这三个地区的出口额分别为988.1

亿美元、952.9 亿美元和 395.3 亿美元，分别同比增长 3.4%、16.0% 和 16.7%，占日本出口总额的 19.3%、18.6% 和 7.7%。2016 年，日本对这三个贸易伙伴的出口额分别为 1301.1 亿美元、1138.9 亿美元和 462.5 亿美元，增长 3.4%、4.3% 和 5.0%，占日本出口总额的 20.2%、17.7% 和 7.2%。

日本的进口来源地，如表 3、表 4 所示，2017 年 1 ~ 9 月和 2016 年进口排名前三的依次是中国内地、美国和澳大利亚，2017 年 1 ~ 9 月日本自三地进口额分别为 1188.9 亿美元、539.0 亿美元和 290.8 亿美元，同比增长分别为 2.1%、7.6% 和 33.7%，分别占日本进口总额的 24.1%、10.9% 和 5.9%。2016 年进口额分别为 1566.1 亿美元、673.4 亿美元和 304.1 亿美元，分别占日本进口总额的 25.8%、11.1% 和 5.0%，自中国内地和澳大利亚进口分别同比下降 2.5% 和 12.7%，自美国进口同比增长 1.1%。

表 1　2017 年 1 ~ 9 月日本对主要贸易伙伴出口情况

单位：百万美元，%

国家和地区	金额	占比	同比增长
美国	98809	19.3	3.4
中国内地	95287	18.6	16.0
韩国	39533	7.7	16.7
中国台湾	29869	5.8	3.2
中国香港	26143	5.1	7.0
泰国	21638	4.2	6.4
新加坡	16763	3.3	16.0
德国	13813	2.7	5.2
澳大利亚	12045	2.4	12.9
越南	10766	2.1	13.2
英国	10595	2.1	0.5
印度尼西亚	9695	1.9	16.6
马来西亚	9292	1.8	2.5
荷兰	9201	1.8	3.8
墨西哥	8412	1.6	7.6
总值	513077	100.0	7.8

资料来源：中华人民共和国商务部、日本海关。

表 2　2016 年日本对主要贸易伙伴出口额

单位：亿美元，%

日本出口排名 前三的目的地	金额	同比增长	占比
美国	1301. 05	3. 4	20. 2
中国内地	1138. 94	4. 3	17. 7
韩国	462. 5	5. 0	7. 2
日本对外出口额总计	6450. 86	3. 2	100. 0

资料来源：由中华人民共和国商务部和国家统计局数据统计整理。

表 3　2017 年 1～9 月日本自主要贸易伙伴进口情况

单位：百万美元，%

国家和地区	金额	占比	同比增长
中国内地	118894	24. 1	2. 1
美国	53901	10. 9	7. 6
澳大利亚	29080	5. 9	33. 7
韩国	20591	4. 2	12. 7
沙特阿拉伯	19981	4. 1	44. 2
中国台湾	18771	3. 8	9. 1
德国	17285	3. 5	5. 1
泰国	16475	3. 3	10. 0
阿联酋	14914	3. 0	16. 6
印度尼西亚	14512	3. 0	6. 3
马来西亚	14275	2. 9	10. 7
越南	13538	2. 8	11. 9
俄罗斯	10536	2. 1	28. 2
加拿大	8187	1. 7	21. 1
卡塔尔	8015	1. 6	- 2. 6
总值	492722	100. 0	9. 5

资料来源：由中华人民共和国商务部和国家统计局数据统计整理。

表 4　2016 年日本对主要贸易伙伴进口额

单位：亿美元，%

日本进口排名前三的来源地	金额	同比增长	占比
中国内地	1566. 08	- 2. 5	25. 8
美国	673. 35	1. 1	11. 1
澳大利亚	304. 13	- 12. 7	5. 0
日本进口额总计	6070. 52	- 6. 3	100. 0

资料来源：由中华人民共和国商务部和国家统计局数据统计整理。

3. 从商品结构来看,矿产品和机电产品是进出口较多的产品

从日本出口商品构成来看,如图 3 所示,2017 年 1～9 月,日本出口排第一的是第 16 类机电产品,出口额为 1787.2 亿美元,占日本出口总额的34.8%,同比增长 9.2%;出口排第二的是第 17 类运输设备,出口额为1210.2 亿美元,同比增长 1.6%,占日本出口总额的 23.6%;位居第三的是第 15 类贱金属及制品,出口额为 400.0 亿美元,同比增长 9.2%,占日本出口总额的 7.8%。2016 年,日本出口排名前三的商品依然是第 15 类贱金属及制品、第 16 类机电产品和第 17 类运输设备,出口总额分别为 2222.7亿美元、1610.4 亿美元和 489.8 亿美元,机电产品、运输设备分别增长4.2%、6.3%,贱金属及制品下降 8.4%,分别占日本出口总额的 34.5%、25.0% 和 7.6%。

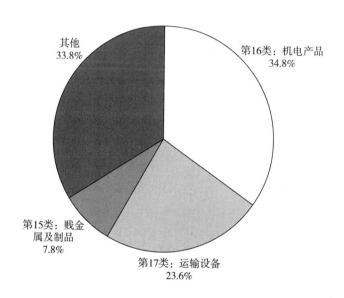

图 3　2017 年 1～9 月日本主要出口商品构成情况

资料来源:中华人民共和国商务部、日本海关。

从日本进口商品构成来看,如图 4 所示,2017 年 1～9 月,日本进口最多的是第 5 类矿产品,进口额为 1200.7 亿美元,增长 26.9%,占日本进口总额的

24.4%；位居第二的是第16类机电产品，进口额为1179.2亿美元，增长7.1%，占日本进口总额的23.9%；出口排名位居第三的是第6类化工产品，进口额为434.4亿美元，增长1.4%，占日本进口总额的8.8%。2016年，第16类机电产品、第5类矿产品和第6类化工产品仍旧是日本的前三大类进口商品，2016年进口额为1493.4亿美元、1294.6亿美元和572.9亿美元，机电产品、矿产品分别下降0.3%、25.1%，化工产品增长2.5%，分别占日本进口总额的24.6%、21.3%和9.4%。日本贱金属及制品出口下滑7.8%。

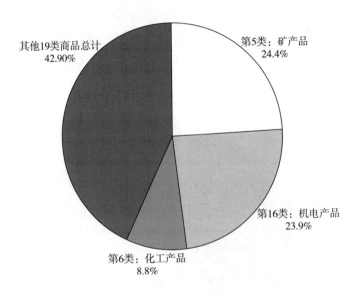

图4　2017年1～9月日本主要进口商品构成情况

资料来源：中华人民共和国商务部、日本海关。

4. 从贸易平衡性来看，日本贸易收支由逆差变为顺差，中国和美国分别是日本最大的逆差国和顺差国

如图5所示，2012～2017年，日本从巨大的贸易逆差逐渐转变为贸易顺差状态。2014年贸易逆差高达1063.8亿美元，贸易顺差269.3亿美元，下降27.8%。日本前三大贸易顺差来源地分别是美国、中国香港和韩国，对美国的贸易顺差为449.1亿美元，对中国香港和韩国顺差分别为247.2亿美元和189.4亿美元。日本贸易逆差主要来源地是中国、澳大利亚和中东产

油国，其中与中国的逆差下降31.2%。2016年，贸易顺差380.3亿美元，下降264.0%。

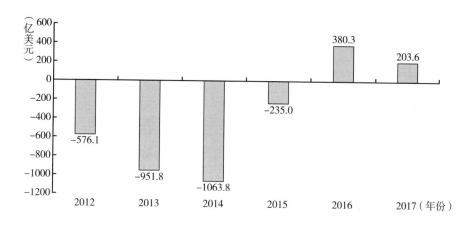

图5 2012~2017年日本对外贸易平衡情况

资料来源：中华人民共和国商务部、日本海关。

（二）中日双边贸易发展现状

近年来两国之间的贸易往来具有以下几个特点。

1. 从贸易总量来看，双边贸易规模较大，但呈小幅下降趋势

如图6、图7和表5所示，2017年日本与中国双边货物进出口额为2972.8亿美元，增长9.9%；2012~2016年，无论是日本对华贸易总额，还是日本对华进出口单额都出现递减的趋势，但2017年均出现不同程度的回升。从2012年至2015年双边贸易进出口额基本呈连续负的增长率，2016年日本对华的贸易额出现正增长率，原因既有经济因素，又有政治因素。从出口总量及其增长率来看，2017年日本对中国出口1328.6亿美元，增长16.7%，占日本出口总额的19.0%，提高1.3个百分点；2016年，日本对华出口额为1138.9亿美元。从进口总量及其增长率看，2017年日本自中国进口1644.2亿美元，增长5.0%，占日本进口总额的24.5%，下降1.3个百分点。2016年，日本对华进口额为1566.1亿美元，较2015年下降0.25%。

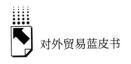

表5 2012～2017年年中日双边贸易情况

单位：亿美元，%

年份	进出口额	进出口总额增长率	日本对华出口额	出口增长率	日本对华出口占日本出口总额比重	日本对华进口额	进口增长率	日本对华进口占日本进口总额比重
2012	3325.8	-3.90	1442.0	-11.00	18.10	1883.9	2.30	21.30
2013	3098.9	-6.80	1291.2	-10.40	18.10	1807.6	-4.10	21.70
2014	3074.8	-0.80	1264.8	-2.00	18.30	1810.0	0.10	22.30
2015	2698.6	-12.20	1092.9	-13.60	17.50	1605.7	-11.30	24.90
2016	2705.0	0.20	1138.9	4.30	17.70	1566.1	-2.50	25.80
2017	2972.8	9.90	1328.6	16.70	19.00	1644.2	5.00	24.50

资料来源：中华人民共和国商务部数据库。

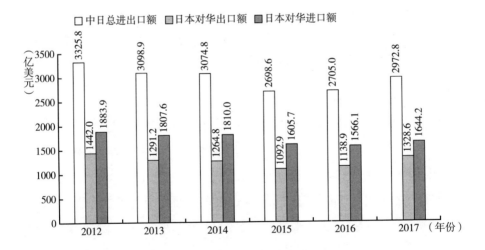

图6 2012～2017年中日双边贸易额情况

资料来源：中华人民共和国商务部数据库。

2. 从贸易地位来看，中国是日本重要的进出口市场和贸易伙伴国

从贸易占比看，如图8所示，2012～2016年日本对中国的进出口额一直保持在较高水平上，双边贸易规模较大，2016年，日本对华进口额占其

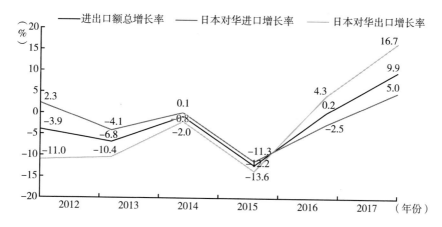

图7 2012～2017 年日本对华进出口增长率情况分析

资料来源：中华人民共和国商务部数据库。

进口总额的 25.8%，较 2015 年上升 0.9 个百分点，日本对华进口额占其进口总额的比重呈稳步小幅上升趋势，但对华出口额占其出口总额的比重略有下降，中国对日本的外贸依存度有所降低，自 2016 年略有回升迹象。总的来说，日本对华进出口额都保持一个较大的稳定比重，中国是日本十分重要的进出口市场和贸易伙伴之一。

图8 2012～2017 年日本对华进出口占其进出口总额的比重情况

资料来源：中华人民共和国商务部数据库。

281

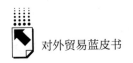
根据中华人民共和国商务部公布的数据，如表6所示，2012~2016年，中国始终是日本第一大进口来源国、第二大出口目的国、前三大贸易伙伴国之一。而且截止到2017年12月，中国是日本第二大出口贸易伙伴和第一大进口贸易伙伴。

表6　2012~2017年中国在日本进出口贸易中的地位

年份	中国在日本出口中的地位	中国在日本进口中的地位
2012	日本第二大出口贸易伙伴	日本第一大进口贸易伙伴
2013	日本第二大出口贸易伙伴	日本第一大进口贸易伙伴
2014	日本第二大出口贸易伙伴	日本第一大进口贸易伙伴
2015	日本第二大出口贸易伙伴	日本第一大进口贸易伙伴
2016	日本第二大出口贸易伙伴	日本第一大进口贸易伙伴
2017	日本第二大出口贸易伙伴	日本第一大进口贸易伙伴

资料来源：根据中华人民共和国商务部数据库整理。

3. 从贸易平衡性来看，日本对华贸易逆差严重

从图9可知，2012~2017年，在日本对华贸易中，日方一直处于逆差状态，2017年，日本对中国的出口额达到1328.6亿美元，日本从中国的进口额总计1644.2亿美元，日本与中国的贸易逆差是315.7亿美元，下降26.1%；2014年日本对中国的出口额为1264.8亿美元，日本从中国的进口额为1810.0亿美元，日本与中国的贸易逆差为545.1亿美元，同比增长5.6%，逆差额创历史新高；但2014年以后，逆差有缩小的趋势，2016年，日本对中国出口额为1138.9亿美元，日本从中国进口额总计1566.1亿美元，日本与中国的贸易逆差为427.1亿美元，下降16.7%。

总的来看，在中日双边贸易中，日本始终保持着对华的较大贸易逆差，不过贸易逆差增长率呈下降趋势。

日本对华贸易逆差的原因主要是如下几点。

第一是日本的整个经济结构发生了变化。日本在"3·11大地震"之前作为贸易帝国,一直处于顺差状态。随着日本国民经济的进一步发展,进入后工业化时代,日本国内制造业比重开始下降,但消费需求依然在不断增大,这就产生了供给不足的问题,于是,进口规模扩大。

第二是日本出口能力的降低。由于整个国际环境的变化,各国出口产品水平在不断提高,逐渐会与日本出口产品形成竞争,这导致日本出口能力降低,进而产生贸易逆差。

第三是与日元贬值有关系。日元贬值,进口时日元的使用量增多,自然产生逆差。

第四是受全球范围内的钢铁行业行情恶化、中国经济发展速度放缓等因素影响,日本电子等零部件的出口贸易量下滑,这是日本对外出口贸易下降的重要原因。

第五是"3·11大地震"之后,日本的核电设施全部停止运行,导致日本需要向外进口大量的化石原料,依靠火力发电来补充电力。加大能源进口,很大程度上促成了日本贸易逆差的出现。这个原因产生的逆差几乎占整个日本贸易逆差的1/3左右。

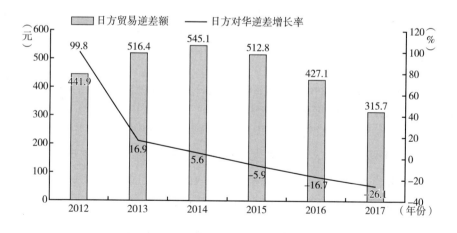

图9 2012~2017年中日双边贸易逆差情况

资料来源:中华人民共和国商务部数据库。

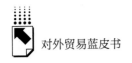

4. 从贸易结构来看，制成品贸易比重较大

由图10可以看出，在中国对日出口的商品中，制成品贸易一直占据主导性的优势地位，四年来，分别占89.6%、88.2%、88.2%、88%，成为中国对日本出口的重要组成部分，几乎占据了90%的比例，而其他农业原材料出口、食品出口、燃料出口、矿物和金属出口这四类占比均不到10%。总的来说，中国对日本出口的商品以机械、电器和纺织品等制成品为主，出口商品中制成品的比重已经远远超过了初级产品的比重，贸易商品结构呈现优化的趋势。

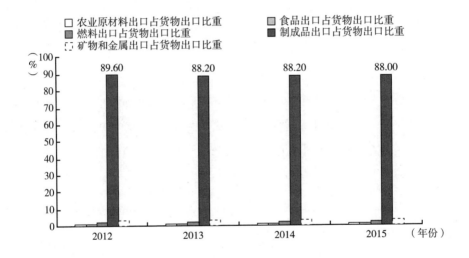

图10　2012～2015年中国各类产品对日出口占货物出口比重情况

资料来源：中华人民共和国国家统计局。

由图11可以看出，在中国从日本进口的各类产品中，制成品是其主要组成部分，四年来分别占47.6%、48.4%、50.1%、59.9%，从日本进口的制成品金额稳步上升，所占比重也日益增加，一直保持较高水平。除此之外，燃料进口虽然在日本进口中所占的比重也很大，分别达到34.1%、33.8%、32.3%、20.5%，但是贸易比重呈下降趋势。排名第三的是食品，然后是矿物和金属，最后是农业原材料。

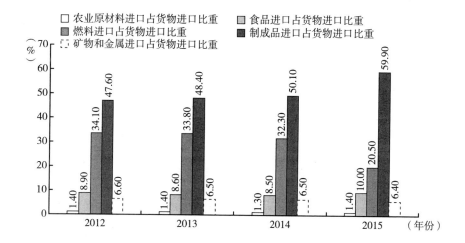

图 11　2012～2015 年中国从日本进口各类产品占货物进口的比重

资料来源：中华人民共和国国家统计局。

5. 从商品结构来看，出口产品中含有较大的进口成分，贸易分工从"垂直型"向"水平型"过渡

随着中日双边贸易的全面深入，中日进出口商品结构得到了进一步优化。对日本出口的商品，诸如机电、音像设备、光学、医疗等精密仪器、化工产品，也是从日本进口的主要产品，产业内贸易份额扩大意味着贸易分工趋向"水平型"，使日本的出口结构不断改善。

从进口商品结构来看，如图 12 和表 7 所示，2015 年以来，中国从日本进口排名第一的商品是第 16 类产品（机电、音像设备及其零件、附件），占 2017 年 1～10 月对日本进口总额的 46.23%；其余稳居前五的商品一直是第 6 类（化学工业及其相关工业的产品）、第 15 类（贱金属及其制品）、第 17 类（车辆、航空器、船舶及运输设备）、第 18 类（光学、医疗等精密仪器），占比均在 10% 左右，是中国从日本进口的主要产品。机电、音像设备及其零件、附件，化学工业及其相关工业的产品，车辆、航空器、船舶及运输设备，光学、医疗等精密仪器等资本技术密集型产品仍始终是中国从日本进口较多、比重较高的产品。

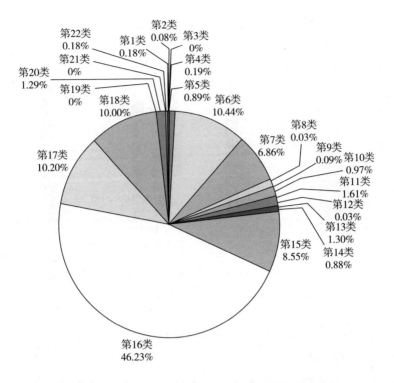

图12 2017年1~10月中国从日本进口各类产品的占比情况

资料来源：中华人民共和国海关总署。

表7 近几年中国对日本进口商品类别金额表

单位：美元，%

HS 商品编码类别	2015 年从日进口额	各类进口商品占比	2016 年从日进口额	各类进口商品占比	2017 年 1~10 月从日本进口额	各类进口商品占比
总值	142987029	100.00	145525234.2	100.00	134403343	100.00
第 1 类	258189	0.18	289087.134	0.20	241265	0.18
第 2 类	110474	0.08	122776.628	0.08	109660	0.08
第 3 类	5494	0.00	6586.258	0.00	4268	0.00
第 4 类	247191	0.17	300434.99	0.21	255063	0.19
第 5 类	1402563	0.98	1465263.42	1.01	1195571	0.89
第 6 类	14464488	10.12	14419067.43	9.91	14030945	10.44
第 7 类	10286179	7.19	10212032.3	7.02	9213559	6.86
第 8 类	56361	0.04	55169.027	0.04	39797	0.03

HS 商品 编码类别	2015 年 从日进口额	各类进口 商品占比	2016 年 从日进口额	各类进口 商品占比	2017 年 1~10 月 从日本进口额	各类进口 商品占比
第 9 类	82523	0.06	95823.773	0.07	116257	0.09
第 10 类	1386511	0.97	1355101.972	0.93	1301652	0.97
第 11 类	2781298	1.95	2574664.176	1.77	2158729	1.61
第 12 类	44109	0.03	48449.136	0.03	46859	0.03
第 13 类	2249734	1.57	2132967.64	1.47	1752363	1.30
第 14 类	991124	0.69	831856.71	0.57	1176063	0.88
第 15 类	13551748	9.48	12692743.11	8.72	11493442	8.55
第 16 类	65039619	45.49	67614662.19	46.46	62138162	46.23
第 17 类	12970307	9.07	14276337.88	9.81	13711945	10.20
第 18 类	15127499	10.58	14767510.31	10.15	13439198	10.00
第 19 类	5	0.00	0.03	0.00	2	0.00
第 20 类	1905210	1.33	1790675.947	1.23	1727231	1.29
第 21 类	17090	0.01	1727.736	0.00	3061	0.00
第 22 类	9313	0.01	472296.438	0.32	248251	0.18

资料来源：中华人民共和国海关总署。

从出口商品结构看，机电、音像设备及其零件、附件等资本技术密集型产品出口日益取代纺织业等劳动密集型产品出口，成为中国对日本出口最多的商品。如表 8 和图 13 所示，截至 2017 年 10 月，中国对日本出口排名第一的商品是第 16 类产品（机电、音像设备及其零件、附件），占对日本出口总额的 40.4%，与 2016 年相比下降 0.72%；第 11 类产品（纺织原料及纺织制品）屈居第二，占对日本出口总额的 14.72%，与 2016 年相比下降 0.48%；占据中国对日本出口排名第三至第七的商品种类虽不断变换，但除了劳动密集型和部分初级产品之外，有大量技术和资本密集型的商品出现，且对日本出口所占的比重逐年上升，如第 6 类的化学工业及其相关工业的产品和第 17 类的车辆、航空器、船舶及运输设备，第 20 类的家具、玩具、杂项制品等传统贸易商品和初级产品的比重有所下降，而第 18 类的光学、医疗等精密仪器，第 15 类的贱金属及其制品都有较大发展，使日本的出口商品结构不断优化，技术和资本密集型商品的出口地位获得了空前提高。

表 8　近几年中国对日本出口商品类别金额

单位：美元，%

HS 商品 编码分类	2015 年 对日出口额	各类出口 商品占比	2016 年 对日出口额	各类出口 商品占比	2017 年 1~10 月 出口	各类出口 商品占比
第 1 类	2161778	1.59	2280155	1.76	1934667	1.74
第 2 类	2254092	1.66	2312324	1.79	1876282	1.69
第 3 类	35907	0.03	29363	0.02	21090	0.02
第 4 类	5624402	4.15	5297082	4.10	4346510	3.91
第 5 类	2019938	1.49	1610444	1.25	2180251	1.96
第 6 类	7081103	5.22	6568867	5.08	5992809	5.40
第 7 类	4724193	3.48	4644561	3.59	4110013	3.70
第 8 类	1977539	1.46	1931970	1.49	1581530	1.42
第 9 类	1530809	1.13	1461874	1.13	1193354	1.07
第 10 类	1263610	0.93	1295436	1.00	1053301	0.95
第 11 类	20947381	15.44	19652246	15.20	16349441	14.72
第 12 类	3222597	2.38	2935701	2.27	2419855	2.18
第 13 类	1879529	1.39	1762812	1.36	1482186	1.33
第 14 类	251642	0.19	167085	0.13	131476	0.12
第 15 类	7505564	5.53	6989273	5.41	6302537	5.68
第 16 类	55697214	41.05	53237968	41.19	44853658	40.40
第 17 类	4454806	3.28	4307114	3.33	3769422	3.39
第 18 类	5256516	3.87	4712580	3.65	4042935	3.64
第 19 类	1245	0.00	1140	0.00	1031	0.00
第 20 类	7715808	5.69	7862471	6.08	7040189	6.34
第 21 类	44709	0.03	1432	0.00	2948	0.00
第 22 类	245	0.00	199385	0.15	349200	0.31
总值	135650627	100.00	129261283	100.00	111034685	100.00

资料来源：中华人民共和国海关总署。

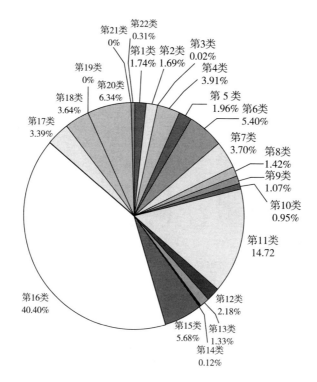

图13　2017 年 1～10 月中国对日本出口的各类产品占比情况

资料来源：中华人民共和国海关总署。

（三）韩国对外贸易现状

1. 从贸易总量来看，对外贸易规模巨大且下降后2017年略有回升

从贸易总量及其增长率来看，如图 14、图 15 所示，2017 年，韩国货物进出口额为 1052.1 亿美元，比 2016 年同期（下同）增长 16.7%。其中，出口额为 5737.2 亿美元，增长 15.8%；进口额为 4784.2 亿美元，增长 17.8%。2014 年至 2016 年，对外贸易呈现下降的趋势，对外贸易有所萎缩，但 2017 年对外贸易有所回升。

2. 从市场分布来看，进出口市场较为集中，中、美在韩国对外贸易中保持绝对优势

从出口目的地来看，如图 16 所示，中国内地、美国、越南和中国香港是韩

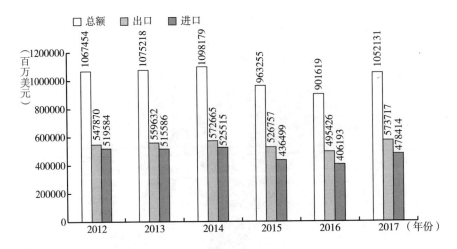

图14 2012～2017年韩国对外贸易概况

资料来源：韩国海关、中华人民共和国商务部。

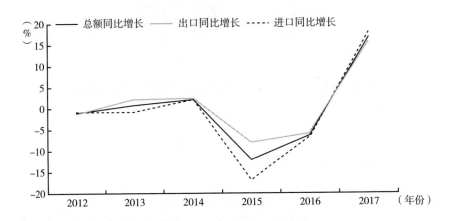

图15 2012～2017年韩国对外贸易增长率情况

资料来源：韩国海关、中华人民共和国商务部。

国出口贸易中排名前四的目的地，出口额分别为1421.2亿美元、686.1亿美元、477.5亿美元和391.2亿美元，分别占韩国出口总额的24.8%、12.0%、8.3%和6.8%，分别同比增长14.2%、3.2%、46.3%和19.3%。2016年，中国内地、美国、中国香港是韩国出口排名前三的目的地，出口额分别为1244.3亿美元、664.7亿美元、327.8亿美元，分别占韩国出口额的25.1%、13.4%、6.6%。

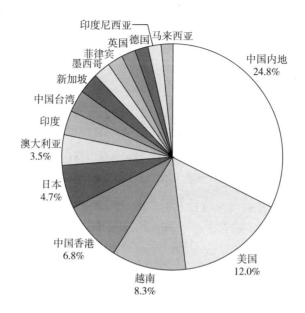

图16　2017年韩国对主要贸易伙伴出口情况

资料来源:《中华人民共和国商务部国别贸易报告》、韩国海关。

从进口来源地来看,如图17所示,中国内地、日本和美国是韩国进口额排名前三的来源地,2017年,其进口额分别为978.6亿美元、551.3亿美元和507.4亿美元,分别较2016年增长12.5%、16.2%和17.4%,分别占韩国进口总额的20.5%、11.5%和10.6%。2016年韩国自三地进口额分别为869.6亿美元、474.5亿美元、432.1亿美元,分别占韩国进口总额的21.4%、11.7%、10.6%。

3. 从贸易平衡性来看,韩国在对外贸易中多处于顺差状态且顺差额较大,但是顺差有缩小趋势

韩国在对外贸易中长期处于贸易顺差状态,顺差额较大,如图18所示,2015年顺差额为902.6亿美元,同比增长91.4%,但是近三年,顺差额呈现缩小趋势,2016年,顺差额为892.3亿美元,同比下降1.1%;2017年顺差额为953.0亿美元,同比增长6.8%。如图19所示,韩国贸易顺差来源地排名前四的是中国内地、中国香港、越南和美国,2017年顺差额分别为442.58亿美元、372.36亿美元、315.73亿美元和178.70亿美元,分别占顺差总额的26.0%、

21.9%和、18.6%和10.5%，分别同比增长18.2%、19.5%、56.8%和 −23.1%。

如表9所示，韩国贸易逆差主要源于日本、德国和一些中东产油国。

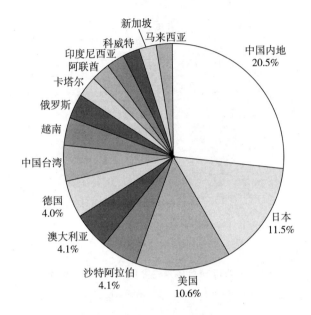

图17　2017年韩国自主要贸易伙伴进口情况

资料来源：《中华人民共和国商务部国别贸易报告》、韩国海关。

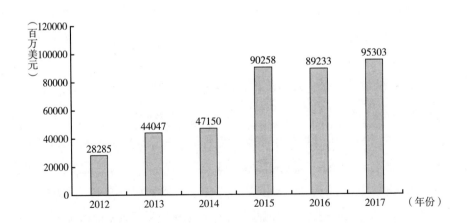

图18　2012～2017年韩国的对外贸易平衡情况

资料来源：中华人民共和国商务部、韩国海关。

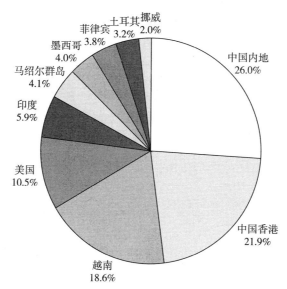

图 19　2017 年韩国顺差的主要来源地

资料来源：中华人民共和国商务部、韩国海关。

表 9　韩国的主要逆差来源地

单位：亿美元，%

韩国主要逆差来源地	2017 年 1～9 月的顺差额	同比增长
日本	−28306	22.5
沙特阿拉伯	−14402	42.6
卡塔尔	−11263	−9.7
德国	−10828	13.4
科威特	−8444	44.2

资料来源：中华人民共和国商务部、韩国海关。

4. 从商品结构来看，矿物燃料及其产品，电机、电气、音像设备及其零附件，核反应堆、锅炉、机械器具及零件是其主要的贸易产品

从商品出口情况来看，如图 20 和表 10 所示，2017 年，出口排名第一的是第 85 章电机、电气、音像设备及其零附件，其出口额为 1630.9 亿美元，同比增长 21.5%，占韩国出口总额的 28.4%；名列第二的是第 84 章核

反应堆、锅炉、机械器具及零件，出口额为693.4亿美元，同比增长19.1%，占日本出口总额的12.1%；位居第三的是车辆及其零附件，但铁道车辆除外，其出口额为619.2亿美元，同比下降1.2%，占日本出口总额的10.8%；位居第四和第五的分别是"船舶及浮动结构体"和"矿物燃料、矿物油及其产品；沥青等"，其出口额分别为409.9亿美元、363.2亿美元，同比增长23.7%和32.1%，占日本出口总额的7.1%和6.3%。2016年，以上五种产品也是韩国排名前五的主要出口商品。

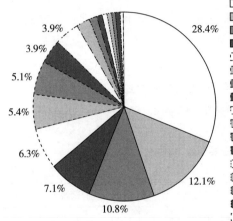

图20　2017年韩国主要出口商品构成

资料来源：中华人民共和国商务部、韩国海关。

表10　2017年韩国主要出口商品构成

单位：百万美元，%

HS编码	商品类别	2017年	2016年	同比	占比
章	总值	573717	495426	15.8	100
85	电机、电气、音像设备及其零附件	163093	134287	21.5	28.4
84	核反应堆、锅炉、机械器具及零件	69336	58229	19.1	12.1
87	车辆及其零附件,但铁道车辆除外	61923	62651	-1.2	10.8

续表

HS 编码	商品类别	2017 年	2016 年	同比	占比
89	船舶及浮动结构体	40992	33144	23.7	7.2
27	矿物燃料、矿物油及其产品；沥青等	36319	27492	32.1	6.3
39	塑料及其制品	31233	27425	13.9	5.4
90	光学、照相、医疗等设备及零附件	29024	27644	5.0	5.1
72	钢铁	22335	18651	19.8	3.9
29	有机化学品	22096	17556	25.9	3.9
73	钢铁制品	13092	11112	17.8	2.3
40	橡胶及其制品	7770	6880	12.9	1.4
33	精油及香膏；香料制品及化妆盥洗品	4974	4206	18.3	0.9
74	铜及其制品	4428	3687	20.1	0.8
28	无机化学品；贵金属等的化合物	4345	3514	23.6	0.8
71	珠宝、贵金属及制品；仿首饰；硬币	4233	3735	13.3	0.7
38	杂项化学产品	3602	3175	13.4	0.6
60	针织物及钩编织物	3254	3385	-3.9	0.6

资料来源：中华人民共和国商务部、韩国海关。

从进口商品构成来看，如图 21 和表 11 所示，韩国排名靠前的主要进口商品是矿物燃料及其产品，电机、电气、音像设备及其零附件，核反应堆、锅炉、机械器具及零件，光学、照相、医疗等设备及零附件。2017 年，进口最多的是第 27 章"矿物燃料、矿物油及其产品；沥青等"，进口额为1099.6 亿美元，占韩国进口总额的 23.0%，同比增长 34.5%；进口第二的是第 85 章电机、电气、音像设备及其零附件，进口额为 828.6 亿美元，占韩国进口总额的 17.3%，同比增长 10.2%；名列第三的是第 84 章核反应堆、锅炉、机械器具及零件，进口额分别为 605.5 亿美元，占韩国进口总额的 12.7%，同比增长 31.5%；位居第四的是第 90 章光学、照相、医疗设备及零附件，进口额为 216.6 亿美元，占韩国进口总额的 4.5%，同比增长23.9%；钢铁进口额为 165.5 亿美元，占比为 3.5%，同比增长 15.5%。

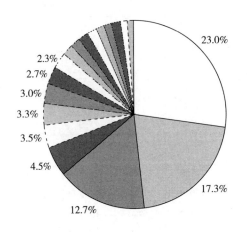

第27章 矿物燃料、矿物油及其产品；沥青等
第85章 电机、电气、音像设备及其零附件
第84章 核反应堆、锅炉、机械器具及零件
第90章 光学、照相、医疗等设备及零附件
第72章 钢铁
第87章 车辆及其零附件，但铁道车辆除外
第26章 矿砂、矿渣及矿灰
第29章 有机化学品
第39章 塑料及其制品
第38章 杂项化学产品
第28章 无机化学品；贵金属等的化合物
第76章 铝及其制品
第73章 钢铁制品
第74章 铜及其制品
第62章 非针织或非钩编的服装及衣着附件
第30章 药品
第2章 肉及食用杂碎
第3章 鱼及其他水生无脊椎动物

图21 2017年韩国主要进口商品构成

资料来源：中华人民共和国商务部、韩国海关。

表11 2017年韩国主要进口商品构成

单位：百万美元，%

HS编码	商品类别	2017年	2016年	同比	占比
章	总值	478414	406193	17.8	100
27	矿物燃料、矿物油及其产品；沥青等	109961	81758	34.5	23.0
85	电机、电气、音像设备及其零附件	82864	75166	10.2	17.3
84	核反应堆、锅炉、机械器具及零件	60549	46039	31.5	12.7
90	光学、照相、医疗等设备及零附件	21655	17474	23.9	4.5
72	钢铁	16548	14327	15.5	3.5
87	车辆及其零附件，但铁道车辆除外	15721	15237	3.2	3.3
26	矿砂、矿渣及矿灰	14119	10866	29.9	3.0
29	有机化学品	12740	10940	16.5	2.7
39	塑料及其制品	11099	10058	10.3	2.3
38	杂项化学产品	7481	6661	12.3	1.6
28	无机化学品；贵金属等的化合物	7056	5228	35.0	1.5
76	铝及其制品	6461	5422	19.2	1.4
73	钢铁制品	6364	6510	-2.2	1.3
74	铜及其制品	5676	5098	11.3	1.2

资料来源：中华人民共和国商务部、韩国海关。

（四）中韩双边贸易发展现状

1. 从贸易总量来看，双边贸易总量巨大，在波动中稳步前进

就贸易规模和发展趋势而言，如图 22 所示，随着中韩自贸区的建立，中韩两国经济贸易合作飞速发展，双方的进出口贸易总额和单边进口、出口额也在不断递增，贸易规模逐渐扩大，并在 2014 年达到总额 2904.9 亿美元的历史新高，进口、出口额同比增长率分别为 3.9% 和 10.1%。自 2014 年以后，中韩双边进出口贸易总额以及单边进口、出口额，都有递减的趋势，2016 年贸易总额降到 2524.3 亿美元，同比增长率为 - 8.5%。2017 年，双边贸易总额为 2399.7 亿美元，中国对韩国出口额为 978.6 亿美元，从韩国进口额为 1421.2 亿美元。

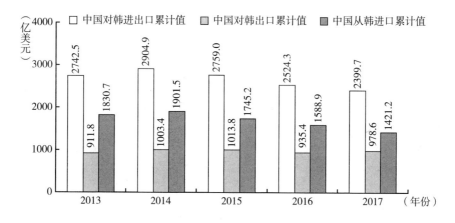

图 22　2013～2017 年中韩双边进出口贸易情况

资料来源：中华人民共和国商务部商务数据中心、中华人民共和国海关总署。

就贸易地位而言，由表 12 可知，中国作为世界上最大的发展中国家，在韩国的进出口贸易中占有重要的地位，2014～2017 年来，中国一直是韩国第一大出口目的国、第一大进口来源国和第一大贸易伙伴国。

就贸易增长率而言，如图 23 所示，中韩双边贸易的增长率和贸易量波动幅度很大，这主要是因为受到了国际经济环境及中韩两国政府贸易政策等

政治经济因素冲击的影响，比如"萨德"事件对双边贸易的负面影响、中韩自贸协定签订对双边贸易的刺激和促进作用。

总体来看，虽然中韩双边贸易额偶有下降，但是中韩贸易总量一直保持在较高的水平上，贸易数额较大。

表12 2014～2017年中国在韩国进出口贸易中的地位

年份	中国在韩国出口中的地位	中国在韩国进口中的地位
2014	韩国第一大出口贸易伙伴	韩国第一大进口贸易伙伴
2015	韩国第一大出口贸易伙伴	韩国第一大进口贸易伙伴
2016	韩国第一大出口贸易伙伴	韩国第一大进口贸易伙伴
2017	韩国第一大出口贸易伙伴	韩国第一大进口贸易伙伴

资料来源：由中华人民共和国商务部数据整理。

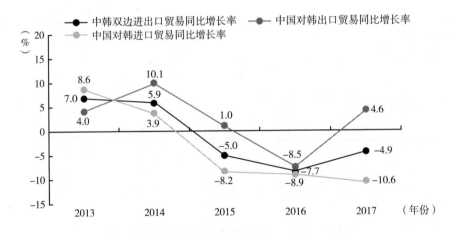

图23 2013～2017年中韩双边进出口贸易增长率情况

资料来源：中华人民共和国商务数据中心和中华人民共和国海关总署。

2. 从贸易平衡性来看，中国对韩国贸易逆差严重，但逆差额持续缩小

由图24可以看出，从2013年到2017年，在中韩贸易中，中国一直处于逆差状态，中国从韩国进口额始终大于中国对韩国出口额，是韩国主要的贸易顺差来源国之一。2013～2017年，中国对韩国的贸易逆差额分别是918.9亿美元、898.1亿美元、731.4亿美元、653.5亿美元、590.0亿美元，

逆差额呈现缩小的趋势。

总之，中韩双边贸易发展失衡，韩国始终是中国重要的贸易逆差来源国之一，贸易结构有待完善。究其根源，中国对韩国的贸易逆差主要原因是以下几个方面。

第一是中韩贸易的进出口结构差异。由于韩国向中国出口的主要是技术和资本密集型制成品，中国向韩国出口的商品是相对附加值较低的劳动密集型工业制成品，与韩国出口到中国的产品相比，货物的价格弹性相对较高，当国际市场波动时，前者更容易受到影响。

第二是韩国对中国直接投资规模较大。韩资企业在中国直接设厂降低劳动力成本，但是仍要从韩国进口零部件和原材料、设备，进行产品的深加工，无疑增加了中国从韩国的进口。

第三是韩国的贸易保护政策。韩国对引进外资积极性不高，尤其怕造船、钢铁、汽车等产业被外资控制，随着中国经济的快速发展，韩国更滋生了对中国的警惕，在诸多产品的进口上设置了各种各样的限制。贸易保护主义很突出，尤其对农产品的进口设置较多壁垒或征收较高的税率。

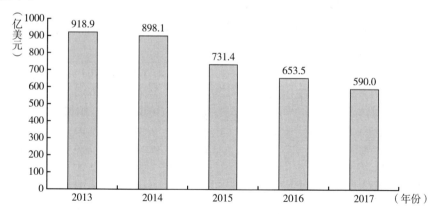

图 24　2013～2017 年中国对韩国贸易的累计逆差额统计

资料来源：中华人民共和国商务部商务数据中心、中华人民共和国海关总署、韩国海关。

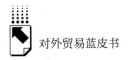

3. 从贸易结构来看，以制成品贸易为主

从出口来看，如图 25 和表 13 所示，制成品几乎是中国对韩国出口的各类产品的主导类型，几乎每年都占到 80% 以上，对韩国的燃料出口呈现逐年递减的趋势，其他类别的产品出口所占比重较小。

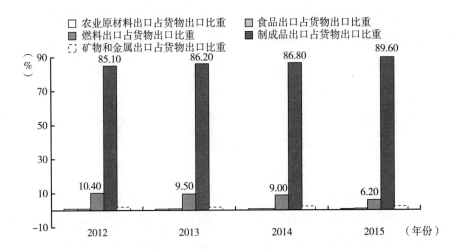

图 25　2012～2015 年中国对韩国出口的各类产品比重情况

资料来源：中华人民共和国国家统计局。

表 13　2012～2015 年中国对韩国进出口的各类产品所占比重情况

单位：%

中国对韩进出口各类产品比重指标	2012 年	2013 年	2014 年	2015 年
农业原材料出口占货物出口比重	1.14	1.00	0.92	0.83
食品出口占货物出口比重	1.20	1.10	1.10	1.20
燃料出口占货物出口比重	10.40	9.50	9.00	6.20
制成品出口占货物出口比重	85.10	86.20	86.80	89.60
矿物和金属出口占货物出口比重	2.10	2.00	2.00	2.00
农业原材料进口占货物进口比重	1.60	1.60	1.50	1.60
食品进口占货物进口比重	4.80	4.90	5.10	5.90
燃料进口占货物进口比重	35.60	34.60	33.10	23.50
制成品进口占货物进口比重	50.00	51.50	52.90	62.10
矿物和金属进口占货物进口比重	8.00	7.30	7.20	6.90

资料来源：中华人民共和国国家统计局。

从进口来看，如图26和表13所示，中国从韩国进口的各类产品中，制成品和燃料所占比重较大，其中，制成品进口的比重逐年攀升，2015年高达62.1%，燃料进口的比重位居第二，但近年来有下跌趋势，从2012年的35.6%降至2015年的23.5%，其他类别的产品进口比重均小于10%。

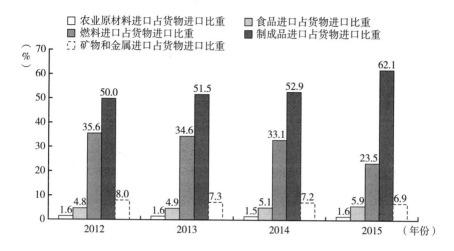

图26　2012～2015年中国从韩国进口各类产品比重情况

资料来源：中华人民共和国国家统计局。

4. 从竞争方式看，产业内贸易份额的扩大将进一步加剧竞争

2017年1～10日，中国从韩国进口排名前五的是第16类机电、音像设备及其零件、附件，第18类光学、医疗等精密仪器，第6类化学工业及其相关产品，第7类塑料和橡胶及其制品，第15类贱金属及其制品；中国对韩国出口前五的是第16类、第15类、第6类、第11类、第18类（见表14、图27、图28）。由此可见，中韩两国相互进口排名前五的商品种类中有四类是相同的，中国大规模的资本技术密集型商品对韩国的出口不断发展，其中占比最大的产品是第16类机电、音像设备及其零件、附件，占中国从韩国进口贸易总额的58.40%，占中国对韩国出口贸易总额的47.53%。

2015～2017年，中韩产业内贸易的商品种类主要集中在机电和音像设备、医疗等精密仪器、集成电路、贱金属、钢铁及其制品、汽车零配件、纺

织类产品、塑料橡胶、运输设备等，其中机电产品、电子产品、化工类产品和光学、医疗等精密仪器设备占中国对韩国出口贸易总额的75%左右，占中国从韩国进口贸易总额的90%左右。

随着中国科技水平不断提高，经济发展日益迅速，两国的技术差距日益缩小，中韩双边贸易逐渐由"产业间贸易"转变为产业内贸易，双边贸易竞争将进一步加剧。

5. 从商品结构来看，对韩出口商品结构日益完善，产业内贸易份额加大

从中国对韩国出口商品结构看，资本和技术密集型商品的出口比重日益扩大，而劳动密集型和初级产品出口比重下降，由表14和图27、图28可以看出，2015年至2017年10月，中国对韩国出口排名第一的商品为第16类产品（机电、音像设备及其零件、附件），占对日本出口额的比重高达45.73%，但其比重有小幅下降的趋势；第15类产品（贱金属及其制品）是对韩国出口比重位居第二的产品，平均出口比重都大于10%，并逐年上升；第11类产品（纺织原料及纺织制品）和第6类产品（化学工业及其相关工业的产品）也占有明显的比重，并且第6类产品在对韩国出口总额中所占比重逐年上升，从6.50%升至8.06%。第11类产品（纺织原料及纺织制品等劳动密集型产品）的出口比重呈逐步下降的趋势，2017年10月与2015年相比，下降了1.13个百分点。中国对韩国出口排名第三至第七的商品种类虽不断变换，但第6类、第17类、第18类等资本和技术密集型商品大量出现，且发展较快。

从中国自韩国进口商品结构看，从表15、图29和图30可以看出，在2015年至2017年10月，中国从韩国进口最多的商品为第16类产品（机电、音像设备及其零件、附件），2015年至2017年10月，占对韩国进口总额的比重从40.61%上升到58.40%；其余稳居前五的是第6类（化学工业及其相关工业的产品）、第7类（塑料和橡胶及其制品）、第18类（光学、医疗等精密仪器）、第15类（贱金属及其制品）；第6类的进口比重也逐渐上升，从5.59%到11.22%，上升了5.63个百分点；第7类的进口比重从20.33%连续下降至6.88%，第15类和第18类进口比重与

2016 年相比有所下降。

总的来说，出口结构方面，传统贸易商品和初级产品的比重有所下降，资本和技术密集型商品比重上升，进出口商品结构日益优化。

表 14　2015 年至 2017 年 10 月中国对韩国出口商品类别金额

单位：美元，%

HS 商品编码类别	2015 年	各类出口占比	2016 年	各类出口占比	2017 年 1～10 月	各类出口占比
第 1 类	1370539	1.35	1391971	1.49	1009622	1.21
第 2 类	1257923	1.24	1312988	1.40	1048037	1.26
第 3 类	18938	0.02	32448	0.03	31280	0.04
第 4 类	1617307	1.60	1869998	2.00	1572863	1.88
第 5 类	2052211	2.03	1867608	1.99	2175970	2.61
第 6 类	6583478	6.50	6650420	7.10	6727725	8.06
第 7 类	2413055	2.38	2246630	2.40	2325045	2.79
第 8 类	1196945	1.18	992436	1.06	832486	1.00
第 9 类	595171	0.59	535013	0.57	423060	0.51
第 10 类	482275	0.48	548388	0.59	494956	0.59
第 11 类	8876596	8.76	7548323	8.06	6370897	7.63
第 12 类	1778908	1.76	1369317	1.46	1173129	1.41
第 13 类	2944072	2.91	3039160	3.24	2514520	3.01
第 14 类	143719	0.14	98304	0.10	71610	0.09
第 15 类	11623005	11.47	11081445	11.83	10282845	12.32
第 16 类	48139915	47.52	43576472	46.50	38157659	45.73
第 17 类	2274516	2.25	2157111	2.30	1886055	2.26
第 18 类	4385233	4.33	3748794	4.00	3224692	3.86
第 19 类	250	0.00	387	0.00	196	0.00
第 20 类	3535900	3.49	3594899	3.84	3053231	3.66
第 21 类	5974	0.01	8468	0.01	4443	0.01
第 22 类	474	0.00	37580	0.04	64568	0.08
总值	101296404	100.00	93708162	100.00	83444890	100.00

资料来源：中华人民共和国海关总署。

表15　2015 年至 2017 年 10 月中国从韩国进口商品类别金额

单位：美元，%

HS 商品编码类别	2015 年对韩进口	各类商品进口占比	2016 年对韩进口	各类商品进口占比	2017 年 1～10 月对韩进口	各类商品进口占比
总值	37169512	100.00	158867739	100.00	142443999	100.00
第 1 类	172356	0.46	163685	0.10	93095	0.07
第 2 类	4012741	10.80	52323	0.03	76592	0.05
第 3 类	19897	0.05	5530	0.00	2971	0.00
第 4 类	641494	1.73	778846	0.49	556186	0.39
第 5 类	1056841	2.84	6327956	3.98	6411803	4.50
第 6 类	2077314	5.59	16352171	10.29	15981414	11.22
第 7 类	7557778	20.33	11065580	6.97	9800348	6.88
第 8 类	233860	0.63	402939	0.25	301183	0.21
第 9 类	1259336	3.39	5521	0.00	5217	0.00
第 10 类	179970	0.48	322619	0.20	353265	0.25
第 11 类	602513	1.62	1876208	1.18	1532435	1.08
第 12 类	43511	0.12	48714	0.03	46562	0.03
第 13 类	173125	0.47	1638813	1.03	1643469	1.15
第 14 类	1326196	3.57	350313	0.22	96907	0.07
第 15 类	330927	0.89	7959424	5.01	6966853	4.89
第 16 类	15094742	40.61	88872352	55.94	83186033	58.40
第 17 类	344259	0.93	4604229	2.90	2618692	1.84
第 18 类	1890143	5.09	17390077	10.95	12296199	8.63
第 19 类	0	0.00	0	0.00	1	0.00
第 20 类	152194	0.41	469318	0.30	289990	0.20
第 21 类	314	0.00	745	0.00	246	0.00
第 22 类	0	0.00	180376	0.11	184539	0.13

资料来源：中华人民共和国海关总署。

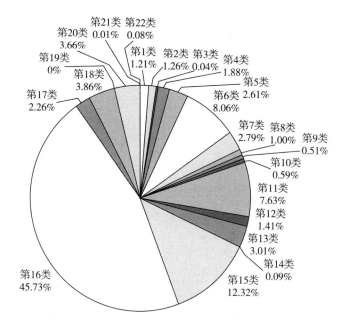

图 27　2017 年 1～10 月中国对韩国出口的各产品占比情况

资料来源：中华人民共和国海关总署。

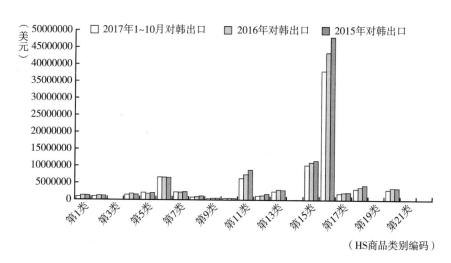

图 28　2015 年至 2017 年 10 月中国对韩国出口的各类商品金额情况

资料来源：中华人民共和国海关总署。

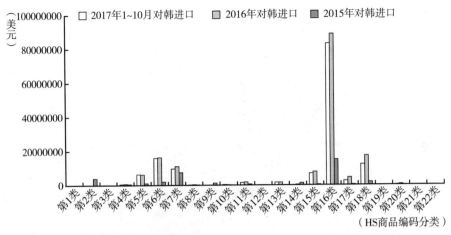

图29 2015年至2017年10月中国从韩国进口的各类商品金额情况

资料来源：中华人民共和国海关总署。

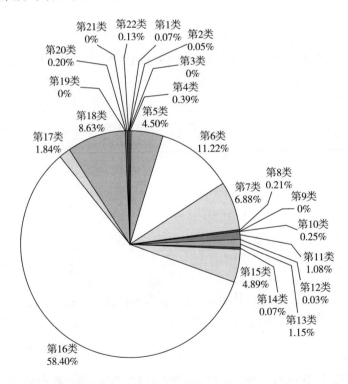

图30 2017年1～10月中国从韩国进口的各类产品占比情况

资料来源：中华人民共和国海关总署。

二 中日韩贸易发展的问题分析

（一）阻碍贸易发展的政治因素

1. 历史问题

国家战争深深伤害着民族情感，日本在第二次世界大战中的所作所为对中韩两国人民造成了难以磨灭的严重伤害。战后长期以来，日本政府并没有深刻反省在战争中所犯下的滔天罪行，企图通过修改教科书等方式扭曲历史、掩盖其罪恶本质，"慰安妇"事件和参拜供奉"二战"甲级战犯"靖国神社"等行为更是激起了中韩两国人民严重的反抗情绪，阻碍相互之间的贸易进展。

2. 领土争端

中日和日韩的岛屿争端使得中日韩三国政治对立日趋严重，经贸合作缺乏政治互信基础。日本政府在中国钓鱼岛和日韩独岛问题上存在长期的分歧，都严重影响三国合作关系的建立。尤其是近年来日本右翼势力日益凸显，并提出所谓的"钓鱼岛国有化"，购岛论直接导致了中日政治关系的急剧恶化，并可能对未来贸易自由化进程造成干扰。

3. 域外力量介入——美国的亚太政策

美国因素始终影响着中日韩贸易发展状况。作为超级大国的美国，为了保护自己的经济利益，不会允许崛起中的中国威胁到它在亚洲的霸权地位，于是实施了一系列制衡欧亚大陆的"亚太战略"，如凭借与日本和韩国的结盟关系介入东北亚事务，以遏制中国，在韩国部署"萨德"等。

（二）阻碍贸易发展的经济因素

1. 中国与日韩贸易的失衡问题

中韩双边贸易中，中国一直处于逆差状态，虽然逆差额呈现缩小的趋势，但是韩国始终是中国重要的贸易逆差来源国之一，中韩双边贸易发展失衡，贸易结构有待完善。近几年，在中日双边贸易中，日方一直处于逆差状态，2014年逆差额创历史新高。2014年以后，逆差有缩小的趋势，从2014年的545.1亿美元下降到2016年的427.1亿美元，虽然贸易逆差增长率呈下降趋势，但日本始终保持着对华的较大贸易逆差。因此，中国与日韩的贸易中的贸易失衡问题有待完善。

2. 敏感产业问题——农产品市场开放困难

日韩两国由于土地面积狭小，农业资源匮乏，农业部门是韩国和日本对外开放的高度敏感部门，农业方面较大程度依赖于进口。而中国地大物博，农业历史悠久，农产品出口优势较大，且在贸易中占有较大比重，中国的农产品主要向日韩输出。出于国家安全方面的考虑，日韩政府对农业进行过度保护，国内农业不仅享有高额补贴，而且政府对农产品进口施行高关税和限制进口政策，比如进口配额制度、进口许可证制度以及其他隐性保护政策，两国的农产品平均关税在较高时期分别达753%和887%。

3. 三国产业结构竞争加剧

中韩方面，贸易主要集中在机电和音像通信设备、光学、医疗、乐器等精密仪器、集成电路、汽车零配件、运输设备等产品上，其中机电产品、钟表、化工产品和光学、医疗设备等资本技术密集型产品分别占中国向韩国出口总额的75%左右，占中国从韩国进口总额的90%左右，产业内贸易日益取代产业间贸易，随着中国技术水平的不断提高，两国的产业竞争将进一步加剧。

中日方面，中国对日本出口商品的结构不断优化，机电、音像设备及其零件、附件等技术和资本密集型商品的出口地位获得了空前的提高，并取代纺织原料和制品等劳动密集型产品，跃居为中国对日本出口最多的商品。

日韩方面，日韩两国都是资本技术发达的国家，随着韩国数十年的技术追赶，两国的产业布局高度相似，产业竞争激烈。

由此看来，三国在产业结构上的激烈竞争将对三国未来的产业贸易分工和布局带来阻碍。

三　中日韩贸易发展前景展望

（一）中日韩自贸协定发展前景

中日韩三国一定要抓住中日韩自由贸易协定谈判这个地区经济合作的大方向，中日韩自贸协定是大势所趋。首先，三国地理位置毗邻，是天然的经济和贸易合作区。其次，三国经济互补，进出口优势都各有不同，中国在劳动和资源密集型产品的出口方面具有较大优势，而日韩在资本和技术密集型产业的出口上竞争力较强，三方较强的经济互补性是自贸区形成的基础。最后，三国间不断深化的经济合作关系与日益密切的相互依存关系为其贸易发展奠定了坚实的基础。日本原来是一个消极对待中日韩自由贸易协定的国家。日本安倍政府以往主张"先TPP，后中日韩"，但在特朗普政府上台，宣布美国退出TPP后，日本国际经济部署的重点转向签署中日韩自由贸易协定的可能性有所增加。对于韩国而言，2015年6月中韩自贸协定正式签署，中韩两国之间的自由贸易协定已经生效，这对中韩贸易发展助力巨大。

（二）中日韩产业内贸易份额加大，竞争态势向水平型演进

目前在产业结构方面，中日韩三国"垂直－互补"的竞争模式已经逐渐减弱，"水平竞争"将日益加剧，产业内贸易份额将不断扩大。

中国对日韩出口的机电、音像设备、光学、医疗、乐器等精密仪器、化工产品等资本技术密集型产品所占的比重日益加大。中韩双边贸易中，前五大类商品中有四类是相同的，随着中国技术水平不断提高和中日韩自贸协定的实施，中国与日韩两国的技术差距将不断缩小，产业的交叉性会越来越强，产业内贸易竞争将进一步加剧，并将呈现逐步由垂直型向水平型演进的趋势。

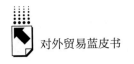

（三）中国与日韩双向贸易规模扩大的机遇良多

"一带一路"倡议是中国政府在2013年提出的，是在新时期建立起全面的对外经济合作的重大构想。日本、韩国等作为东北亚地区"一带一路"倡议的重要组成部分，也是中国的对外贸易合作的主要方向之一，中国是韩国的第一出口目的地，日本的第二出口目的地，也是韩国、日本两国的第一进口来源地。"一带一路"倡议的开放性和包容性决定了日韩必将包含在内，日本的众多企业和学术界对此持肯定积极态度的声音也非常强烈，韩国作为2017年"一带一路"倡议沿线与中国进出口贸易额排名第一的国家，也展现出双边贸易的巨大潜力，所以中日韩三国必将抓住"一带一路"倡议为其带来的良好机遇，促进贸易腾飞。

四　中日韩贸易发展的对策建议

（一）加强政府间的沟通和政治互信，积极推进中日韩 FTA 谈判进程

良好的政治互信关系是经济贸易合作的基础，早日建立中日韩自由贸易区对三国的贸易流量都有一定的促进作用，有利于三国获得区域规模经济效益。所以三国应本着"正视历史、面向未来、相互信任、平等互利和谋求共赢"的原则，处理好历史问题和岛屿争端。三国应从国家民族和地区整体利益的角度，以理性的协商和沟通解决政治分歧，加强政府间的相互往来和产业间的交流与合作，实现互惠共赢，为中日韩自贸区的建立提供必要的政治保障。

（二）加快优势产业结构性改革

随着三国贸易竞争日益激烈，三国都应积极进行产业结构性改革，充分挖掘潜在的贸易领域，培育新兴贸易形态，调整双边贸易结构，大力发展本

国优势产业，促进产业升级。日韩两国继续占据产业升级与技术转移的主导地位，不断提升产业体系核心竞争力。中国应在保持优势产业的基础上，拓宽贸易范围，实现出口商品多元化，避免与韩国在贸易产品结构上的同质化，制造业的产品应由产业价值链低端向高端逐步升级，大力发展高科技产业，提高出口竞争力，有重点、有步骤地对出口商品结构做出战略性的安排。

（三）妥善处理中日韩关于敏感领域贸易发展的分歧

恰当处理贸易谈判中的敏感领域问题——农产品领域问题，实现贸易自由化。首先，三国政府应积极推动关于农业自由化的高层会谈，采取灵活的税收模式，将农产品分为敏感度不高的农产品、比较敏感的过渡期农产品和高敏感度的农产品。其次，根据这三种农产品的敏感度高低不同，分别采取不同的征税方法。针对第一类（敏感度不高的农产品），应该设置零关税的目标，并分阶段逐步实现，减少对本国相关产业的冲击，最终消除关税壁垒，实现贸易自由化。针对第二类（比较敏感的过渡期农产品），可以给予一段合理的过渡时间，逐步将关税税率调整为零。而对于第三类（高敏感度的农产品），其最终关税可以不设置为零，允许一定水平的关税征收，但是要严格控制比重，这部分产品应小于总贸易产品税目的一定比例。最后，中日韩三国要从地区整体和长远利益出发，加强互惠合作，推动三国贸易增长。

专栏

浅谈萨德入韩对乐天集团在华经营的影响

萨德入韩是指萨德部署在韩国星州基地。2017 年 2 月 27 日，乐天集团董事局决定，为部署萨德供地。

萨德事件之前，对于韩国第五大企业的乐天来说，中国是其最大的海外市场，乐天自 1994 年进入中国市场以来，已在 24 个省市投资食品、零售、旅游、石化、建设、制造、金融、服务等，拥有 120 多家门店。乐天在中国的重要投资，包括沈阳、成都的乐天世界，以东北各省为主要据点的乐天玛特、乐天百货、乐天超市等，还包括咖啡店、家庭购物、影院等。中国消费者为乐天集团贡献的销售额占到其全部销售额近三分之一。

但是，2017 年，乐天集团同意签署换地协议，让出集团属下的高尔夫球场土地，以便美国部署"萨德"反导弹系统，此举引发广大国民强烈不满和抗议，对此中国国防部、外交部、商务部均强势回应，在华本来蒸蒸日上的乐天在此事件后，沦为众矢之的，乐天在中国的业务也因此受到重创，短短数月，乐天中国官网和天猫旗舰店全面陷入瘫痪。

韩联社报道称，截至 2017 年 5 月 5 日，乐天在中国的 99 家门店里有 74 家由于消防安全问题被勒令停业，13 家自主停业，即便是剩下的 12 家也因断了客源处于门可罗雀的半休业状态，这意味着超过 90% 的乐天在华商场不再营业，乐天在华的业务实际上已处于瘫痪状态。

韩国旅游业不景气，韩国乐天不仅在华的生意大受打击，在韩国的免税店、酒店也因为中国游客锐减陷入了困境，没有了中国游客的支持，乐天集团旗下产业情况均不容乐观。众多 OTA（Online Travel Agency）企业，如途牛、同程相继下线了韩国所有旅游产品。

据韩媒报道，2017 年乐天玛特宣布计划在年内撤出中国市场，除了乐天玛特之外，乐天购物中心、折扣店、电视购物等在华业务也在出售中，如今到了 2018 年，乐天玛特的出售仍然没有进展。不少已经关门的乐天玛特门店如今铁门紧闭、荒草丛生。

2018 年 1 月，《首尔经济日报》援引知情人士消息称，乐天家居购物公司计划将 49% 的中国企业股权出售给当地企业，同时也寻求在中国转手折扣店业务。同月，乐天电视购物代表李完信宣布，到 2021 年，乐天电视购物将全面撤出中国市场。据韩联社报道，乐天电视购物 3 月将把在中国云南及山东的经营权和全部持股（各占 49%）卖给中国的企业。

根据环球网报道，在中国市场受挫后的乐天集团，正在加速拓展越南、印尼等东南亚市场。截至目前，乐天集团旗下已有16家子公司进入越南市场，在当地开展的项目达317个；有1家子公司进入印尼市场，开展活跃的项目有95个。

以上充分证明两国政治事件对贸易的影响之大。据韩国萨德事件的相关报道，外媒称，中韩两国外交部于2017年10月31日同时在官网发布就双边关系的沟通结果，韩国就萨德做出"三不"承诺，因"萨德"入韩引发的两国矛盾迎来破冰。

B.13
潜力巨大的中国与"一带一路"沿线国家贸易

摘　要：　2017 年，中国与"一带一路"沿线国家的进出口贸易实现了
　　　　　快速发展，外贸总额占到了中国外贸总额的五分之一左右，
　　　　　"一带一路"建设正在从倡议变成现实。中国对"一带一路"
　　　　　沿线国家大多处于顺差，是沿线国家的主要进口和出口市场，
　　　　　由于"一带一路"沿线国家政治经济发展水平不一，商业环
　　　　　境错综复杂，基础设施落后，中国与这些国家的贸易潜力巨
　　　　　大但必须把防范风险放在首位。

关键词：　"一带一路"　互联互通　贸易潜力

一　中国与"一带一路"沿线国家的贸易现状

"一带一路"建设发展至今，中国与沿线国家的贸易取得显著成果，
交通设施和能源电信等基础设施的互联互通，大大便利了中国与沿线国
家的贸易便利程度。2017 年前三个季度，中国在"一带一路"沿线 24
个国家推动建立了 75 个境外经贸合作区，区内企业总数超过 3412 家，
创造 20 多万个就业岗位。2016 年，中国与沿线国家贸易总额为 9535.9
亿美元，2017 年，中国与"一带一路"沿线国家的进出口总额达到
14403.2 亿美元，较 2016 年增长 13.4%，占中国进出口总额的 36.2%，
上升 10.5 个百分点。

中国与"一带一路"沿线国家的进出口贸易是中国贸易的重要组成部分，至少占据了中国贸易的五分之一，地位相当重要。"一带一路"沿线国家范围见表1。

表1　"一带一路"沿线国家范围

板块	主要国别
中亚 5 国	哈萨克斯坦、吉尔吉斯斯坦、塔吉克斯坦、乌兹别克斯坦、土库曼斯坦
东亚 1 国	蒙古国
东南亚 11 国	越南、老挝、柬埔寨、泰国、马来西亚、新加坡、印度尼西亚、文莱、菲律宾、缅甸、东帝汶
南亚 8 国	印度、巴基斯坦、孟加拉国、阿富汗、尼泊尔、不丹、斯里兰卡、马尔代夫
中东欧 16 国	波兰、捷克、斯洛伐克、匈牙利、斯洛文尼亚、克罗地亚、罗马尼亚、保加利亚、塞尔维亚、黑山、马其顿、波黑、阿尔巴尼亚、爱沙尼亚、立陶宛、拉脱维亚
西亚北非 16 国	土耳其、叙利亚、伊朗、阿联酋、卡塔尔、伊朗、巴林、黎巴嫩、沙特阿拉伯、阿曼、也门、以色列、科威特、巴勒斯坦、约旦、埃及
独联体 6 国	乌克兰、白俄罗斯、亚美尼亚、格鲁吉亚、阿塞拜疆、摩尔多瓦
俄罗斯	俄罗斯

注：2016 年之前的数据基于上述"一带一路"沿线 64 个国家得出，2017 年的数据是根据 2018 年 3 月国家"一带一路"官方网站——中国一带一路网（https://www.yidaiyilu.gov.cn）上"各国概况"栏目所列出的 71 个"一带一路"沿线国家整理得出，把摩洛哥、埃塞俄比亚、马达加斯加、巴拿马、韩国、新西兰、南非加入统计范围。

资料来源：中国一带一路网、一带一路统计数据库。

在直接对外投资方面，2017 年，中国企业对"一带一路"沿线的 59 个国家非金融类直接投资总额共计 143.6 亿美元，同比下降 1.2%，在同期总额中所占比重为 12%，较 2016 年提升了 3.5 个百分点，主要投向新加坡、马来西亚、老挝、印度尼西亚、巴基斯坦、越南、俄罗斯、阿联酋和柬埔寨等国家。对"一带一路"沿线国家实施并购 62 起，投资额达 88 亿美元，同比增长 32.5%。2014~2016 年，中国企业对"一带一路"沿线国家非金融类直接投资平均每年都超过 120 亿美元，为"一带一路"沿线国家的基础设施建设提供了资金支持。

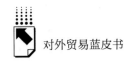

（一）从总体看，进出口贸易规模较大，增速加快且所占比重上升较快

从出口总量、所占比重及出口增长率看，如图1、图2和图3所示，2016年和2017年，中国分别向"一带一路"沿线国家出口5874.8亿美元和7742.6亿美元，2016年较2015年下降4.41%，2017年较2016年增长31.79%，出口增长率由负转正。中国向"一带一路"沿线国家出口额占中国总出口额的比重在2016年和2017年分别为27.8%和34.1%，增加了6.3个百分点。

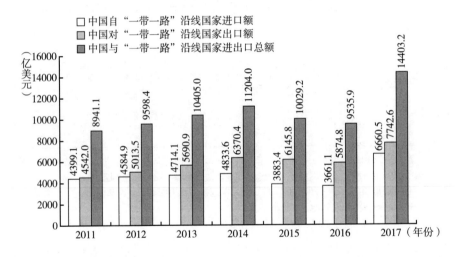

图1 2011～2017年中国与"一带一路"沿线国家贸易额统计

资料来源：UN Comtrade数据库、瀚闻全球贸易大数据库、一带一路统计数据库。

从进口总量、所占比重及进口增长率看，如图1、图2和图3所示，2016年和2017年，中国自"一带一路"沿线国家进口额分别为3661.1亿美元和6660.5亿美元，2016年较2015年下降5.72%，2017年较2016年增长81.9%，进口增长率由负转正。2016年和2017年，中国自沿线国家进口额占中国总进口额的比重分别为23.0%和39.0%，2017年比2016年上升了16个百分点，改变了2011～2016年进口比重整体持续下降的态势，年均占比为26.3%。

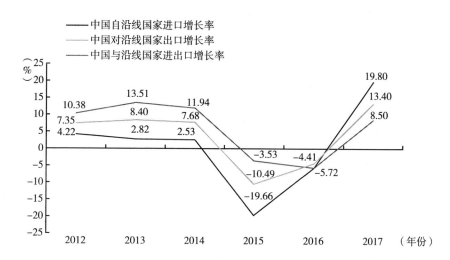

**图2　2012~2017年中国与"一带一路"
沿线国家贸易增长率情况统计**

资料来源：UN Comtrade数据库、瀚闻全球贸易大数据库、一带一路统计数据库。

**图3　2011~2017年中国与"一带一路"沿线国家的
贸易额占与中国贸易总额的比重**

资料来源：UN Comtrade数据库、瀚闻全球贸易大数据库、一带一路统计数据库。

总的来说，从贸易总量、所占比重和贸易增长率来看，如图1、图2和图3所示，2017年，中国与"一带一路"沿线国家贸易额达14403.2亿美元，同比增长13.4%，占中国进出口贸易总额的36.2%。2017年不仅改变了中国与"一带一路"沿线国家贸易增长率连续两年为负的局面，而且贸易额所占比重较2016年的25.7%上升10.5个百分点，2011~2017年，中国对"一带一路"沿线国家进出口贸易总额占与全球进出口贸易总额比重一直处于上升趋势，7年来，年均所占比重为26.8%。2011年以来整体呈上升态势。

（二）从贸易平衡性看，中国大多处于顺差且顺差额较大

如图4所示，2011~2015年，中国与"一带一路"沿线国家的贸易顺差整体呈现逐渐扩大的趋势，2015年为2262.4亿美元，较2014年增加47.21%，是2011年顺差额的15.83倍；2016年顺差额为2213.7亿美元，较2015年下降48.7亿美元，是近年来的首次小幅下降，2017年的顺差额为1082.1亿美元，同比下降51.12%，下降幅度较大，贸易不平衡性有所改善，贸易差额缩小。

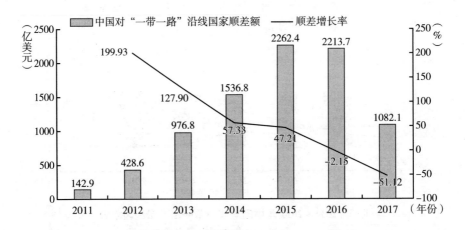

图4　2011~2017年中国对"一带一路"沿线国家的贸易顺差整体情况

资料来源：UN Comtrade数据库、瀚闻全球贸易大数据库、一带一路统计数据库。

从顺差和逆差的国别分布来看，如图 5 所示，2016 年，中国在与沿线 52 个国家的贸易中处于顺差状态，排名第一的是印度，与印度的顺差额高达 470.7 亿美元，除此之外，顺差较大的国家还有越南、巴基斯坦、新加坡、阿联酋、孟加拉国、土耳其、菲律宾、印度尼西亚、波兰、埃及等，顺差额都超过 100 亿美元，排名也比较靠前。如图 6 所示，2016 年，中国在与 12 个国家的贸易中处于逆差状态，其中与马来西亚的逆差额最大，高达 109.0 亿美元，接着是阿曼，逆差额为 98.4 亿美元，与土库曼斯坦、沙特阿拉伯、科威特、伊拉克等产油国也有大于 30 亿美元的逆差。

总的来说，中国在与"一带一路"沿线国家的贸易中，多处于贸易顺差，与少部分国家处于贸易逆差，总体上处于贸易顺差。

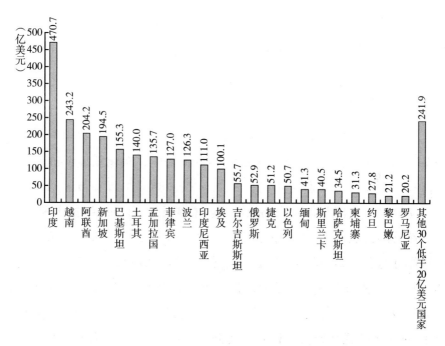

图 5　2016 年中国与"一带一路"沿线各国的贸易顺差额

注：对中国逆差额低于 20 亿美元的 30 个国家是：匈牙利、斯洛文尼亚、乌克兰、塔吉克斯坦、伊朗、也门、立陶宛、克罗地亚、叙利亚、拉脱维亚、尼泊尔、巴林、爱沙尼亚、格鲁吉亚、保加利亚、白俄罗斯、斯洛伐克、乌兹别克斯坦、阿富汗、阿尔巴尼亚、文莱、马尔代夫、塞尔维亚、东帝汶、黑山、巴勒斯坦、摩尔多瓦、马其顿、波黑、不丹。

资料来源：UN Comtrade 数据库、瀚闻全球贸易大数据库。

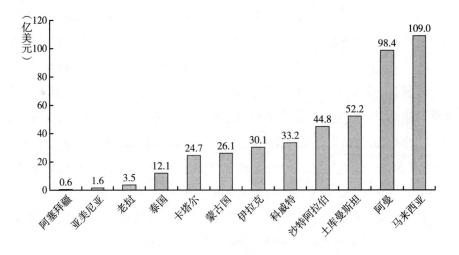

图6　2016年中国对"一带一路"沿线各国贸易逆差额

资料来源：UN Comtrade 数据库、瀚闻全球贸易大数据库、一带一路统计数据库。

（三）从贸易区域看，东南亚地区占据优势性贸易地位

从进出口贸易总量来看，如表2所示，2017年，在中国与"一带一路"沿线贸易排名前10国家的进出口贸易中，东南亚地区进入前10名的有6个国家，分别是越南、马来西亚、泰国、新加坡、印度尼西亚、菲律宾，中国与这6个国家的贸易总额占中国与沿线排名前10国家贸易总额的大约50%，东南亚地区在中国与沿线国家的贸易中始终占据优势地位。2016年，如表3、图7、图8所示，中国与"一带一路"沿线国家的进出口贸易中，排名第一的是东南亚11国，接着是西亚北非16国，然后是南亚8国和东亚蒙古国。2016年，中国与东南亚11国的进出口贸易额为4554.3亿美元，占中国与沿线国家贸易总额的47.76%；西亚北非（北非仅涉及埃及）地区排名第二，进出口贸易总额为2132.5亿美元，占比为22.36%；南亚8国贸易额为1115.1亿美元，占比为11.69%；东亚蒙古国贸易额为45.9亿美元，占比为0.5%。

表 2 2017 年"一带一路"沿线国家与中国贸易额排名前 10 的国家

单位：亿美元

排名	国家	进出口总额	出口额	进口额
1	韩国	2803.8	1029.8	1774
2	越南	1218.7	714.1	504.7
3	马来西亚	962.4	420.2	542.2
4	印度	847.2	683.8	163.4
5	俄罗斯	841.9	430.2	411.7
6	泰国	806	388.1	417.9
7	新加坡	797.1	454.5	342.6
8	印度尼西亚	633.8	348.6	285.2
9	菲律宾	513.3	321.3	192
10	沙特阿拉伯	500.4	183	317.4

资料来源：一带一路统计数据库、瀚闻全球贸易大数据库、UN Comtrade 数据库。

表 3 2016 年中国与"一带一路"沿线国家贸易情况

单位：亿美元

区域	排序	国家	进口额	出口额	进出口总额
俄罗斯	6	俄罗斯	322.0	374.9	696.9
东亚	33	蒙古国	36.0	9.9	45.9
东南亚 11 国	1	越南	371.8	615.0	986.8
	2	马来西亚	492.2	383.2	875.4
	3	泰国	387.0	374.9	761.9
	4	新加坡	259.4	453.8	713.2
	7	印度尼西亚	213.7	324.6	538.3
	8	菲律宾	173.8	300.8	474.5
	19	缅甸	41.1	82.4	123.5
	31	柬埔寨	8.3	39.6	47.9
	37	老挝	13.5	10.0	23.5
	52	文莱	2.1	5.5	7.6
	58	东帝汶	0.0	1.7	1.7
	东南亚 11 国小计		1962.9	2591.5	4554.3

续表

区域	排序	国家	进口额	出口额	进出口总额
南亚8国	5	印度	117.6	588.3	705.9
	13	巴基斯坦	19.1	174.4	193.5
	16	孟加拉国	8.7	144.4	153.0
	32	斯里兰卡	2.7	43.2	46.0
	48	尼泊尔	0.2	8.7	8.9
	55	阿富汗	0.0	4.3	4.4
	57	马尔代夫	0.0	3.3	3.3
	64	不丹	0.0	0.0	0.1
		南亚8国小计	148.3	966.6	1115.1
西亚北非16国	9	沙特阿拉伯	236.1	191.3	427.5
	10	阿联酋	99.8	304.0	403.8
	11	伊朗	149.5	165.4	314.9
	12	土耳其	27.8	167.9	195.7
	14	伊拉克	106.5	76.4	182.8
	17	阿曼	120.1	21.7	141.8
	20	以色列	31.8	82.5	114.3
	23	科威特	63.6	30.5	94.1
	28	卡塔尔	40.0	15.4	55.4
	35	约旦	2.1	29.9	32.1
	38	黎巴嫩	0.2	21.4	21.6
	39	也门	1.7	17.0	18.7
	47	叙利亚	0.0	9.4	9.4
	49	巴林	0.6	8.0	8.7
	63	巴勒斯坦	0.0	0.6	0.6
	21	埃及	5.5	105.6	111.1
		西亚北非16国小计	885.3	1247.0	2132.5
独联体6国	25	乌克兰	24.7	42.4	67.1
	56	亚美尼亚	2.8	1.1	3.9
	42	白俄罗斯	4.4	10.9	15.3
	50	格鲁吉亚	0.5	7.5	8.0
	51	阿塞拜疆	4.1	3.5	7.6
	62	摩尔多瓦	0.2	0.8	1.0
		独联体6国小计	36.7	66.2	102.9

区域	排序	国家	进口额	出口额	进出口总额
中东欧16国	29	斯洛伐克	24.1	28.6	52.7
	30	罗马尼亚	14.4	34.6	49.0
	22	捷克	29.5	80.7	110.1
	24	匈牙利	34.6	54.3	88.9
	36	斯洛文尼亚	4.4	22.8	27.2
	15	波兰	25.3	151.6	177.0
	41	保加利亚	5.8	10.6	16.5
	43	立陶宛	1.6	13.0	14.6
	44	拉脱维亚	1.3	10.7	12.0
	45	克罗地亚	1.6	10.2	11.8
	46	爱沙尼亚	2.1	9.7	11.8
	53	阿尔巴尼亚	1.3	5.1	6.4
	54	塞尔维亚	1.6	4.3	6.0
	59	黑山	0.3	1.1	1.4
	60	马其顿	0.5	0.9	1.4
	61	波黑	0.4	0.6	1.1
		中东欧16国小计	148.8	438.8	587.9
中亚5国	26	土库曼斯坦	55.6	3.4	59.0
	27	吉尔吉斯斯坦	0.7	56.4	57.1
	18	哈萨克斯坦	48.0	82.5	130.5
	34	乌兹别克斯坦	16.1	20.4	36.4
	40	塔吉克斯坦	0.3	17.1	17.4
		中亚5国小计	120.7	179.8	300.5
一带一路沿线		总计	3661.1	5874.8	9535.4

资料来源：联合国统计局、世界银行，部分数据来自UN、WTO、IMF的预测。由于各国数据更新周期的不同，也门的GDP采用2013年的GDP数据，伊朗、叙利亚的GDP为2014年的GDP数据，部分国家GDP为2015年的GDP数据。

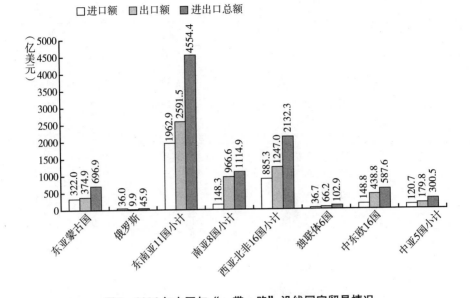

图7　2016年中国与"一带一路"沿线国家贸易情况

资料来源：一带一路统计数据库、瀚闻全球贸易大数据库。

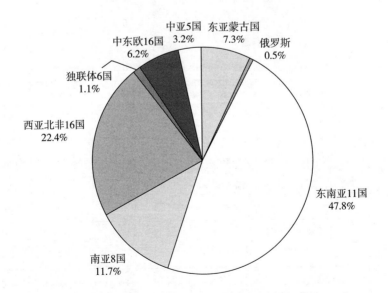

图8　2016年中国与"一带一路"沿线各区域贸易总额占比

资料来源：一带一路统计数据库、瀚闻全球贸易大数据库。

从进口市场分布来看，如图 9 和表 3 所示，2016 年，中国在"一带一路"沿线国家的进口来源地排名前三的是东南亚 11 国、西亚北非 16 国、东亚蒙古国，其中东南亚 11 国是最大的进口来源地，进口额为 1962.9 亿美元，占比为 53.62%，进口额较 2015 年上升 0.9%，是第一大进口来源区域；排名第二的是西亚北非 16 国，进口额为 885.3 亿美元，占比约为 24.18%，是中国第二大进口来源区域；排名第三的是东亚蒙古国，进口额为 322.0 亿美元，占比约为 8.80%。接着为中东欧 16 国、中亚 5 国，进口额分别为 148.8 亿美元、120.7 亿美元，均呈现下降趋势。

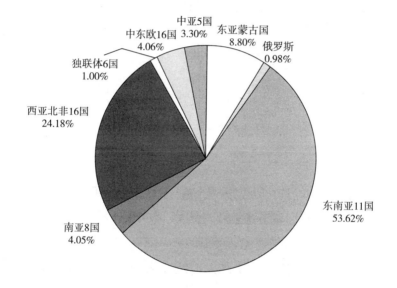

图 9　2016 年中国自"一带一路"沿线各区域进口额占比

资料来源：一带一路统计数据库、瀚闻全球贸易大数据库。

从出口市场分布来看，如图 7、图 10 和表 3 所示，2016 年，中国在"一带一路"沿线的出口目的地主要是东南亚 11 国、西亚北非 16 国、南亚 8 国等，其中东南亚 11 国是中国最大的出口目的地，出口额为 2591.5 亿美元，占比高达 44.11%，是第一大出口目的区域；排名第二的是西亚北非 16 国，出口额为 1247 亿美元，占比约为 21.23%，是中国第二大出口目的区域；排名第三的是南亚 8 国，出口额为 966.6 亿美元，出口额较 2015 年增长 2.6%，占比约 16.45%。向中东欧 16 国出口 438.8 亿美元；向中亚 5 国出口达 179.8 亿美元，增长 2.3%；向东亚蒙古国出口的降幅最大。

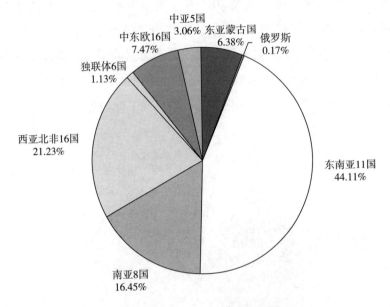

图 10　2016 年中国对"一带一路"沿线各区域出口额占比

资料来源：一带一路统计数据库、瀚闻全球贸易大数据库。

（四）从贸易地位看，中国是沿线主要贸易国家的主要进口和出口市场

从中国在沿线国家中的出口地位看，如表 4 所示，2014～2017 年，在"一带一路"沿线前 10 大贸易国家中，中国是新加坡的第一出口目的地，是马来西亚、越南的第二出口目的地，是菲律宾、印度尼西亚、印度等国的第三出口目的地；对中国出口额比重超过 10% 的国家有 6 个，分别是新加坡、越南、马来西亚、泰国、菲律宾、印度尼西亚。2014～2015 年，中国是泰国、俄罗斯、沙特阿拉伯的第二出口目的地，2016～2017 年，中国是韩国、俄罗斯、泰国的第一出口目的地，是马来西亚等国的第二出口目的

地,是印度的第三出口目的地。2017 年,韩国对中国的出口比重超过 20%,新加坡、俄罗斯、泰国、马来西亚等国对中国出口比重超过 10%。

表 4　2014～2017 年"一带一路"沿线前 10 大贸易伙伴国对中国的
出口贸易状况

单位: %

沿线主要贸易 伙伴国对中国出口比重	2014 年	2015 年	2016 年	2017 年	排名
新加坡对中国出口占比	12.6	13.8	13.0	14.5	中国是第一出口目的地
马来西亚对中国出口占比	12.1	13.0	12.5	13.5	中国是第二出口目的地
越南对中国出口占比	11.3	13.4	9.9	10.2	中国是第二出口目的地
泰国对中国出口占比	11.0	11.1	11.0	12.4	中国是第一(2016～2017)或 第二(2014～2015)出口目的地
俄罗斯对中国出口占比	7.5	8.2	9.8	10.9	中国是第一(2016～2017)或 第二(2014～2015)出口目的地
沙特阿拉伯对中国出口占比	2.1	2.1	—	—	中国是第二出口目的地
印度对中国出口占比	4.2	3.6	3.4	4.2	中国是第三出口目的地
印度尼西亚对中国出口占比	10.0	10.0	—	—	中国是第三出口目的地
阿联酋对中国出口占比	7.2	7.4	0.8	1.2	中国是第三(2014～2015)或 第八(2016～2017)出口目的地
菲律宾对中国出口占比	13.0	10.9	—	—	中国是第三出口目的地
韩国对中国出口占比	—	—	24.8	25.1	中国是第一出口目的地
土耳其对中国出口占比					中国非该国排名前 10 的出口 目的地
波兰对中国出口占比					中国非该国排名前 10 的出口 目的地

资料来源:一带一路统计数据库、瀚闻全球贸易大数据库。

从中国在沿线国家的进口地位看,2014～2017 年,如表 5 所示,在"一带一路"沿线对外贸易排名前 10 的国家中,中国是"一带一路"沿线前 10 大对外贸易国的第一进口市场。除了波兰之外,前 10 大国家的第一进口来源地都是中国,中国是波兰的第二进口来源地。2017 年,韩国、俄罗斯、越南自中国进口的比重超过 20%;泰国和马来西亚自中国进口的比重接近 20%。2017 年"一带一路"沿线前 10 大贸易国情况如表 6 所示。

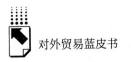
表5 2014～2017年中国自"一带一路"沿线前10大贸易伙伴国
进口贸易状况

单位：%

中国自沿线主要贸易伙伴国进口比重	2014 年	2015 年	2016 年	2017 年	排名
新加坡自中国进口占比	12.1	14.2	14.3	13.8	中国是第一大进口来源地
马来西亚自中国进口占比	16.9	18.9	20.4	19.6	中国是第一大进口来源地
越南自中国进口占比	35.6	34.7	29.5	29.8	中国是第一大进口来源地
泰国自中国进口占比	16.9	20.3	21.6	19.9	中国是第一大进口来源地
俄罗斯自中国进口占比	17.7	19.3	20.9	21.2	中国是第一大进口来源地
沙特阿拉伯自中国进口占比	13.7	14.6	—	—	中国是第一大进口来源地
印度自中国进口占比	12.7	15.8	17.0	16.2	中国是第一大进口来源地
印度尼西亚自中国进口占比	17.2	20.6	—	—	中国是第一大进口来源地
阿联酋自中国进口占比	16.1	16.6	8.0	8.3	中国是第一大进口来源地
菲律宾自中国进口占比	15.2	16.4	—	—	中国是第一大进口来源地
韩国自中国进口占比	—	—	21.4	20.5	中国是第一大进口来源地
波兰自中国进口占比	—	—	12.4	8.0	中国是第二大进口来源地
土耳其自中国进口占比	—	—	12.8	10.0	中国是第一大进口来源地

资料来源：一带一路统计数据库、瀚闻全球贸易大数据库。

表6 2017年"一带一路"沿线前10大贸易国情况

单位：亿美元

排名	国家	贸易额	出口额	进口额
1	韩国	10508.4	5727.3	4781.1
2	新加坡	6972.1	3695.5	3276.7
3	印度	6170.4	2603.5	3567
4	俄罗斯	5840	3570	2270
5	阿联酋(2016 年数据)	5695.3	2986.5	2708.8
6	泰国	4625.5	2365.7	2259.8
7	波兰	4520.4	2261.6	2258.8
8	越南	4248.7	2137.7	2111
9	马来西亚	4131.8	2179.4	1952.4
10	土耳其	3840.5	1542.2	2298.3

资料来源：一带一路统计数据库、瀚闻全球贸易大数据库。

（五）从贸易产品看，电机、电气设备等机电类商品是出口和进口最多的产品并且增长迅速

从中国对沿线国家出口看，2017 年中国对沿线国家的出口商品较多的仍然是"电机、电气设备及其零件"（HS 商品编码中的第 85 章）和核反应堆、锅炉、机器、机械器具及零件（HS 商品编码第 84 章），第 85 章和第 84 章的出口额分别为 1798.8 亿美元和 1158.6 亿美元，同比分别增长 15.8% 和 9.1%，分别占中国对"一带一路"沿线国家出口总额的 23.2% 和 15.0%。如图 11、图 12 所示，2016 年，出口排名第一的产品为"电机、电气设备及其零件"，占比为 32.49%，出口额达 1165.9 亿美元，比 2015 年下降 0.4%。2016 年出口排名前 10 位的产品较 2015 年全部出现下降，"电机、电气设备及其零件"的下降幅度最小。排名第二的产品是"锅炉、机器、机械器具及零件等"，占比为 25.64%，出口额为 920.0 亿美元，下降 0.6%；排名第三和第四的是钢铁和塑料及制品，出口额分别为 237.2 亿美元和 200.7 亿美元，占比分别为 6.61% 和 5.59%；出口额小于 200 亿美元的商品种类有钢铁制品、针织或钩编的服装及衣着附件、"光学、计量、检验、医疗仪器及设备等"、非针织或钩编的服装及衣着附件。

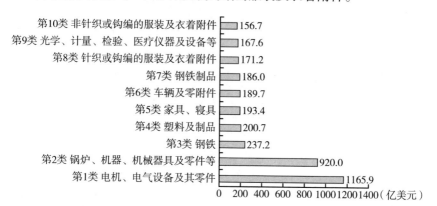

图 11　2016 年中国对"一带一路"沿线国家出口排名前 10 产品的出口额情况

注：采取 HS 商品编码分类标准。

资料来源：UN Comtrade 数据库、瀚闻全球贸易大数据库、一带一路统计数据库。

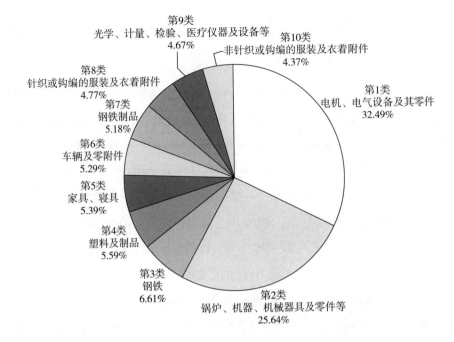

图12　2016年中国对"一带一路"沿线国家出口排名前10的产品占比情况统计

资料来源：UN Comtrade数据库、瀚闻全球贸易大数据库、一带一路统计数据库。

从中国自沿线国家进口看，2017年中国从"一带一路"沿线国家进口较多的商品是"矿物燃料、矿物油及其蒸馏产品等"（HS商品编码第27章）和"电机、电气设备及其零件"（HS商品编码第85章），第85章和第27章的进口额分别为1781.6亿美元和1573.3亿美元，同比分别增长17.7%和34.1%，分别占中国从"一带一路"沿线国家进口总额的26.7%和23.6%。如图13、图14所示，2016年，占比最高的产品为"矿物燃料、矿物油及其蒸馏产品等"，进口额为1109.9亿美元，进口额与2015年相比下降15.1%；排名第二的是"电机、电气设备及其零件"，占比为26.57%，进口额为772.0亿美元，与2015年相比增长1.7%；排名第三的是"锅炉、机器、机械器具及其零件等"，占比为8.02%，进口额为232.9亿美元，进口额与2015年相比下降1.4%；其他产品进口额均小于200亿美元。

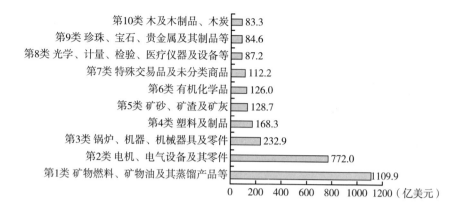

图 13　2016 年中国从"一带一路"沿线国家进口排名前 10 的产品进口额情况

资料来源：UN Comtrade 数据库、瀚闻全球贸易大数据库、一带一路统计数据库。

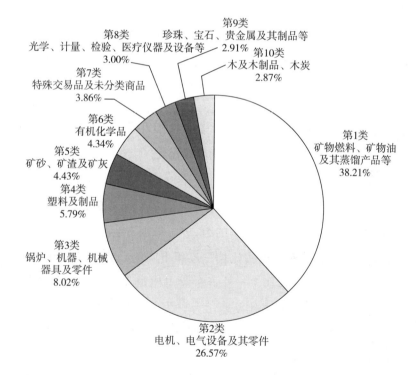

图 14　2016 年中国从"一带一路"沿线国家进口排名前 10 的产品占比情况

资料来源：UN Comtrade 数据库、瀚闻全球贸易大数据库、一带一路统计数据库。

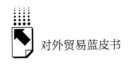

总的来说，中国和"一带一路"沿线国家的进出口商品相对集中，进出口较多的是电机、电气设备等机电类商品，且增幅较大，增长迅速。此外，2017年中国各贸易主体对"一带一路"沿线国家进出口占比及增速情况见图15。

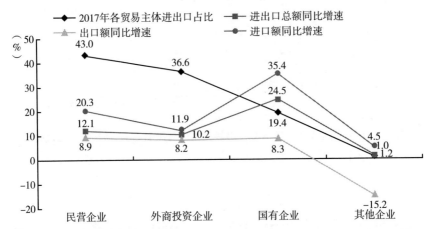

图15 2017年中国各贸易主体对"一带一路"沿线国家进出口占比及增速情况

资料来源：瀚闻全球贸易大数据。

（六）从贸易主体构成看，民营企业和外资企业分别是出口和进口的主要力量，进出口贸易主体构成多元化

从出口贸易主体占比来看，如图16、图17所示，2011~2017年，出口额占比始终保持最高的是民营企业，且所占比重稳步上升，占据主导地位，由2011年的46.6%上升至2016年的58.9%，2017年占比55.9%，小幅下降；国有企业在出口总额中的占比均呈逐年下降的趋势，占比由2011年的17.9%下降至2017年的12.6%；外资企业占比由2011年的35.4%下降至2016年的27.8%，2017年占比略有上升，为31.3%。如图17所示，2017年，中国对"一带一路"沿线国家出口的企业主体中，民营企业对"一带一路"沿线国家出口额为4325.4亿美元，占比最高，占出口额比重达55.9%，接着为外资企业，占31.3%，国有企业排第三，占12.6%。

从进口贸易主体看，外商投资企业、国有企业和民营企业整体呈现三足鼎立的态势。

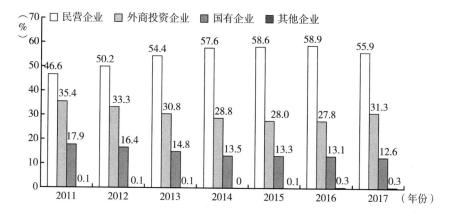

图16　2011～2017年中国对"一带一路"沿线国家出口的各贸易主体占比情况

资料来源：瀚闻全球贸易大数据库。

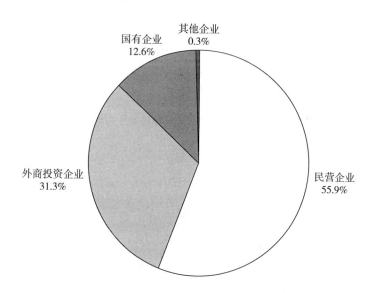

图17　2017年中国对"一带一路"沿线国家出口的各贸易主体占比情况

注：企业性质归类为：国有企业、外商投资企业（包括中外合作企业、中外合资企业、外商独资企业）、民营企业（包括集体企业、私营企业、个体工商户）、其他企业。

资料来源：瀚闻全球贸易大数据库。

如图 18 所示，2011～2017 年，国有企业占比逐年下降，由 2011 年的 43.1% 下降至 2017 年的 27.3%；民营企业占比逐年上升，由 2011 年的 21.6% 上升至 2017 年的 28.1%，外商投资企业整体占比很高，且稳步上升，由 2011 年的 35.3% 上升至 2017 年的 42.7%。如图 19 所示，2017 年，外资企业从 "一带一路" 沿线国家进口额为 2845.5 亿美元，高于其他类型企业，位居第一，占比达到 42.7%，民营企业位居第二，占 28.1%，国有企业位居第三，占 27.3%。

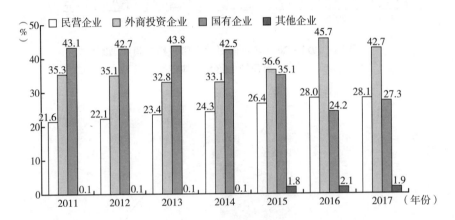

图 18 2011～2017 年中国对 "一带一路" 沿线国家进口的各贸易主体占比情况

资料来源：瀚闻全球贸易大数据库。

从贸易主体占比的增速看，如图 15 所示，2017 年，增速排名第一的是国有企业，其与 "一带一路" 沿线国家进出口总额为 2795.9 亿美元，同比增长 24.5%；位居第二的是民营企业，同比增长 12.1%；排名第三和第四的分别是外资企业和其他企业，同比增长 10.2% 和 1.2%。从出口额增速看，2017 年，民营企业对 "一带一路" 沿线国家出口额增速最快，较 2016 年同比增长 8.9%，国有企业、外资企业和其他企业分别同比增长 8.3%、8.2% 和 -15.2%。从进口额增速看，2017 年，国有企业自 "一带一路" 沿线国家进口额增速排名第一，进口额为 1818.8 亿美元，较 2016 年同比增长 35.4%，民营企业、外资企业和其他企业分别同比增长 20.3%、11.9% 和 4.5%。

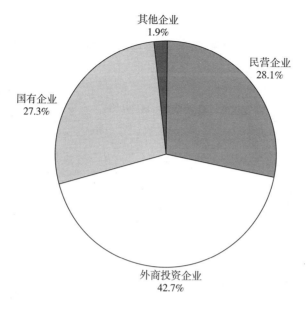

图 19　2017 年中国对"一带一路"沿线国家进口的贸易主体占比情况

资料来源：瀚闻全球贸易大数据库。

总的来说，在对"一带一路"沿线国家的出口贸易主体中，民营企业是主要出口贸易主体，并具有很大的增长潜力，是出口的主要力量；接着为外商投资企业和国有企业，但国有企业和外资企业比重有缩小的趋势。在对沿线国家的进口贸易主体统计中，外商投资企业占比小幅上升，在近两年是主要的进口力量，占据主导地位；民营企业的占比逐年上升，表现出较快的增长势头，但民营企业在进口中所占比重远小于其在出口中所占的比重；而国有企业的进口占比下降趋势明显。

（七）从贸易方式看，一般贸易是最主要的进出口贸易方式，其次是加工贸易

从出口的贸易方式看，如图20、图21所示，2011～2016 年，一般贸易始终是中国对"一带一路"沿线国家出口的主要贸易方式，平均所占比重都在60％以上，且整体呈逐年上升的趋势，从2011 年的61.5％上升到2016

年的63.5%，2011～2016年，加工贸易占比始终位居第二名，整体呈现下降趋势，由2011年的26.0%降至2016年的20.1%；海关特殊监管区域、边境小额贸易、其他贸易方式等占比较低。

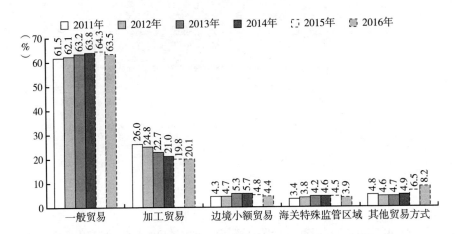

图20　2011～2016年中国对"一带一路"沿线国家出口贸易方式情况

资料来源：瀚闻全球贸易大数据库。

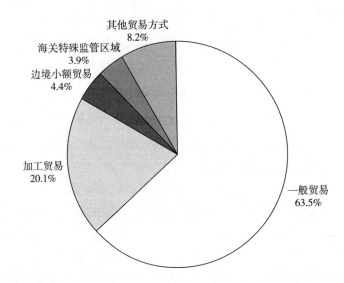

图21　2016年中国对"一带一路"沿线国家出口贸易方式情况

资料来源：瀚闻全球贸易大数据库。

从进口的贸易方式看，如图 22、图 23 所示，2011～2017 年，一般贸易、加工贸易、海关特殊监管区域是中国自沿线国家进口的主要贸易方式，中国从沿线国家进口的最主要贸易方式始终是一般贸易，虽然一般贸易占据主导性地位，但是 2011 年占比为 61.7%，2016 年占比下滑到 55.7%，总体呈现下降的趋势；排名第二的是加工贸易，占比从 2011 年的 18.7% 上升到 2016 年的 21.2%，6 年来，所占比重呈现上升的趋势；海关特殊监管区域贸易在各种进口贸易方式中所占的比重也比较高，整体占比呈现上升趋势，由 2011 年的 16.2% 上升到 2016 年的 18.1%，占比排第三。

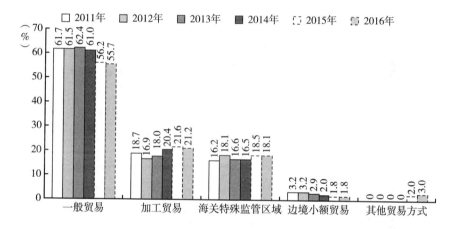

图 22　2011～2016 年中国对"一带一路"沿线国家进口贸易方式情况

资料来源：瀚闻全球贸易大数据库。

从总体看，一般贸易是最主要的进出口贸易方式，接着是加工贸易。2017 年，排名第一的是一般贸易，进出口额为 8407.6 亿美元，占贸易总额的 58.4%，排名第二的是加工贸易，占比为 24.5%。

（八）从运输方式看，水路运输是最主要的运输方式

从出口运输方式看，如图 24、图 25 所示，水路运输是中国各种运输方式对"一带一路"沿线国家的出口贸易中最主要的运输方式。2017 年，中国对"一带一路"沿线国家出口额排名第一的运输方式是水路运输，出口

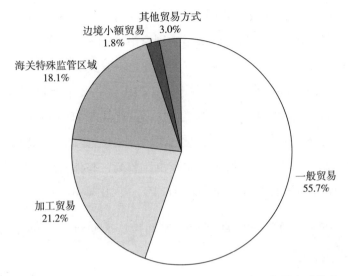

图23　2016年中国对"一带一路"沿线国家出口贸易方式情况

注：贸易方式是指根据实际对外贸易情况，按海关规定的《监管方式代码表》选择填报相应的监管方式，包括一般贸易，加工贸易，海关特殊监管区域，边境小额贸易，其他贸易方式等。

资料来源：瀚闻全球贸易大数据库。

额高达5679.3亿美元，占比为73.4%，拥有主导性优势，较2016年同比增长5.0%；接着是航空运输和公路运输，出口额分别为954.3亿美元和917.7亿美元，占比分别为12.3%和11.9%，出口增速分别为23.8%、14.8%；排名第四至第六的依次是铁路运输、其他运输和邮件运输方式，其出口额分别为155.7亿美元、30.3亿美元和5.4亿美元，占比分别为2.0%、0.4%和0.1%，出口增速分别为34.5%、-3.2%和-31.5%，以铁路运输的出口额增速最快。

从进口运输方式看，如图26、图27所示，在中国自"一带一路"国家进口中，仍以水路运输为主导。2017年，水路运输的进口额达3841.9亿美元，占中国自"一带一路"沿线国家进口额的57.7%，较2016年同比增长22.0%；排名第二至第六的依次是航空运输、公路运输、其他运输、铁路运输、邮件运输，其进口额分别为1325.5亿美元、1004.9亿美元、349.8亿美元、138.0亿美元和0.5亿美元，占比分别为19.9%、15.1%、2.1%、

5.3%和0.1%，进口额同比增速分别为21.1%、13.9%、18.9%、－2.6%和5.3%，水路运输的增速最快。

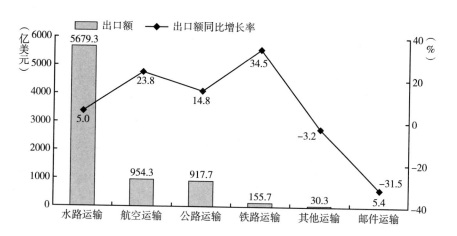

图24　2017年中国各运输方式对"一带一路"沿线国家的出口额及增速情况

资料来源：瀚闻全球贸易大数据库。

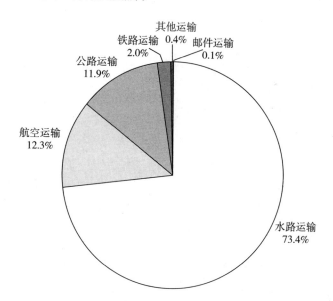

图25　2017年中国各运输方式对"一带一路"沿线国家出口额占比情况

资料来源：瀚闻全球贸易大数据库。

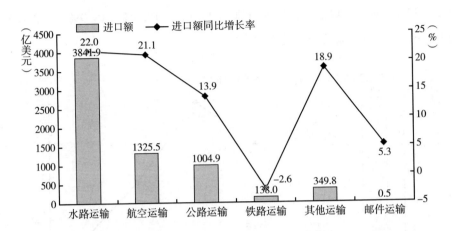

图 26　2017 年中国各运输方式从"一带一路"沿线国家的进口额及增速情况

资料来源：瀚闻全球贸易大数据库。

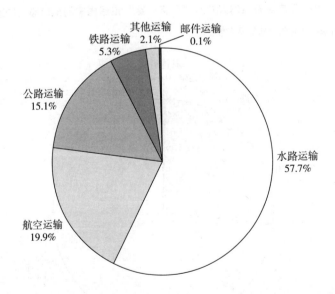

图 27　2017 年中国各运输方式从"一带一路"沿线国家进口额占比

注：其他运输方式是除图中列明项以外的运输方式，主要包括监管仓库、非保税区、保税区、保税仓库、其他等。

资料来源：瀚闻全球贸易大数据库。

二 中国与"一带一路"沿线国家贸易发展 存在的风险和问题

（一）沿线国家政治经济发展水平不一，商业环境错综复杂

首先，"一带一路"沿线国家存在不同程度的贸易壁垒，各国经济发展程度不同，在协同发展中有很大困难。"一带一路"沿线部分发展中国家的政府行政效率低下，建设投资的相关审核批准程序漫长烦琐，使投资面临的不确定性增加。例如在缅甸进行绿地投资，新建一个企业的审核程序需要历经 72 天，经过 11 个程序层层审批才能建立；乌兹别克斯坦的进出口贸易更是如此，其出口或进口一批货物分别需要填写制作 11 种和 13 种单证，分别需要 54 天和 104 天才能走完所有的进出口流程。

（二）沿线国家基础设施建设滞后，运输效率较低

目前，中国与"一带一路"沿线部分国家之间存在港口、公路、铁路、航空等基础设施建设仍比较落后，建设程度参差不齐问题，比如中亚地区和俄罗斯远东地区，由于国家间铁路建设的铁轨标准和相关其他的铁路规格不同，运输通道建设滞后；再比如东南亚地区的越南、柬埔寨、缅甸等国家港口建设落后，通关的便利化程度较低，运输效率低下，这严重阻碍了国家间经济贸易活动的顺利开展。

（三）"一带一路"建设存在巨大的资金需求缺口和融资风险

"一带一路"沿线基础建设存在投入成本高、周期长、收益率偏低等问题。由于"一带一路"沿线国家多经济落后的新兴市场经济国家和发展中国家，建设资金匮乏，相关建设的资金需求缺口较大，因此中国相继建立了丝路基金和亚投行等为"一带一路"倡议的顺利实施筹措资金。但是由于沿线部分国家经济落后，还款能力不强，一旦经济恶化，无法按时偿还借

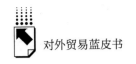

款，这将使中国面临巨大的融资风险和经营风险，也可能对中国的经济发展造成巨大挑战。

（四）部分国家暗中掣肘，地缘政治风险突出

从地缘政治环境看，"一带一路"经过的30多个国家和地区在政治形态、国家制度、政党制度、文化意识形态等方面都存在差异，且沿线地区资源丰富，也正因如此，世界各国为了维护自身的利益，纷纷在这些地区提出自己的"丝绸之路开发构想"和地缘战略，开展争夺战，以谋求地区影响力和控制力，导致贸易摩擦不断。如日本通过经济、军事援助拉拢"一带一路"沿线国家，进行战略搅局，提出了"自由与繁荣之弧"，美国提出"新丝绸之路计划"等，以图维持其世界领袖的地位，挽回美国霸权颓势。

（五）沿线部分国家怀疑中国的战略意图

"一带一路"沿线某些国家对中国经济的快速发展和综合国力的迅速提升始终存在担心，不安全感增加，产生抵触和警惕的心理，把中国看作潜在的威胁和挑战，曲解中国谋求共同发展的善意，将"一带一路"渲染成中国版的"马歇尔计划"，过度解读"一带一路"倡议，甚至有人认为亚洲基础设施投资银行、丝路基金等都是中国意图构建以中国为核心的新亚太经济体系，挫败美国，掌控下一轮国际贸易规则主导权的利器。

（六）沿线国家蕴藏的潜在政治风险加剧

"一带一路"沿线一些国家政局动荡，国别风险巨大，这影响到了中国"一带一路"倡议的推进，中国企业对外投资面临更多的不确定性，比如东盟国家内政问题严重，尤其是缅甸，正处于脆弱敏感的政治改革时期，频繁地政治更迭和混乱动荡的政治局势可能会导致某些投资项目被收回、征用、重审等，使相关项目成为其国内政治斗争的牺牲品。再比如中国的高铁项目被墨西哥搁置，希腊新政府叫停中远集团投资的希腊比雷埃夫斯港口项目等。

（七）社会文化和宗教风险冲突不断

"一带一路"经过不同的宗教区域，各宗教之间矛盾冲突巨大，2016 年"一带一路"沿线国家中，有 76.9% 国家的风险评级为中级或高级。尤其是南亚地区由于民族宗教、意识形态冲突而形成的恐怖主义，使得该地区政治局势长期动荡不安。这些国家之间存在巨大的历史、文化差异。如果不了解当地文化，就可能出现产品或广告、商标设计不符合当地的文化习惯，从而导致投资失败。比如中国的"山羊"牌产品，翻译成英文是"Goat"，而"Goat"在英语国家是"色鬼"的意思，带有鄙视色彩，导致产品销路受阻，销售不佳。

（八）恐怖主义等非传统安全威胁突出

民族分裂和宗教极端势力及暴力恐怖威胁对"一带一路"倡议实施带来极大挑战。"一带一路"倡议经过的沿线国家众多，涉及的非传统安全问题众多，主要包括恐怖主义、贩毒走私、海盗、传染性疾病、能源安全等。"一带一路"经过的部分地区存在恐怖主义，战火冲突不断，一旦战火蔓延，不仅使投资建设中断，甚至投资毁于一旦，而且连人员安全都不能保证。据印度数据统计，目前大约有 176 个不法组织，包括恐怖主义、分裂主义和极端主义组织在印度，蠢蠢欲动；巴基斯坦也大约有 52 个极端组织。这些非传统安全因素的存在给"一带一路"倡议的推进和落实带来诸多不确定因素。

（九）法律风险较大

"一带一路"建设受到沿线国家在审查、税收、融资、劳资关系等方面的法律风险的威胁。法律法规的差异性和不连续性是法律风险的重要表现形式。

"一带一路"沿线国家在法律法规方面存在的巨大差异，使中国的企业可能面临各种各样的法律诉讼风险。比如在贸易投资和劳工保护方面，印度

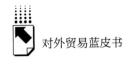

的劳动法规定"员工超过 100 人的企业解雇员工需要报请政府审批";德国法律规定"任何拥有超过 500 名雇员的公司必须建立监督委员会"。如果中国企业不对投资目标国的法律进行深入研究,就将很有可能出现不合规的操作,带来不可预期的法律风险。

另外,法律法规的不连续性问题也会导致经营的不确定性增加。沿线部分国家为了增强本国产业的出口竞争力,不断调整相关税收和法律政策规定,朝令夕改,政策连续性差。投资所在国经济或产业政策的频繁调整,更加剧了中国企业在海外投资的不确定性,可能会导致企业的成本上升、利润减少甚至濒临破产。

三 中国与"一带一路"沿线国家贸易发展的对策

(一)加强基础设施建设,实现互联互通,提高运输效率

加强运输等基础设施建设,推进各国在交通通信等方面的对接,实现互联互通,是中国与"一带一路"沿线国家进行贸易的基础。解决"联而不通,通而不畅"的运输效率低下的问题,实现通道通畅可以从以下三个方面做起:首先,我们应该加强与"一带一路"沿线各国物流标准体系的统一和对接,使用统一的标准严格规范,促进标准化建设;其次,各国应该在互惠互利的基础上,加强国际合作,共同建设跨境交通运输通道,降低国际运输成本;最后,通过电力、通信、通关口岸、港口基础设施等相关建设,促进通关成本的降低和通关能力的提升。

(二)进一步优化贸易投资便利化环境

提高贸易投资的便利化程度是促进中国与"一带一路"沿线国家贸易增长的重要因素。第一,我们要加强统一高效的信息管理平台的建设,比如跨境电子通关系统和跨境贸易合作平台,进行海关数据联网,互认沿线国家海关监管的数据,促进提高信息交换的效率;第二,与沿线国家建立统一互

认的监管标准,实现在电子商务、过境手续办理、质量检验等方面建立起统一的标准化的检验和检查标准;第三,与"一带一路"沿线国家签订避免双重征税协定,减少关税负担;第四,建立起跨境支付结算服务平台,逐步建立统一的跨境支付结算网络体系,提高支付结算的便利化程度;第五,加强双多边贸易合作,加强政府协商,降低诸如技术性贸易壁垒、知识产权壁垒、配额等非关税壁垒,提高政策的透明度,提高贸易便利化水平,实现贸易自由化。

(三)增信释疑,宣扬丝路精神

针对"一带一路"沿线国家对中国战略意图的疑虑和误读,需要我们加大宣传力度,加强沟通协调,扩大沿线国家的合作共识。通过互联网等各种媒体途径,或者官方的高峰会谈、民间团体活动等形式,宣扬丝绸之路的开放合作包容的精神,强调它的经济驱动作用,纠正部分人士对"一带一路"倡议的偏见和误解,这个倡议是为了促进沿线各国经济文化繁荣,共同打造利益共同体和命运共同体,而非中国的"霸权"策略,争取沿线国家和人民对"一带一路"的认可和支持,民心共通。

(四)健全与沿线国家的贸易合作平台,全面深化产业合作

全面深化与沿线国家产业合作,拓展产业链,优化产业结构,培育新的市场,挖掘潜在的贸易增长点,是促进贸易合作、贸易繁荣的重要途径。第一,在巩固劳动和资源密集型商品贸易的同时,大力发展高新技术产业,支持高新技术产业的境外投资,扩大高附加值的高新技术产品的消费市场,促进产业转型升级。第二,延长产业链,促进高新技术产业的上下游产业链和相关、支持产业共同发展。第三,加强产业合作,尤其注重深化与沿线国家的能源合作,优化能源进口渠道,减少对非洲和中东国家的能源过度依赖,形成深层次、全方位、多角度的能源合作布局。第四,健全与沿线国家贸易合作的机制与平台,通过商业博览会、国际商务论坛、国际峰会、民间展览会等多种形式,建立起全面的国际合作平台。

（五）建立多元化投融资体系，加强金融风险管控

我们要坚持形成"政府引导，企业主体、市场运作、国际惯例"的融资战略，创新融资方式，拓宽融资渠道，开拓融资新格局。第一，坚持政府引领，各市场主体积极参与，整合各方资源，比如国际官方援助、民间团体投资等，拓宽资金来源；第二，促进金融产品创新，培育金融市场，比如发行丝路基金、丝路债券、铁路基金等，吸引全球资金，加强与欧美的对接，推动"一带一路"在全球范围内融资，实现融资多元化；第三，健全国外投资和出口信用保险，增加投保的险种和可保的范围，降低对沿线国家投资的国别风险、信用风险等，发挥保险为中国企业对外投资和开展贸易提供保障的作用，防范传统和非传统安全风险。

（六）建立完善的风险机制，妥善解决贸易摩擦

政府应该建立专门的风险评估咨询机构，全面分类整理各国的国别风险信息，进行量化评估，并逐步建立风险预警机制和风险应急处理机制。第一，根据分析结果，制定不同国别和行业的风险指数体系，并定期对沿线各国的政治、经济、法律等国情进行评估，实时更新，为企业投资提供信息咨询和指引，并及时预警；第二，建立以政府为主导，以企业为主体的贸易摩擦和争端解决机制，妥善解决贸易摩擦和纠纷问题，保障企业进行海外投资的合法利益。

专栏

《中巴经济走廊远景规划》解读

作为"一带一路"建设的旗舰，中巴经济走廊（CPEC）覆盖3000公里的公路、铁路和管道，旨在从中国新疆维吾尔自治区喀什市至巴基斯坦瓜达尔港沿途形成一个综合的贸易、工业、自然资源、能源以及交通运输网络。走廊连接中国、中亚和南亚三个经济区域。这是一个具有

地区和国际意义的双赢合作项目。

2014 年，巴基斯坦计划发展和改革部发布了一份名为"巴基斯坦 2025 年发展愿景"的国家蓝图。蓝图强调 CPEC 将在交通基础设施建设和通信的现代化等更广泛的领域中发挥关键作用，并指出，中巴经济走廊将极大地推进巴基斯坦、南亚区域合作联盟（SAARC）、东南亚国家联盟（东盟）、中亚区域经济合作组织（CAREC）和经济合作组织（ECO）的经济融合和一体化进程。

2015 年 4 月，中国国家主席习近平对巴基斯坦进行国事访问，双方同意将两国关系提升为"全天候"战略合作伙伴关系，并正以中巴经济走廊为引领，以瓜达尔港、能源、交通基础设施和产业合作为重点，形成"1 + 4"经济合作布局，全面推动走廊建设和经济繁荣。

目前，走廊的建设已经取得了显著的成绩，能源领域的诸多合作项目取得了丰硕的成果，比如卡西姆、萨西瓦尔等燃煤电站已经顺利投入生产；巴基斯坦和两国之间的交通运输网络建设已经全面展开；瓜达尔港及其配套建设工程已在各条战线上得到发展。

CPEC 是综合社会经济发展的大型计划。两国将共享发展机遇，面对未知的挑战。除了恐怖主义带来的安全威胁外，巴基斯坦国内政治造成的无效率、巴基斯坦公众的不切实际的期望、巴基斯坦精英对走廊的不同态度以及来自外部力量的抵制和竞争等问题都应予以考虑。

2017 年 11 月 20 日，第七次中巴经济走廊联合合作委员会会议召开，双方签署《中巴经济走廊远景规划（2017—2030）》，并于 12 月 18 日在巴基斯坦首都伊斯兰堡发布该文件。规划把中国的"一带一路"倡议和"巴基斯坦 2025 年发展愿景"深入对接，指明了走廊建设的指导思想和基本原则、重点合作领域以及投融资机制和保障措施，指导规划走廊建设，推动两国协同发展，是农业、能源、工业、旅游、经济特区、教育和文化领域合作的指导方针。

根据远景规划，中巴经济走廊建设勾画出中国在巴基斯坦的投资蓝图和未来能给巴基斯坦带来技术溢出的中国产业转移路线图。为推动计

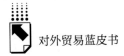
划实施，中巴应明确双方的投入、责任划分和今后发展的重点，进一步深化各领域的务实合作，制定详细的分阶段目标和一系列战略措施，以保障走廊建设顺利开展，行稳致远。

中巴经济走廊是两国全天候战略合作的重要体现。中国驻巴基斯坦大使姚敬在致辞中表示，"建设中巴经济走廊是构建相互尊重、公平正义、合作共赢的新型国际关系和构建人类命运共同体等理念的重要体现。中巴双方在走廊建设中坚持面向全巴、惠及全巴，取得了积极成效。中方愿继续以走廊建设为契机，进一步推动中巴全方位合作，不断充实两国关系内涵，加强人文交流，让中巴传统友好关系和走廊建设造福两国人民"。

B.14
中国与其他国家和地区的外贸关系分析

摘　要：　东盟与金砖国家是中国重要的贸易伙伴，中国—东盟自贸区
启动以来，中国与东盟之间的贸易发展速度日益加快，发展
前景十分广阔。近年来，中国与金砖国家的贸易份额大幅增
长，巴西、印度与俄罗斯三国均成为中国前十大贸易伙伴，
中国与其他金砖国家成员的年货物贸易增长率也维持在30%
以上。中国与东盟、金砖国家的贸易必须管控分歧，充分利
用自贸区和金砖国家峰会等经贸合作平台，深入挖掘经贸合
作潜力。

关键词：　中国—东盟自贸区　金砖国家　贸易关系

一　中国与东盟的贸易关系分析

（一）贸易关系现状

中国与东盟地理位置接近，经济发展水平相似，自2002年签订《中华
人民共和国与东南亚国家联盟全面经济合作框架协议》后，双边关税水平
不断下降，服务贸易额也稳步增加，双边贸易额实现了较大幅度的增长。
2010年，中国超越日本、欧盟成为东盟的第一大贸易伙伴，东盟亦于2011
年超越日本成为中国的第三大贸易伙伴，中国—东盟自贸区是继欧盟、北美
自贸区后的第三大自贸区，在双边贸易关系稳步推进的今天，中国与东盟之
间日益深化的贸易关系值得关注。

如图 1 所示，中国与东盟的双边贸易经历了从无到有的过程，中国与东盟十国的进出口总额在 2009 年因金融危机的影响而有所下降，但经历短暂一年的负增长之后，双边贸易额在 2010 年又有了进一步回升。另外，中国同东盟十国进出口总额的增长速度也在不断加快，进出口总额实现千亿美元级增长的时间由 4 年逐渐缩减为 2 年。双边贸易如此快速增长也说明中国同东盟国家在贸易关系上产生了愈加强烈的吸引力。分国家来看，中国与马来西亚、新加坡、泰国、印度尼西亚等国的进出口总额较高，与老挝、缅甸的进出口总额一直偏低。中国与越南的进出口总额在 2008 年金融危机后增速较快，2016 年已超过马来西亚进出口总额，越南成为中国在东盟地区的第一贸易大国。

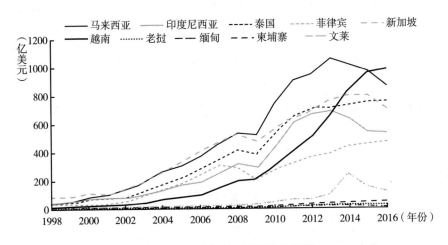

图 1　中国对东盟十国进出口总额

资料来源：中经网数据库。

中国同东盟的出口额从 2007 年的 941.46 亿美元上涨到 2016 年的 2560.68407 亿美元（如图 2 所示）。近 10 年来，中国对东盟十国的出口额总体上呈现增长态势。除 2008 年受金融危机影响出口额出现负增长外，出口额总体增长，但增速放缓，中国同东盟十国的进口额从 2007 年的 1083.86 亿美元上涨到 2016 年的 1963.071 亿美元（如图 3 所示）。进口额、出口额都实现了大幅增加。值得注意的是，中国在 2012 年之前，与东盟的贸易一直处于轻微逆差的地位，在中国—东盟自贸区成立后，东盟对中国产品的依赖性逐渐增强，从而实现了一定的顺差。从商品结构与政策地位来看，中国商品在东盟国家的市场上仍有进一步扩张的实力，即"21世纪海上丝绸之路"在东盟地区具备实现"贸易畅通"的潜力。

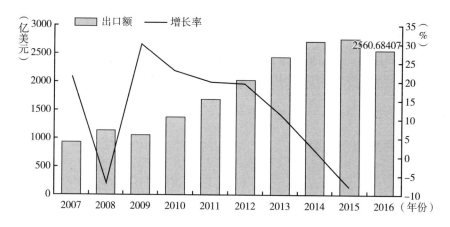

图2 中国对东盟十国2007～2016年出口额及增长率

资料来源：中经网数据库。

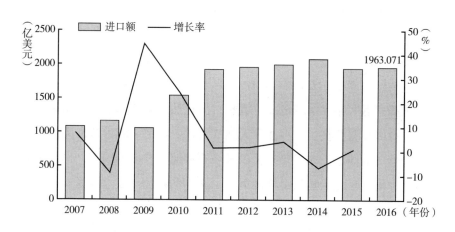

图3 中国对东盟十国2007～2016年进口额及增长率

资料来源：中经网数据库。

351

以《中华人民共和国商务部国别贸易报告》的相关数据对国际贸易的商品结构进行分析发现，2010年中国同东盟四国（马来西亚、新加坡、印度尼西亚和泰国）的进出口总额占同东盟十国的进出口总额的78.09%。这一比例在2011年至2013年3年间也均保持在70%以上，至2014年该比例下降为66.19%。中国与东盟四国的贸易具有一定的代表性，从近年双方贸易的商品结构变化中可以发现，东盟国家对中国出口的主要商品正在从矿石和动植物与油脂这样的纯资源转向化工产品、塑料和机电产品这些更加具有劳动力密集属性的制造业产品。而中国对东盟国家出口的主要商品依旧是机电产品。总的来说，从商品结构的视角分析，中国在与东盟国家进行贸易的过程中，以传统优势商品换取了东盟国家更多样化的商品。

（二）贸易关系特点

自中国—东盟自由贸易区建设启动以来，中国与东盟之间的贸易发展速度日益加快：双边和多边贸易发展增速加快，尤其是双边贸易的发展前景十分广阔。在贸易关系特点上，中国与东盟的互补性与竞争性并存，互补效应有利于中国与东盟双方扬长避短，促进双方经济及其他方面的发展，竞争效应将为双方企业带来挑战。

中国与东盟双边贸易的互补性主要体现在自然资源、产业技术结构和贸易结构三个方面。

在自然资源方面，先就中国而言，东盟国家在自然资源的出口上有比较明显的优势。近几年中国经济高速增长，对自然资源的需求量越来越大，互补效应也得以日益凸显。以石油和天然气为例，印尼、越南和文莱都是盛产石油及天然气的国家：印尼是东盟国家中石油储量最多的国家，也是全球生产天然气和出口液化天然气最多的国家；文莱的石油储量也极为丰富，位居东盟第二，同时也是世界上液化天然气第四大生产国和第二大出口国；越南出口到中国的石油总量约为中国石油进口总量的15%。除石油和天然气外，中国企业投资东盟国家橡胶行业的比例也稳步提升。

在产业技术结构方面，东盟各国经济发展水平从总体上看，仍存在工业化程度低、发展时间短、基础薄弱等问题，资金来源上主要依靠外来投资，技术上主要发展中间技术，即东盟在产业技术结构上处于最底层，存在诸多空缺需要补充。中国产业结构相对东盟而言更加复杂，现阶段中国在基础技术与高新技术领域都有一定的发展，而在中间技术以及产品市场化能力方面比较欠缺。中国—东盟自贸区的建立可以极大地改善这一状况，促进产业与技术的跨区域流动，实现产业技术结构上的互补。

在贸易结构方面，中国总人口已超过 14 亿人，而东盟十国总人口也有 5 亿人以上，中国—东盟自贸区的人口数量占世界人口总量的四分之一，已成为人口数量最多的自贸区。中国与东盟十国发展水平相差较大、地理位置差异及资源优势不同，导致生产生活方面需求存在差异及产品供给结构方面不同，中国—东盟自贸区的建立有利于促进贸易产品输出和输入的互补。中国有许多农业和工业上的优势产品是东盟国家所需的，比如种子、蔬菜、化肥、金属、机械、车辆等，目前中国经济处于转型期，工业正处于从劳动密集型转向资本密集型的阶段，未来东盟十国将向中国输入劳动密集型产品。

中国与东盟双边贸易的竞争性主要体现在农产品、敏感商品与大宗商品的贸易摩擦上。

首先，中国与东盟国家进行双边贸易时农产品摩擦与冲突已成为日益凸显的问题，即中国的农产品对东盟出口面临较大的市场竞争压力。中国作为一个农产品生产大国，仍存在农产品成本高、质量差，在国际上竞争力低等一系列问题，中国与东盟之间的贸易不平衡很大程度上影响了中国国内农业的发展，甚至会直接影响"三农"问题的解决。以《中泰水果蔬菜零关税协议》为例，泰国热带水果的较强竞争力使其对中国热带水果出口大幅增加，泰国的热带水果出口到中国口岸的价格逐年下降，导致广西等地果农收入相应减少，然而，反观泰国情况，泰国仍对中国的"马铃薯、洋葱、大蒜"等农产品实行配额限制，配额外的进口需要承担较大的关税成本，从而制约了云南、广西等生产这类产品的省份对泰国的出口。从具体数字上看，自《中泰水果蔬菜零关税协议》实施一年以来，中方此项贸易逆差达 3.5 亿美元，占同期双边果蔬进出口总额的 71%。如何平

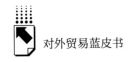
衡双边贸易中农产品贸易的不平衡问题，直接关系到中国与东盟未来双边贸易的发展情况。

其次，敏感商品与大宗商品的双边贸易也存在一定的摩擦与冲突。敏感商品与大宗商品的贸易摩擦会对中国与东盟的双边贸易产生较大的冲击，甚至会对中国某些产业的发展产生不容忽视的严重性后果，对中国与东盟各国的双边与多边外交也有着潜在的不利冲突。截至目前，敏感商品的关税尚未大幅下降，但采用高关税政策保护诸如橡胶、大米等敏感产品亦非长久之策，而大幅度降税的举措也存在可预见性的消极影响。以天然橡胶产品为例，中国的海南省是全国橡胶生产的最大基地，橡胶生产额占全国橡胶生产总额的70%。但海南天然橡胶的生产成本接近泰国、印度尼西亚、马来西亚的两倍，因为海南省产胶企业负担较重，海南所生产的天然橡胶每吨价格约为9000元，对比泰国每吨橡胶的生产成本3000元至4000元，可谓毫无竞争力可言。另外，东盟所产橡胶的质量普遍较好，在中国也一直占据较高销售份额。取消关税后，东盟橡胶产品的销量必定在中国境内大幅增长，这样一来，海南10万家橡胶生产企业将面临极大的挑战，同理，大米等商品也存在类似的问题。因此，如何应对敏感商品及大宗商品贸易的消极影响，是中国与东盟在发展双边贸易时必须面对的问题。

除双边贸易的竞争性与互补性之外，我们也应当关注区域内部与区域外部的非贸易与非经济因素对中国与东盟双边贸易发展产生的影响。

中国与东盟内部贸易额占双方对外贸易总额的比重较小，与其他世界有影响力的自贸区相比，仍存在一定差距，从一定程度上讲，这限制了自贸区对区域经济的促进作用。中国经济发展水平与收入水平与其他发达国家相比仍然较低，东盟各国经济规模仍然较小，且中国、东盟分别与日本、欧美等发达国家有着较为密切的贸易关系，区域基础设施建设都较为薄弱，不能很好地适应贸易便利化与自由化等，这一切都影响了自贸区效应的充分发挥，因此，如何协调好中国和东盟各国之间的经济、社会、文化、宗教与外交关系，防止外部势力对双边贸易的不当干预，是中国与东盟共同面临的问题。

（三）贸易关系展望

中国—东盟自贸区作为亚太地区人口规模与经济体量占据主导地位的经济体，其双边贸易的发展对亚太地区甚至全球经济的发展都具有极为重要的影响。中国—东盟自贸区的建立，为中国与东盟各国之间良好贸易的发展创造了极为便利的条件，也使得中国与东盟各国间的双边贸易及多边贸易有了更为广阔的前景。中国与东盟间的进出口贸易总额在中国进出口贸易总额中占有较大的比重，在东盟进出口贸易总额中所占比重也逐渐提高，随着中国与东盟之间一系列合约的签订与落实，区域之间的双边贸易也有不断扩大的趋势，与贸易投资相关的制度的落实也为双边贸易的发展创造了新的可能性。中国与东盟双边贸易过程中面临贸易不平衡性和不确定性风险、农产品贸易摩擦和冲突发生的可能性、敏感产品与大宗产品贸易摩擦、区域外部势力对双边贸易的不当干预等多方面的问题。妥善解决这些问题也是推动中国与东盟双边贸易进一步发展的重要举措。

为进一步推动中国与东盟各国双边贸易的发展，中国仍需做以下四个方面的努力。

首先，为减少现有双边贸易中存在的不平衡性与不确定性风险，中国应当积极地实施产品差异化战略，在中国与东盟日益发展的水平分工中，通过制度与技术两个层面的创新，实现出口产品的多样化与差异化，建立起自身的竞争比较优势。加大新产品开发力度，实现企业创新发展，以产品多样化及差异化为目标，减少与东盟国家产品方面的冲突与矛盾。同时，以产品营销渠道及售后服务上的垂直差异，提高产品附加值，通过包装、广告等手段，形成人们主观意识上的差别。中国企业应该进一步强化产品的差异性，响应"中国制造2025"，创造出中国的国际品牌，同时，形成统一、完善的机制，使已有的产业尽快加入产业内贸易中去获取应有的利益。用著名的品牌和合理的渠道，为中国产品在国际市场上争取到更多的价格认可，促进产业内贸易的发展。

其次，现阶段中国与东盟国家同属发展中国家，在贸易方面仍存在经济发展水平接近，产业结构相似的一系列问题，这在一定程度上影响了双方的经贸关系。因此，在建设中国—东盟自由贸易区的过程中，中国要依靠自己的比较优势，积极推动产业转移和产业结构调整，发展具有国际竞争力的产业，尽量避免因区内的产业结构趋同而导致经济损失。

再次，中国应当积极促进市场多元化发展，避免中国与东盟各国在出口市场上，因资源禀赋的相似性产生竞争。具体来讲，中国与东盟各国的比较优势相似，产品出口多依赖欧美、日本等发达经济体，因此，在某些商品类别上存在第三方市场的竞争。实施多元化市场战略，一方面，应当鼓励中国企业多元有效地开拓国际市场，积极参与国际竞争，在全球市场上形成多元格局，改变中国出口集中度较高的现状，避免与东盟各国在国际市场上竞争；另一方面，积极对东盟市场进行开拓，增加区域内贸易，降低对美日等国家的依赖，挖掘东盟市场巨大的出口潜力。

最后，积极协调与东盟各国的经贸关系并建立制度化合作，以调整中国与东盟各国的经贸关系，避免区域外非贸易与非经济因素带来的不良影响。制度是发展区域经济非常重要的因素之一，欧美等国通过一定制度安排实现贸易集团化、区域化，从而促进地区发展，形成自身独特的成功经验。因此，增强区内凝聚力，建立有效的制度化合作，建立和健全区内制度化和高效的组织机构，确保自由贸易区的顺利运作是抵御区外其他经济体干预的有效手段之一。

二　中国与金砖国家的贸易关系分析

（一）贸易关系现状

20 世纪 80 年代，中国与其他金砖国家成员的贸易逐渐萌芽，此时，中国与其他金砖国家成员的贸易规模较小，主要原因有两个方面：第一，印度与南非两国的经济在此之前处于萌芽与起步阶段，市场规模较小，贸易保护主义盛行，反观巴西与苏联两国，此阶段的经济也陷入衰退与低迷中，这一阶段各国经济发展都不甚理想，对中国与其他金砖国家成员的贸易合作形成了一定的规模限制；第二，中国刚步入改革开放初期，"出口导向型"战略尚不明确，因此，中国在这一阶段与其他金砖国家成员的贸易合作稍显缓慢，双边贸易关系虽然有了一定的进展，但总体来说发展速度仍有待提高。20世纪90年代后，随着经济全球化的广度和深度不断加深，中国迎来了对外贸易蓬勃发展的全新局面，新兴市场国家的经济在这一时期都获得了较快的发展，金砖国家的经济体量也有了较快提升。这一时期，中国与其他金砖国家成员采取了积极的对外贸易政策，极大程度地促进了双边贸易发展。步入21世纪后，尤其是中国加入世贸组织之后，中国与金砖国家的贸易额大幅度增长，巴西、印度与俄罗斯三国均成为中国前十大贸易伙伴，中国与其他金砖国家成员的年货物贸易增长率也维持在30%以上。至2012年8月，俄罗斯正式成为世贸组织成员后，金砖五国全部加入WTO，国家间的贸易行为也在多边贸易体制下进一步得到规范。同时，中国与其他金砖国家成员均为新兴力量的代表，金砖五国共同面临经济转型、国家富强、国际地位提高等一系列问题，这些特点为中国与其他金砖国家成员的贸易合作打下来良好的基础。

综合来看，中国与其他金砖国家成员的贸易关系经历了从无到有的发展历程，并在20世纪90年代后进入迅速发展阶段。进入21世纪以来，中国与其他国家的贸易合作发展迅速，总体呈现增长态势（见图4）。近年来，中国与其他金砖国家成员之间存在贸易逆差，究其原因，第一，其他金砖国家成员的能源物产较为充裕，而中国国内有大量的能源及原材料进口需求；第二，伴随着中国经济的发展，国内进口需求增加。

1. 中国与巴西的双边贸易

中国对巴西的出口额在2008年金融危机时大幅下降，出现了负增长的态势，随后迅速调整，2009年，出口额增长率高达73.3%。进入2014年后，中国对巴西的出口额呈现缓慢下降趋势，到2016年，中国对巴西的出口额为219.7927亿美元（如图5所示）。

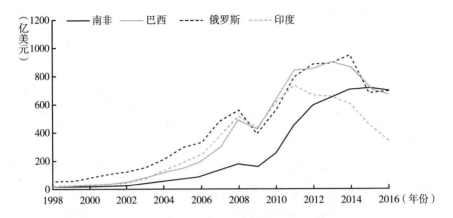

图4 中国对其他金砖国家成员进出口贸易总额

资料来源：中经网数据库。

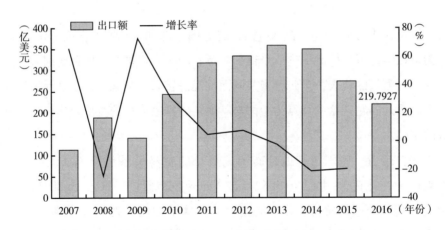

图5 中国对巴西2007～2016年出口额及增长率

资料来源：中经网数据库。

巴西作为中国在拉美地区的重要贸易伙伴，贸易商品类别较为集中，工业制成品占有很大比重。中国对巴西的出口商品以技术水平较高的计算机与通信技术设备、机械设备、仪器仪表、钢铁运输工具和劳动密集型纺织品为主。中国对巴西2007～2016年进口额及增长率见图6。

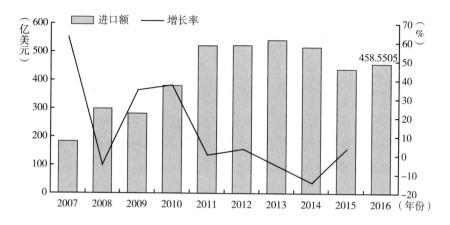

图6 中国对巴西2007~2016年进口额及增长率

资料来源：中经网数据库。

2. 中国与俄罗斯的双边贸易

中俄双边贸易总体上一直保持平稳较快增长的态势。金融危机过后，中俄两国之间的贸易迅速恢复，稳步增长。如图7所示，中国对俄罗斯出口额出现两次明显的负增长是在2008年与2014年，其中2008年受金融危机的影响，作为能源大国，俄罗斯2014年受石油危机的影响也较为明显。中国

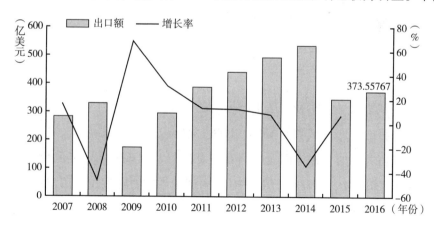

图7 中国对俄罗斯2007~2016年出口额及增长率

资料来源：中经网数据库。

对俄出口以轻纺产品、电子产品、农产品和机电产品等为主。从商品结构看，虽然出口产品类别较为丰富，但以纺织品为代表的低附加值劳动密集型产品的增速依然领先于其他产品，可见，贸易结构有待于优化。中国对俄罗斯 2007~2016 年进口额及增长率情况见图 8。此外，中俄两国于 2011 年 6 月签署了《中国人民银行与俄罗斯联邦中央银行关于结算和支付的协定》，将本币结算的范围从边境贸易扩大到了一般贸易：金融领域的合作快速发展使双方都致力于积极推进双边贸易本币结算这一进程。

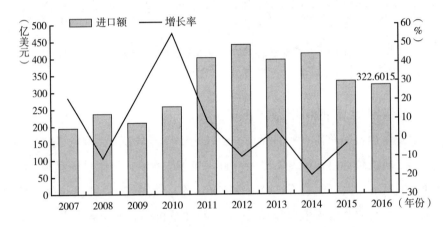

图 8　中国对俄罗斯 2007~2016 年进口额及增长率

资料来源：中经网数据库。

3. 中国与印度的双边贸易

中印双边贸易的发展也是十分迅速的，如图 9、图 10 所示。中印双方拟通过现存的中印区域贸易安排（RTA）联合进行可行性研究，进一步拓宽双方经贸方面的合作空间。中国对印度出口额出现两次明显的负增长为 2008 年与 2011 年，2013 年增长率有所回调，中国对印度出口以机电产品、化工产品、纺织品、塑料、橡胶等产品为主，这些产品在印度进口的商品中占据较为明显的优势地位；但中国生产的运输设备、化工品、贵金属制品、钢材等方面仍面临来自美国、欧洲各国和日本等发达经济体的竞争。

另外，中国是印度反倾销调查最多的国家，两国的贸易摩擦比较严重。

由历年统计数据显示，印度反倾销调查中有超过 20% 的案例是针对中国的，达 160 余起。

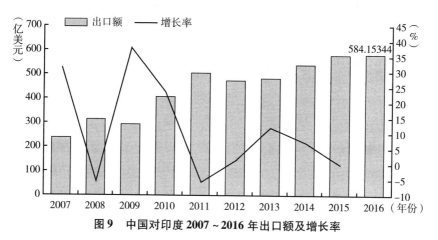

图 9　中国对印度 2007～2016 年出口额及增长率

资料来源：中经网数据库。

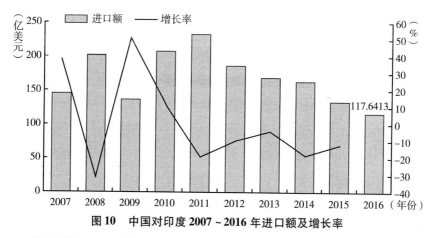

图 10　中国对印度 2007～2016 年进口额及增长率

资料来源：中经网数据库。

4. 中国与南非的双边贸易

自 2009 年起，中国取代德国、美国成为南非的第一大贸易伙伴、第一大出口市场和第一大进口来源国。中国对南非 2007～2016 年进出口额及增长率情况如图 11、图 12 所示。作为非洲第一经济大国，南非是中国在非洲的第一大贸易伙伴。中国对南非的出口额在 2008 年金融危机后有所下降，随后又迅速回调，但中国对南非的贸易出口情况不甚乐观，在 2012 年及以后多次出现负增长局面，出口额呈现波动趋势。2016 年中国对南非的出口额为 128.54 亿美元。从整体上看，中国对南非的出口商品结构正在逐渐优化。中国对南非的出口以高新技术产品、机电类产品及纺织品这类劳动密集型产品为主。从增长趋势来看，中国对南非出口产品中，工业制成品占据主导地位，高新技术产品的增长速度较快。

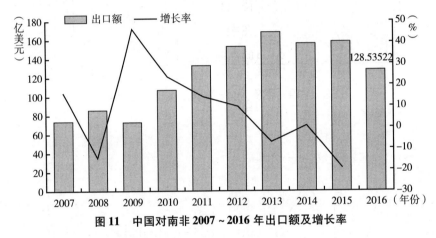

图 11　中国对南非 2007～2016 年出口额及增长率

资料来源：中经网数据库。

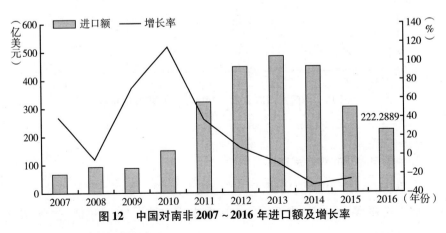

图 12　中国对南非 2007～2016 年进口额及增长率

资料来源：中经网数据库。

（二）贸易关系特点

中国与巴西不断攀升的双边贸易额体现了两国贸易关系积极向上发展的态势，然而中巴两国的贸易关系也存在不容忽视的问题。首先，中巴两国的双边贸易额占各自贸易总额的比重十分不平衡，并且与本国自身的经济发展水平与市场规模极为不称。近几年的贸易数据显示，中巴两国的双边贸易额占巴西贸易总额的比重要远远超过占中国贸易总额的比重，这一数据说明了中国对巴西市场的开拓水平还有待提高，同时也反映了巴西与中国贸易关系密切且较依赖中国市场。另外，在中巴双边贸易额快速增长的背后是中国持续的贸易逆差，中国自巴西进口的商品多为自然资源和相关农牧产品，具有可替代性弱、依赖性强等特点，而巴西自中国进口的商品依赖性普遍较弱，这也使中国出口面临日益严峻的竞争，从而形成中国在中巴贸易中长期处于逆差的局面。此外，近年来，中巴贸易争端也有不断增加的趋势。

中俄两国作为快速发展的大国，在许多国际政治焦点问题上立场相似，然而就双边贸易关系来讲，两国之间还存在政治、文化等一系列问题。在政治方面，苏联解体之后，俄罗斯在很长一段时间内面临东西方选择的问题。俄罗斯自身的战略中心在叶利钦执政时期有很长一段时间偏向西方，因此，在这一段时间内中俄双边贸易额与贸易增速都普遍偏低；普京上台之后，随着俄罗斯对外政策方向的转变，中俄之间的双边贸易情况有所改善。现阶段，在俄罗斯成为 WTO 正式成员后，欧美国家更关注俄罗斯市场，这相应地会给中俄之间的贸易带来一定的负面影响。从俄罗斯角度分析，俄罗斯对中国的态度较为复杂，一方面认为加强双边经贸合作与国家利益密切相关；另一方面担心快速发展的中国会威胁自身的利益，"中国威胁论"也不绝于耳，这必然会对两国之间贸易关系的发展造成一定的阻碍。

中印两国具有遭受殖民压迫的相似历史，而如今也是推动新兴经济体发展的重要力量与劳动力资源的供给大国。现阶段中印两国的经济都呈现良好的发展态势，两国之间的双边贸易也在打破政治坚冰后得到迅速发展。然而，在贸易发展过程中也存在不容忽视的问题。除进出口结构单一、双边贸易额不平衡等普遍问题外，中印两国之间也存在一系列贸易争端。印度在进行反倾销等调查时，往往选择第三国作为市场定价的参照标准。而中国便成为印度反倾销立案调查的最大受害国，印度盛行的贸易保护主义与近年来不断爆发的边境争端，都是双边贸易争端产生的重要原因。

中国与南非之间的贸易虽起步较晚，但发展迅速。2006年签订的《中华人民共和国和南非共和国关于深化战略伙伴关系的合作纲要》标志着两国之间互利平等的战略合作伙伴关系正式建立；2010年签署《中华人民共和国和南非共和国关于建立全面战略伙伴关系的北京宣言》，标志着两国的战略合作伙伴关系提升到新的层次，同年年底，南非被正式吸纳成为金砖国家第五个成员国，中国与南非贸易关系发展进入新的篇章。然而，两国之间的贸易关系虽迅速发展，但贸易总量仍然较小；此外，双方之间的贸易争端也不容忽视，在反倾销调查方面，南非的反倾销调查覆盖中国大部分出口南非的商品，部分商品的高额反倾销税导致一系列企业被迫退出，给中南双边贸易发展带来了一系列不利影响；另外，受区位因素的影响，中国与南非地理距离远，经贸合作受限，导致中国企业对南非经贸政策、市场需求的了解都十分有限，对其法律法规也不甚熟悉，这些都会成为双边贸易发展的阻力。

（三）贸易关系展望

总体来看，中国与其他金砖国家成员的贸易合作近些年来显得尤为重要，贸易合作中存在的问题也不容忽视。从生产环节普遍存在的政策保护加剧行业竞争，到进出口环节的贸易壁垒，最后到贸易环节的贸易摩擦等一系列问题，都对金砖国家之间的贸易合作形成了一定的阻碍。因此，正确处理好中国与其他金砖国家成员的贸易关系显得尤为重要。中国应当秉持包容性态度，与其他金砖国家成员开展积极的双边贸易磋商谈判，以实现区域潜在市场的开发与国内产业链的升级。中国与其他金砖国家成员应当开展更为密切的合作，实现互补产业的共同发展及竞争产业的合理竞争，为其他新兴市场的发展提供借鉴和经验。

金砖国家作为新兴经济体的代表，在国际舞台上扮演越来越重要的角色，其经济与贸易体量也迅速"崛起"，金砖国家各成员之间日益密切的贸易合作对世界经济发展起到了积极的促进作用。本部分以金砖国家为契机，从中国视角出发，试对金砖国家各成员之间的贸易合作提出一系列相关建议。

在中巴贸易方面，双方应加快提升贸易结合度及努力扩大双边贸易规模，中国一方面应当巩固自身优势，另一方面应当着力提高传统劳动密集型产业的技术层次，着力进行新型化产品的开发，提高出口商品的附加值。在争端机制解决方面，中国可以根据巴西市场的需求情况，结合自身的比较优势调整产品出口结构，具体来讲就是选择性地加大互补产品的出口，增加高科技高附加值产品的输出，对非互补性产品的出口加以限制，从根源上削弱对方反倾销的动机，减少贸易摩擦损失。同时，利用金砖国家内部框架，有效地解决双方贸易不畅的问题，深化中巴两国的多领域、深层次合作。

面对中俄双边贸易中存在的政治问题，中国应当把握有利时机，以金砖国家和上海合作组织为框架，全面加深中俄经济、文化、政治方面的交流，寻找稳固的战略资源进口渠道，建立起具有战略高度的合作机制；在文化方面，中俄双方已开展的"国家年"等交流和互访活动，密切了两国间的地区合作，也进一步为双边的贸易往来打下了坚实的基础。

在中印双边贸易关系中，中印在政治方面尚存有一些争端，这直接导致了双方在能源和信息产业等关乎国家核心利益方面的贸易合作推进缓慢，这也是区别于其他金砖国家成员显著的特点。在这一背景下，中印双方应当积极进行对话、磋商，同时，利用上海合作组织及中国—东盟自贸区等机制，建立起互利共赢的战略伙伴关系，逐步开拓产品出口领域，发掘合作潜力，防止政治方面的负面影响向经济领域扩散。

在发展中南双边贸易关系中，应当注重加强双边文化交流和提高认识水平，克服区位因素带给贸易的不利影响，充分挖掘市场需求，熟悉地方政策法规，以建立起更有针对性的贸易政策合作机制，避免不必要的误会与损失。另外，

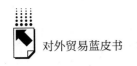
中国与南部非洲关税同盟关于建立中国—南部非洲关税同盟自由贸易区的谈判已于年内正式开启，这对加强中非经贸合作、发展双边经济都大有裨益。

专栏

中美贸易战号角吹响　东盟国家喜忧参半

美国当地时间3月22日，特朗普总统正式签署了备忘录，表示依据"301调查"结果，将对从中国进口的商品大规模征收关税，这些商品涉及航空、新一代信息技术、高铁装备、生物医药和新能源汽车等领域，规模达600亿美元。对此，中国商务部迅速做出回应，表示拟对自美进口的约30亿美元产品加征关税，包括新鲜水果、干果及坚果制品、葡萄酒、无缝钢管、猪肉及制品、回收铝等产品。至此，中美贸易战号角吹响，序幕拉开。

消息一出，自然引起国际各界的广泛关注。正所谓"城门失火，殃及池鱼"，我们不禁要问，对于全球价值链中的重要环节之一，同时也是中国与美国的贸易合作伙伴的东盟来说，中美之间打响贸易战，贸易摩擦进一步升级，对东盟各国将带来怎样的影响呢？

中国与东盟各国贸易关系的稳固加深始于中国—东盟自由贸易区（CAFTA）的建立。一方面CAFTA的建立会进一步加强中国与东盟间的密切合作关系，促进双方经济的发展，进而对亚洲经济起到带动作用；另一方面在贸易保护主义抬头的背景下，CAFTA的建立无疑也会为中美贸易摩擦增添新的内容。从贸易转移效应来看，CAFTA建立后，中国与东盟之间九成以上的商品开始实行零关税，双边贸易量从而得到进一步增加，势必会给美国的货物贸易带来负面效应，威胁美国在东盟的贸易地位及其在亚太地区的影响力。同时，贸易条件效应促使东盟加快利用中国市场，在对中国贸易意愿增强的同时，对美国的贸易意愿逐渐减弱。作为CAFTA的一支重要力量，中国快速的经济崛起、迅速上升的国际贸易地位、不断扩张的国际市场份额都不可避免地招致了美国的贸易报复，也为中美贸易战埋下了伏笔。

美国是最大的发达国家，中国是最大的发展中国家，东盟是中国的第三大贸易伙伴，在中美经贸关系的博弈中必将受到直接或间接的影响。以泰国为例，泰国作为橡胶的重要产地之一，对中国出口的商品中，天然橡胶与橡胶制品都占了较大的比例，从具体数据来看，2017年前三个季度，泰国出口到中国的天然橡胶金额与同期相比增长了52.53%，橡胶制品金额增长率更是高达359.95%，可以说橡胶制品是中泰贸易的支柱型商品，中国的需求对泰国橡胶的供应也有着很大的影响，而美国利用301条款对中国高性能医疗器械、农机装备、新能源汽车等行业树起高关税壁垒，不仅会给中国带来负面影响，泰国也难免受到牵连。面对美国强硬的贸易政策，越南所受到的影响也会很大。一方面，美国是越南出口的主要目的地，越南对美出口额约占本国GDP的18%，远高于亚洲的其他国家或地区；另一方面，越南对华出口额占到其出口总额的约10%。中间产品占其对华出口的比例越来越高，这些产品在中国进行加工，然后再出口至美国等目的地。中美贸易战一旦打响，越南将夹在中间，左右为难。

从另一个角度分析，中美贸易摩擦也有可能为东盟国家带来利好。从中国拟对自美国进口产品加征关税的领域来看，主要集中在农产品方面，而东盟国家大多是农业大国，农产品丰富而且在价格上也具有优势，这意味着如果中国转向从东盟进口农产品就将在很大程度上扩大东盟国家的出口贸易，减少东盟对中国的贸易逆差。另外，在中国——东盟自贸区框架下，中国也会更多地转向劳动力成本较低的东盟国家投资建厂，带动当地人员就业，进而促进当地经济发展。

新加坡已故总理李光耀曾经说过，如果大象之间打起架来，它们脚下的小草就会无端遭殃。在经济日益交融的今天，各国已形成"你中有我，我中有你"的紧密合作格局，两国之间的贸易摩擦会影响双方甚至多方的经济增长。因此，通过对话协商化解分歧，遵守国际贸易的"丛林法则"才是最佳选项，也是国际社会所期待的。

B.15
参考文献

1. 潘悦：《在全球化变局中构建中国对外贸易新优势》，《国际贸易》2017年第 10 期。

2. 卢跃、阎其凯、高凌云：《中国对外贸易方式的创新：维度、实践与方向》，《国际经济评论》2017 年第 4 期。

3. 代玉簪、王春艳：《新常态下中国对外贸易发展思路分析》，《中国人口·资源与环境》2016 年第 S1 期。

4. 曹晓蕾：《中国对外贸易增长放缓问题研究》，《世界经济与政治论坛》2016 年第 1 期。

5. 莫兰琼：《改革开放以来中国对外贸易战略变迁探析》，《上海经济研究》2016 年第 3 期。

6. 东艳、周睿：《中国对外贸易市场结构发展新趋势》，《国际经济合作》2016 年第 5 期。

7. 中国社会科学院世界经济与政治研究所：《中国海外投资国家风险评级报告（2017）》，中国社会科学出版社，2017。

8. 毕吉耀、张哲人、李慰：《特朗普时代中美贸易面临的风险及应对》，《国际贸易》2017 年第 2 期。

9. 熊珍琴、范雅萌：《增加值贸易视角下中美贸易利益再分解》，《亚太经济》2017 年第 2 期。

10. 檀怀玉：《中欧贸易发展潜力的实证分析——基于贸易引力模型》，《当代经济管理》2017 年第 5 期。

11. 胡玫、滕柳：《浅析中欧贸易结构与全球治理结构的重建——基于贸易互补性与竞争性的分析视角》，《国际商务》（对外经济贸易大学学报）

2015 年第 4 期。

12. 黎峰：《全球价值链分工下的双边贸易收益及影响因素——以中日贸易为例》，《上海财经大学学报》2016 年第 1 期。

13. 康振宇、徐鹏：《全球价值链时代的中日贸易分析——基于增加值的视角》，《国际贸易问题》2015 年第 4 期。

14. 韩冰、张清正：《结构和因素视角的中韩贸易双边发展的路径选择》，《国际贸易》2016 年第 4 期。

15. 杨宏恩、孙汶：《中日韩经贸合作现状、前景展望与政策建议》，《国际贸易》2016 年第 7 期。

16. 孙楚仁、张楠、刘雅莹：《"一带一路"倡议与中国对沿线国家的贸易增长》，《国际贸易问题》2017 年第 2 期。

17. 张会清、唐海燕：《中国与"一带一路"沿线地区的贸易联系问题研究——基于贸易强度指数模型的分析》，《国际经贸探索》2017 年第 3 期。

18. 冯宗宪、蒋伟杰：《基于产业内贸易视角的"一带一路"国家战略研究》，《国际贸易问题》2017 年第 3 期。

19. 唐宜红、俞峰：《中国与其他金砖国家贸易竞合关系研究》，《亚太经济》2017 年第 3 期。

20. 崔艳新、王拓：《金砖国家服务贸易发展潜力分析》，《国际贸易》2017 年第 8 期。

21. 孙阳：《长三角地区国际贸易竞争力现状及策略》，《时代金融》2017 年第 30 期。

22. 杨瑛：《珠三角出口贸易现状及应对国际低碳贸易壁垒的措施研究》，《对外经贸》2016 年第 5 期。

23. 刘畅、吴国蔚：《我国环渤海地区外国直接投资与对外贸易效应的实证研究》，《国际贸易问题》2008 年第 10 期。

24. 卢仁祥：《我国服务贸易与货物贸易联动关系的考察》，《统计与决策》2017 年第 4 期。

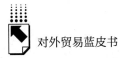

25. 王月恒、王晶、刘欣侠：《大数据时代新型对外货物贸易统计体系研究》，《中国市场》2017 年第 19 期。

26. 程大中、魏如青、郑乐凯：《中国服务贸易出口复杂度的动态变化及国际比较——基于贸易增加值的视角》，《国际贸易问题》2017 年第 5 期。

27. 陈艳玲：《中国服务贸易的国际竞争力剖析——基于服务贸易增加值视角》，《对外经贸实务》2017 年第 5 期。

❖ 皮书起源 ❖

"皮书"起源于十七、十八世纪的英国，主要指官方或社会组织正式发表的重要文件或报告，多以"白皮书"命名。在中国，"皮书"这一概念被社会广泛接受，并被成功运作、发展成为一种全新的出版形态，则源于中国社会科学院社会科学文献出版社。

❖ 皮书定义 ❖

皮书是对中国与世界发展状况和热点问题进行年度监测，以专业的角度、专家的视野和实证研究方法，针对某一领域或区域现状与发展态势展开分析和预测，具备原创性、实证性、专业性、连续性、前沿性、时效性等特点的公开出版物，由一系列权威研究报告组成。

❖ 皮书作者 ❖

皮书系列的作者以中国社会科学院、著名高校、地方社会科学院的研究人员为主，多为国内一流研究机构的权威专家学者，他们的看法和观点代表了学界对中国与世界的现实和未来最高水平的解读与分析。

❖ 皮书荣誉 ❖

皮书系列已成为社会科学文献出版社的著名图书品牌和中国社会科学院的知名学术品牌。2016年，皮书系列正式列入"十三五"国家重点出版规划项目；2013~2018年，重点皮书列入中国社会科学院承担的国家哲学社会科学创新工程项目；2018年，59种院外皮书使用"中国社会科学院创新工程学术出版项目"标识。

权威报告·一手数据·特色资源

皮书数据库
ANNUAL REPORT(YEARBOOK)
DATABASE

当代中国经济与社会发展高端智库平台

所获荣誉

- 2016年，入选"'十三五'国家重点电子出版物出版规划骨干工程"
- 2015年，荣获"搜索中国正能量 点赞2015""创新中国科技创新奖"
- 2013年，荣获"中国出版政府奖·网络出版物奖"提名奖
- 连续多年荣获中国数字出版博览会"数字出版·优秀品牌"奖

成为会员

通过网址www.pishu.com.cn访问皮书数据库网站或下载皮书数据库APP，进行手机号码验证或邮箱验证即可成为皮书数据库会员。

会员福利

- 使用手机号码首次注册的会员，账号自动充值100元体验金，可直接购买和查看数据库内容（仅限PC端）。
- 已注册用户购书后可免费获赠100元皮书数据库充值卡。刮开充值卡涂层获取充值密码，登录并进入"会员中心"—"在线充值"—"充值卡充值"，充值成功后即可购买和查看数据库内容（仅限PC端）。
- 会员福利最终解释权归社会科学文献出版社所有。

社会科学文献出版社 皮书系列
SOCIAL SCIENCES ACADEMIC PRESS (CHINA)

卡号：812859948253
密码：

数据库服务热线：400-008-6695
数据库服务QQ：2475522410
数据库服务邮箱：database@ssap.cn
图书销售热线：010-59367070/7028
图书服务QQ：1265056568
图书服务邮箱：duzhe@ssap.cn

S 基本子库
SUB DATABASE

中国社会发展数据库（下设 12 个子库）

全面整合国内外中国社会发展研究成果，汇聚独家统计数据、深度分析报告，涉及社会、人口、政治、教育、法律等 12 个领域，为了解中国社会发展动态、跟踪社会核心热点、分析社会发展趋势提供一站式资源搜索和数据分析与挖掘服务。

中国经济发展数据库（下设 12 个子库）

基于"皮书系列"中涉及中国经济发展的研究资料构建，内容涵盖宏观经济、农业经济、工业经济、产业经济等 12 个重点经济领域，为实时掌控经济运行态势、把握经济发展规律、洞察经济形势、进行经济决策提供参考和依据。

中国行业发展数据库（下设 17 个子库）

以中国国民经济行业分类为依据，覆盖金融业、旅游、医疗卫生、交通运输、能源矿产等 100 多个行业，跟踪分析国民经济相关行业市场运行状况和政策导向，汇集行业发展前沿资讯，为投资、从业及各种经济决策提供理论基础和实践指导。

中国区域发展数据库（下设 6 个子库）

对中国特定区域内的经济、社会、文化等领域现状与发展情况进行深度分析和预测，研究层级至县及县以下行政区，涉及地区、区域经济体、城市、农村等不同维度。为地方经济社会宏观态势研究、发展经验研究、案例分析提供数据服务。

中国文化传媒数据库（下设 18 个子库）

汇聚文化传媒领域专家观点、热点资讯，梳理国内外中国文化发展相关学术研究成果、一手统计数据，涵盖文化产业、新闻传播、电影娱乐、文学艺术、群众文化等 18 个重点研究领域。为文化传媒研究提供相关数据、研究报告和综合分析服务。

世界经济与国际关系数据库（下设 6 个子库）

立足"皮书系列"世界经济、国际关系相关学术资源，整合世界经济、国际政治、世界文化与科技、全球性问题、国际组织与国际法、区域研究 6 大领域研究成果，为世界经济与国际关系研究提供全方位数据分析，为决策和形势研判提供参考。

法律声明

　　"皮书系列"（含蓝皮书、绿皮书、黄皮书）之品牌由社会科学文献出版社最早使用并持续至今，现已被中国图书市场所熟知。"皮书系列"的相关商标已在中华人民共和国国家工商行政管理总局商标局注册，如LOGO（ ）、皮书、Pishu、经济蓝皮书、社会蓝皮书等。"皮书系列"图书的注册商标专用权及封面设计、版式设计的著作权均为社会科学文献出版社所有。未经社会科学文献出版社书面授权许可，任何使用与"皮书系列"图书注册商标、封面设计、版式设计相同或者近似的文字、图形或其组合的行为均系侵权行为。

　　经作者授权，本书的专有出版权及信息网络传播权等为社会科学文献出版社享有。未经社会科学文献出版社书面授权许可，任何就本书内容的复制、发行或以数字形式进行网络传播的行为均系侵权行为。

　　社会科学文献出版社将通过法律途径追究上述侵权行为的法律责任，维护自身合法权益。

　　欢迎社会各界人士对侵犯社会科学文献出版社上述权利的侵权行为进行举报。电话：010-59367121，电子邮箱：fawubu@ssap.cn。

社会科学文献出版社